青云／著

轻松读懂《商君书》

山东城市出版传媒集团·济南出版社

图书在版编目（CIP）数据

轻松读懂《商君书》/青云著. -- 济南：济南出版社，2023.2
　ISBN 978-7-5488-5549-1

Ⅰ.①轻… Ⅱ.①青… Ⅲ.①《商君书》—通俗读物 Ⅳ.①B226.2-49

中国国家版本馆CIP数据核字（2023）第036181号

轻松读懂《商君书》　QINGSONG DUDONG《SHANGJUNSHU》

出 版 人	田俊林
责任编辑	尹利华　叶　子
封面设计	王　焱
出版发行	济南出版社
地　　址	山东省济南市二环南路1号（250002）
发行热线	0531-86131728　86922073　86131701
经　　销	全国新华书店
印　　刷	山东临沂新华印刷物流集团有限责任公司
版　　次	2023年2月第1版
印　　次	2023年3月第1次印刷
成品尺寸	145mm×210mm　32开
印　　张	9.25
字　　数	160千
定　　价	88.00元

（济南版图书，如有印装质量问题，请与出版社联系调换。联系电话：0531-86131736）

前言

《商君书》应该是一部被解读得面目全非的书，之所以被误读，是因为后人大都已经不能正确理解先秦时期的法家思想。不能正确理解先秦时期的法家思想，也就不能正确理解商鞅的所作所为；不能正确理解商鞅的所作所为，就会以个人的一些偏见来读《商君书》，从而对《商君书》作出面目全非的解读。

法家思想是社会发展到一定阶段才产生的，在社会风气淳朴的春秋前期并不被大多数世人所了解。法家思想成为社会主流思想的背景是战国时期，诸侯壮大，不再服从周天子的统治，互相征伐，战乱连年，人们普遍地不再自觉遵守周王朝的礼仪规范，这就需要更具强制性特点的法家思想来震慑和约束人们的行为。

随着社会的发展，道家、儒家、法家占据社会的主导地位，让各个时代呈现出不同的风貌。在上古时期，社会生产力低下，社会风气淳朴，人们天真自然，这时候的社会秩序多是靠道家思想中的"无为而治"来维系。

随着生产力的提升，人心不古，需要用"礼"来维护良好的秩序，约束人们的害人之心，这时候的人还能够自觉地守礼，不需要通过暴力手段去强制，这就是儒家提出的"以礼治国"。这时候人人守礼的良好秩序是人自觉压制内心躁动的结果，和没有内心躁动的天真淳朴是不一样的。

到了战国时期，社会动荡，这时候的人们已经失去了维护社会秩序的自觉性，需要国家借助暴力手段的镇压才能使其收敛害人之心，法家思潮应运而生。

道家的"道"是自然而然的天伦秩序，儒家的"礼"和法家的"法"都是后天人为的社会秩序，儒家和法家的区别之一在于人们是自觉遵守社会秩序还是被迫遵守社会秩序。在儒家思想主导的社会中，衣冠不整、言语不当都会让人羞愧难当，甚至被社会所不容；而在法家思想所主导的社会中，需要国家机器借助暴力机构来镇压为恶者。

由此可见，要想让"善者得其佑，恶者受其诛"，需要对法家思想有正确的理解和应用，让国家机器掌控在守护社会秩序的一方手中，对破坏社会秩序的一方始终保持高压态势。战国时期，百家争鸣。法家思潮在秦国兴起，因韩非子、商鞅等法家思想代表人物正确地理解和应用了法家思想，秦国逐渐强大起来，社会秩序得以稳定，最终消灭了六国，实现了大一统。

秦国的强大离不开商鞅的顶层设计，是商鞅为秦国奠定了越来越强大的制度基础。商鞅贯彻法家思想，实现了"善者得其佑，恶者受其诛"，让想投机取巧不劳而获的人处处碰壁无法得逞，让辛勤劳动拼死作战的人名利双收门庭显耀。商鞅推行法家思想，触动了权贵阶层利益，于是有人说商鞅残暴。

评价任何一个人，都离不开阶级立场和时代局限性。身为官员，如果想通过贪污腐败当人上人，一定会恨不得自己置身于一个可以随意压迫剥削老百姓的民不聊生的社会；身为百姓，如果想通过劳动致富过安稳日子，一定会痛恨一个贪官横行巧取豪夺而民不聊生的社会。有人评价说商鞅残暴，那么他应该说清楚商鞅究竟是对谁残暴。

如果商鞅对老百姓残暴让秦国民不聊生，那么秦国为什么成了战国最强大的国家，实现了大一统？民不聊生的国家难道不是应该逐渐衰弱走向灭亡吗？那时候，为秦国当间谍的六国人很多，但是为六国当间谍的秦国人却很少，从这一史实去判断就能知道，秦国不可能是一个民不聊生的国家，否则秦国百姓就都去当他国的间谍了，怎么可能还去为秦国拼死作战？

商鞅打击了不劳而获和投机取巧的人，在秦国建立了只有靠生产劳动的贡献和血战沙场的战功才能走上人生巅峰的制度。在这样的社会中，田地里的劳动模范和战场上的英雄模范才是社会推崇的榜样，这两条道路才是收获名利的坦途，这样的国家怎么可能不强大？

但是这样的社会不是所有人都喜欢，毕竟投机取巧不劳而获已经成为当时社会大多数人的梦想。通过劳动和战功名利双收的人也不会感激商鞅，因为在他们看来，他们得到的都是他们应得的，虽然他们得到的一切都来自于商鞅顶层设计的法治保障，但这种间接的利益保障并不能让人有直接的感受。而那些假公济私让人不劳而获的人，才会被人感激，因为他们让人得到的都是本来不应得的，这种直接的利益输送反而更能被人感受到。

人们是希望靠自己的努力得到自己应得的，还是希望靠他人的提携、关照得到自己不应得的呢？恐怕大多数人希望的是后者。这是商鞅的悲哀，更是人性的悲哀。真正为了大多数人的利益而不计个人安危得失的人，却成了那个时代不受大多数人欢迎的人。

权贵阶层要想妖魔化商鞅这样的人太容易了，只需要给人们一点小恩小惠，让人们得到本不该得到的东西，然后告诉他们商鞅是冷酷无情的，他的变法是对大家不利的，大多数人就会被收买，掉进圈套里，反对商鞅。所以商鞅推行法治的结局已经注定。打倒了维护公平正义的人，社会还会存在公平正义吗？没有公平正义的社会，还会存在发展进步吗？

战国时代是武力主导的弱肉强食的乱世，商鞅的法家思想就是当时治理乱世的一剂猛药，也只有商鞅推行法治，塑造的秦国模式才能真正治理好战国乱世。任何对投机取巧、不劳而获思想的妥协和纵容，都会让看似严密的法律体系同虚设，因为法治需要人去执行，没有良好的人治，就没有良好的法治。

解读《商君书》，还原商鞅法家思想的真实面貌，清理掉那些泼在商鞅身上的污水，可以让我们从中一窥中国古代法治思想的先进性，有助于我们更好地理解当下"依法治国"的深刻内涵，有助于我们深入理解文化自信是"更基础、更广泛、更深厚的自信"。

《商君书》对于现代人的价值在哪里呢？在于可以让人了解怎样进行制度的顶层设计。但凡有组织的地方，人们都希望建立一个好的制度，让所有人在这个好的制度下发挥出最大的能力，从而让组织壮大，走向成功。

但是制度是不可以随意制定的，从制定制度到让制度深入人心再到保证制度得到切实地贯彻执行，每一步都有必须遵循的原则。遵循这个原则，设计出来的就是一个可以把事情做成功的制度；不遵循这个原则，设计出来的就是一个不能把事情做成功的制度。这种不以人的意志为转移的原则，古人称之为"道"。

读懂了《商君书》，在进行制度的顶层设计的时候就会有的放矢，设计出来的制度就会形成从顶层到基层的正向传递，确保顶层的目标在基层能够变为现实。即便是没有身处领导层，不需要进行制度设计的读者，也可以通过阅读此书提升发现问题、分析问题、解决问题的能力。

解读《商君书》面临的第一个问题，是版本选择问题。市面上有诸多版本，各个版本之间，有些地方的用字断句有所不同。如何选用版本阅读，这似乎是一个不大不小的问题。

版本出入无外乎有四种情况：一是同音同意；二是同义不同字；三是字不同意不同；四是同句不同断。其实要想读懂文言文典籍，不能靠逐字翻译，而是要靠上下文联系来解读。摆脱了学究翻译式的阅读习惯，你就会发现，这四种情况根本都不是问题。

　　第一种同音同意，即通假字的情况，借助注释不会影响我们的阅读理解。比如"竟内"和"境内"，"尤"和"犹"。用前者的版本通常会加一个注释，解释"竟内"为"境内"的意思。"金一两生于竟内，粟十二石死于竟外"和"金一两生于境内，粟十二石死于境外"，"明赏之尤至于无赏也"和"明赏之犹至于无赏也"，有谁会因不同的用字产生不同的理解吗？

　　第二种同义不同字的情况也不影响我们的阅读理解。比如"民之生"和"民之性"。"民之生，饥而求食，劳而求佚"和"民之性，饥而求食，劳而求佚"，看到前者的也都会解读为后者的意思，不会对读者的理解产生干扰。

　　第三种字不同意不同的情况会让很多人感到困惑。比如"使商无得籴，农无得粜"和"使商无得粜，农无得籴"，这两种版本会让很多人感到头疼，字、意完全相反，到底哪个对呢？如果就字论字断章取义，当然会感到无所适从。但是我们联系上下文就会发现这两个版本要表达的意思其实是一样的。"使商无得籴，农无得粜。农无得粜，则窳惰之农勉疾。商不得籴，则多岁不加乐；多岁不加乐，则饥岁无裕利。"是说商人不能买米，农民不能卖米，勤劳的农民不能卖米，那些懒惰的农民就只能自己种。商人不能买米，那么丰收年就不能低价囤积来年牟取暴利。"使商无得粜，农无得籴。农无得籴，则窳惰之农勉疾。商不得粜，则多岁不加乐；多岁不加乐，则饥岁无裕利。"是说商人不能卖米，农民不能买米。农民不能买米，那些懒惰的农民就只能自己种。商人不能卖米，那么丰收年就不会低价囤积来年牟取暴利。

　　对比后我们就会发现，这一段话要表达的中心思想就是粮食作为国家重要的战略物资，私人不能随意买卖。私人不能随意买卖，就是既不能买也不能卖。从不能买的角度去理解和从不能卖的角度去理解，只是从不同的角度讲述一个相同的道理而已。

第四种同句不同断的情况也会经常发生。比如"民善之则亲,利之用则和,用则有任,和则匮,有任乃富于政"和"民,善之则亲,利之用则和;用则有任,和则匮;有任,乃富于政",这两句的断句有所不同,但对比后我们就会发现,两者表达的还是同一个意思,个别断句的不同并不会改变这段文字要表达的思想。为什么我们会得出相同的解读呢?因为我们是把整本书当作一个整体来阅读,而不是断章取义式地解读,这才是阅读文言文典籍应该采取的方式。以上四种情况在全书中有很多,大家可以在阅读不同版本的时候自行对比。

《商君书》全书表达的思想是一致的,没有自相矛盾的地方。而有些人解读的《商君书》,却处处充满了自相矛盾。他们把造就了一个伟大帝国的治国之术解读成残酷暴虐的害民之术,这既和书中蕴含的浓厚的爱民情怀不相符,也与秦国从弱到强的史实不相符。

本书以中华书局版《商君书》(石磊译注)为底本,同时参考了北方文艺出版社的版本而成。同时本书附有译文与解读,可以让大家通过比较译文和解读,更进一步理解正确的文言文阅读方式,希望读者可以藉此摆脱翻译式阅读的桎梏。

青云
2023 年 1 月

目 录

第一章
更法 / 001

第二章
垦令 / 011

第三章
农战 / 029

第四章
去强 / 047

第五章
说民 / 065

第六章
算地 / 081

第七章
开塞 / 099

第八章
壹言 / 113

第九章
错法 / 123

第十章
战法 / 133

第十一章
立本 / 141

第十二章
兵守 / 147

第十三章
  靳令 / 153

第十四章
  修权 / 167

第十五章
  徕民 / 177

第十六章
  刑约（佚）/ 189

第十七章
  赏刑 / 191

第十八章
  画策 / 203

第十九章
  境内 / 219

第二十章
  弱民 / 227

第二十一章
  御盗（佚）/ 241

第二十二章
  外内 / 243

第二十三章
  君臣 / 249

第二十四章
  禁使 / 257

第二十五章
  慎法 / 265

第二十六章
  定分 / 275

第一章 更法

导读

法家思想主导的社会，其秩序是靠权力来维系的，掌控最高权力，是能够制定法律并让法律得以推行的前提条件。但掌控最高权力只是必要条件，还不是充分条件，要想保证法律能够顺利推行，还需要一支忠诚于最高权力的官员队伍。所以说，正确的路线确定之后，干部就是最重要的因素。

《商君书·更法》这一章，给我们展示了法家社会权力斗争的一个样板场景。变法，意味着利益的再分配，失去既得利益的一方必定会百般阻挠，所以变法一定要得到君主这个最高权力者的支持。君主要想实现国富民强江山永固的理想，首先自己得是个明白人，知道怎么做才能适应形势让国家强大起来，然后才是去找到可以把事情做成的人。

在法家社会，君主只有真正掌控了权力，才能输出自己的意志。掌控权力需要强大的能力作保障，让自己能够在权力斗争中获胜。如果君主能力不足，在权力斗争中失败，意味着改朝换代，这也是王朝难以永续的原因，因为一代君主强不代表下一代君主强。

君主才能不足，往往会成为傀儡，不再是向臣下输出自己的意志，而是被臣下灌输意志。秦国之所以能够强大起来统一天下，和连续几代君主的优秀理政能力息息相关。当江山传到胡亥这种能力不足的君主手上的时候，"奋六世之余烈"才得到的江山，朝夕之间就失去了。

商鞅之所以在秦国能够变法成功，是因为他遇到了秦孝公这样英明的君主，这是推行变法的必要条件。得到了君主的支持，还要消除朝臣的反对。秦国有商鞅这样变革求新的大臣，自然也难免有守旧为私的大臣，变法就需要二者之间展开一场争锋。

一心追求私利，守住既得利益，是一件只能做不能说的事情，特别是对掌握了国家权力的大臣来说。无论是变革求新的一方还是因循守旧阻止变革的一方，都会辩说自己的目的是国富民强。这对局外人或者认知能力不够的人来说，很难简单通过一方说了什么来判断忠奸。《更法》这一章中出现的甘龙、杜挚两位大臣就是打着为秦国的强大稳定和君主的圣名威望着想的旗号反对变法的。

　　但是他们反对变法真的全是为了公义而没有任何私利的考量吗？当事实证明商鞅的变法确实让秦国走向强大的时候，那些口口声声为了秦国强大才阻止变法的人，却并没有因为公义而支持变法，而是因为私利的损失始终仇视商鞅。说归说、做归做，心口不一、阳奉阴违的人很多，看明白这一点，才能理解围绕变法进行斗争的复杂性。

　　君主向大臣征求意见，大臣们各抒己见，所有大臣都说自己发表的意见是从公义出发的。但这里面有真假之分，有的是大公无私，有的是假公济私。如果君主没有分辨能力，被大臣欺骗蒙蔽，采纳了错误的建议，就会把国家带向深渊。所以说，"乱国者，臣术胜也"。

　　变法造成的利益再分配，一定会让失去既得利益的人非议君主，他们甚至会负隅顽抗，变相破坏变法，引发社会动荡，所以秦孝公也有"今吾欲变法以治，更礼以教百姓，恐天下之议我也"的忧虑。我们来看看秦孝公和商鞅、甘龙、杜挚三位大臣，是如何讨论变法的。

原文

　　孝公平画，公孙鞅、甘龙、杜挚三大夫御于君，虑世事之变，讨正法之本，求使民之道。君曰："代立不忘社稷，君之道也；错法务明主长，臣之行也。今吾欲变法以治，更礼以教百姓，恐天下之议我也。"

译文

　　秦孝公同大臣商讨国家大事，公孙鞅、甘龙、杜挚三位大夫侍奉在他的左右，一起分析社会形势的变化，探讨整顿法制的根本原则，寻求统治百姓的方法。秦孝公说："接替先君位置做国君后不能忘记国家，这是国君应当奉行的原则；实施变法务必显示出国君的权威，这是做臣子的行为准则。现在我想要通过变法来治理国家，改变礼制以教化百姓，却又担心天下人非议我。"

青云说

"代立不忘社稷,君之道也;错法务明主长,臣之行也。"这句话的意思是说,为国为民是君之道;制定法律要服务于君之道,这是臣之行。"错法务明主长",这个"长"是家长的长,也就是维护君主的核心地位。君主没有私利,一心为国为民,而大臣要维护君主的权威,服从君主的命令。也就是说,把国家管理好,让百姓过上好日子,是君之道。先有道后有行,君主无道则大臣无行,而且还会推翻无道的君主。

如果君主不是为国为民而是为了满足个人私欲来祸国殃民,就会失去天下,这是中国传统文化中的政治伦理,历史上的每一次王朝更替都证明了这个道理。为国为民是君主合法性的基础,也是大臣忠于君主的先决条件。

原文

公孙鞅曰:"臣闻之:'疑行无名,疑事无功。'君亟定变法之虑,殆无顾天下之议之也。且夫有高人之行者,固见负于世;有独知之虑者,必见骜于民。语曰:'愚者暗于成事,智者见于未萌。''民不可与虑始,而可与乐成。'郭偃之法曰:'论至德者不和于俗,成大功者不谋于众。'法者,所以爱民也;礼者,所以便事也。是以圣人苟可以强国,不法其故;苟可以利民,不循其礼。"

孝公曰:"善!"

译文

公孙鞅说:"我听过这样一句话:'行动犹豫疑虑,就不能取得成功;做事信心不足,就不会产生功效。'您应当尽快下定变法的决心,不要顾虑天下人会怎么议论。何况做出比普通人高明行为的人,本来就会被世俗社会所非议;考虑事情有独特见解的人,也一定会遭到他人的嘲笑。俗语说:'愚笨的人在事情办成之后还不明白是怎么回事,聪明的人对那些还没有显露萌芽的事情就能事先预测到。''不能和百姓商议创业,但是可以和他们共享成功。'郭偃的法书上说:'讲究崇高道德的人,不去附和那些世俗的偏见；成就大事业的人，不去同民众商量谋划。'法度，是用来爱护百姓的；礼制，是为了方便办事的。所以圣明的人治理国家，如果能够使国家富强，就不必去沿用旧有的法度；如果能够使百姓受益，就不必去遵循旧的礼制。"

孝公说："好！"

青云说

商鞅认为，看到了问题所在，做事就不能犹犹豫豫，必须坚决果断。既然看到了问题，也想解决这些问题，那么就不能在乎别人的议论。有远见卓识的高人，一定不是人云亦云随波逐流的人，而是特立独行与众不同的人。

郭偃是春秋时期晋文公的首席大夫，一手主导了当时晋国社会改革的"郭偃之法"，强调从经济领域入手实施改革，进而扩展到用人制度上面。虽然此法并没有全盘否定晋国传统的用人政策，但是更加注重了"尚贤"这个原则。

"郭偃之法"甚至大胆采用"君食贡"概念，要求国君从此之后不再保留任何土地，而是从土地拥有者身上收取税赋，这些思想不但促进了晋国社会的蓬勃发展，更为后来法家思想的发展提供了思想源泉。

普通人在事情发生后还不知道事情为什么会发生，聪明人在事情还没有发生的时候就能预见到事情将要发生。所以国君不能和普通人谋划怎样开创天下太平，只可以让普通人享受天下太平的结果。这就是"愚者暗于成事，智者见于未萌。""民不可与虑始，而可与乐成。"

如何理解普通人的短视呢？当有崇高道德的人维护法治公平，不偏袒徇私时，普通人反而会对他产生偏见，所以"论至德者不和于俗"。因为短视，普通人总认为走后门就是自己通过关系挤掉别人，而不认为走后门是别人通过关系挤掉自己。当大家都认同可以通过关系上位这个规则的时候，整个社会就失去了任贤选能的环境，形成尸位素餐的局面。

同样的道理，如果让普通人参与国家的重大决策，甚至让普通人谋划重大战争的对策，结果一定会失败，所以说"成大功者不谋于众"。这不是在贬低普通人，而是在陈述一个事实，因为大多数人是连自我管理都做不好的人，他们需要被管理才能维持良好的秩序，被组织起来才能迸发出无穷的力量。把人管理好、组织好，让社会维持良好的运转，这是需要非凡的才能才可以做到的，这就产生了人与人之间不同的社会分工。

坚守公平正义的人被说成是不近人情，教唆人不劳而获投机取巧的人反而更受欢迎，人们从没认真想过，大家都不劳动，哪里来的收获呢？如果是极少数人不劳而获，大多数人多劳少获甚至劳而无获，那些对不劳而获抱有幻想的人，他们可以成为极少数人的机会又有多少呢？

所以说，法治首先要以人民为中心，保护的是广大人民群众的根本利益，而不是少数不劳而获者的私利，这就是"法者，所以爱民也"。但是什么事都讲法律的社会是冰冷的且效率非常低下的。君子一诺千金说到做到，这样做事效率才是最高的，这就是"礼者，所以便事也"。法治的最终目的是维护正义，创造一个君子之交可以不被破坏的社会。

这就告诉我们一个道理，推行法治首先要有为人民服务的思想，法律是为了保护老百姓的利益不受侵犯，让老百姓都能过上太平安稳的好日子。只要能让国家强大，能让人民幸福，就不必因循守旧，而是要勇于改革。变法改革是为了国家富强人民幸福，这是后续一切的出发点。

原文

甘龙曰："不然。臣闻之：'圣人不易民而教，知者不变法而治。'因民而教者，不劳而功成；据法而治者，吏习而民安。今若变法，不循秦国之故，更礼以教民，臣恐天下之议君，愿孰察之。"

译文

甘龙说："不是这样。臣也听说过这样一句话：'圣人不改变百姓的旧习俗来施行教化，有智慧的人不改变旧有的法度来治理国家。'依照百姓旧有的习俗来实施教化，不费什么辛苦就能成功；根据旧有的法度来治理国家，官吏很熟悉，百姓也习惯。现在如果变法，不遵循秦国旧有的制度，要更改礼制教化百姓，臣担心天下人要非议国君您了。希望您认真考虑此事。"

青云说

甘龙的观点挺有意思,他认为不应该变法,而是要用旧法来治理天下。可是旧有的法律已经跟不上时代的发展了,否则国家也不可能出现问题。整个国家都行进在错误的道路上,老百姓都蒙蔽在错误的认知里,怎么能因为担心变法遭到非议便去适应错误而不去改变错误呢?

为什么会有维护旧秩序的人呢?因为这些人是旧秩序的受益者。掌控权力的旧秩序受益者是不可能甘心直接放弃既得利益的,他们一定会负隅顽抗,这就是你死我活的斗争。

原文

公孙鞅曰:"子之所言,世俗之言也。夫常人安于故习,学者溺于所闻。此两者,所以居官而守法,非所与论于法之外也。三代不同礼而王,五霸不同法而霸。故知者作法,而愚者制焉;贤者更礼,而不肖者拘焉。拘礼之人不足与言事,制法之人不足与论变。君无疑矣。"

译文

公孙鞅说:"你所说的这些话,正是世俗的言论。普通人总是安于老习惯,学者总是局限于自己听说过的事情。这两种人,只能用来安置在官位上守法,却不能同他们在旧有法度之外讨论变革法制的事。夏、商、周这三个朝代礼制不同却都能称王于天下,春秋五霸各自的法制不同,却都能称霸诸侯。所以有智慧的人创制法度,而愚蠢的人只能受法度的约束;贤能的人变革礼制,而没有才能的人只能受礼制的束缚。受旧的礼制约束的人,不能够同他商讨国家大事。被旧法限制的人,不能同他讨论变法。国君不要迟疑不定了。"

青云说

商鞅对甘龙的说法给予了驳斥,一个习惯用老思维看待新问题的人,能和他讨论怎么改变老思维吗?根本就不能。因为他安于故习,溺于所闻,就像井底之蛙一样被局限了认知。

因循守旧的人要么只看个人利益不看国家利益,要么只看眼前利益不看长远利益,因此他们只会抵触这种改变而不可能顺应这种改变。新问题就应该用新方法,而不是刻舟求剑。聪明人定规矩,普通人守规矩,所以那些给他画个圈就不敢迈出去的人是不能与其讨论变法的。

原文

杜挚曰:"臣闻之:'利不百,不变法;功不十,不易器。'臣闻:'法古无过,循礼无邪。'君其图之!"

译文

杜挚说:"臣听说过这样的话:'如果没有百倍的利益,不要改变法度;如果没有十倍的功效,不要更换工具。'臣还听说:'效法古代法制不会有什么过错,遵循旧的礼制不会有偏差。'希望国君能够慎重考虑这件事。"

青云说

杜挚的意思是如果变法没有巨大的效果就不要变法,遵守老规矩并不是什么坏事。但是变法取得效果是一个长期的过程,不是说今天变法明天就能改天换地。"利百功十"不是做不到,而是需要时间。给别人提一个不切实际的目标来否定别人建议的合理性,这是很多人常用的套路。

原文

公孙鞅曰:"前世不同教,何古之法?帝王不相复,何礼之循?伏羲、神农教而不诛,黄帝、尧、舜诛而不怒,及至文、武,各当时而立法,因事而制礼。礼、法以时而定,制、令各顺其宜,兵甲器备各便其用。臣故曰:治世不一道,便国不必法古。汤、武之王也,不循古而兴;殷、夏之灭也,不易礼而亡。然则反古者未可必非,循礼者未足多是也。君无疑矣。"

译文

公孙鞅说:"以前的朝代,政教各不相同,应该去效法哪个朝代的古法呢？过去帝王的礼制都不相同，又该遵循哪个帝王的礼制呢？伏羲、神农实施教化而不施行惩罚，黄帝、尧、舜虽然施行惩罚但是不过分，等到了周文王和周武王的时代，他们各自顺应时势而建立法度，根据国家的具体情况制定礼制。礼制和法度都要根据实际情况来制定，制度、法令都要和当时的社会相适应，就像兵器、铠甲、器具、装备的制造都要方便使用一样。所以臣说：治理国家不一定都要用同一种方式，只要对国家有利就不一定非要效法古代。商汤、周武王称王于天下，是因为他们没有遵循古代的法度才兴旺；殷朝和夏朝的灭亡，是因为他们没有更改旧的礼制才覆亡。如此看来，反对复古的人不一定非要指责，遵循旧礼的人不一定值得称赞。国君对变法的事就不要迟疑了。"

青云说

商鞅认为历史上有那么多法，那么多礼，有很多帝王因为施行不同的礼法强大起来了，也有很多帝王因为遵循相同的礼法灭亡了，那么守规矩应该是守哪一个规矩呢？所以说，反对古制未必是错的，遵循旧礼也未必是对的，因时制宜因地制宜，结合实际，通权达变制定对策才是正确的。

原文

孝公曰："善！吾闻'穷巷多怪，曲学多辩'。愚者笑之，智者哀焉；狂夫乐之，贤者丧焉。拘世以议，寡人不之疑矣。"于是遂出《垦草令》。

译文

孝公说："好！我听说'居住偏僻小巷的人大都少见多怪，学识浅陋片面的人大都喜欢诡辩'。愚蠢之人讥笑的事，正是聪明之人感到可悲的；狂妄之人高兴的事，正是贤能之人感到担忧的。就算还有拘泥于世俗偏见的议论，我也不再犹豫了。"于是，孝公颁布了《垦草令》。

青云说

愚狂之人和智贤之人的认知是不同的。愚狂之人浅薄，难以理解事物之间的深层联系，他们往往只看到事物的表面现象而为之欢乐；智贤之人却能透过现象看本质，从事物表面有利的一面看到其潜在的有害的一面。

秦孝公不愧为雄才大略的一代明主，深知愚笨的人喜欢自以为是，狂妄的人偏爱一意孤行，浅薄的人时常强词夺理，狭隘的人总是斤斤计较。原因就一个字：私。如果思考都是围绕着私利，那么见识就只能是自己头顶上的一片天空。如果思考都是围绕着天下，那么就可以拥有平定天下的远见卓识。

治国是一项浩大的系统工程，要想发现问题解决问题，就必须从整体上去认识问题分析问题。而普通人大都是局限于一个个偏见之中。要想从整体上看问题，就必须跳出偏见，这是一个领导者必须具备的能力。

第一章·更法

第二章 垦令

导读

农业是国民经济的基础。我国十八亿亩耕地红线不可触动，就是为了在粮食问题上不被别人卡脖子。在现如今高度发达的工业化和信息化社会，粮食安全问题尚且如此重要。在古代的农耕社会，粮食更是第一重要的资源。

奴隶社会时期，土地是粮食的来源，粮食是人口的来源，人口是兵员的来源，兵员是胜仗的来源，胜仗又是土地的来源。所以，把土地开发好，保障农业的发展，是国家得以保存和发展的基础。《垦草令》就是商鞅提出大力发展农业的宣言书，也是经济脱虚向实、抑制投机的宣言书。

我们都知道现在愿意在农村面朝黄土背朝天种地的年轻人是越来越少了，大都是老一辈的人在坚持农耕。如果在老一辈人失去劳动能力之前不能实现农业现代化，中国的粮食安全将会是令人非常头痛的问题。不愿当农民辛苦劳作，不是现在才有的现象，而是自古就有的现象。

商鞅已经意识到如果人人都想逃避劳动，追求不劳而获或者投机暴富，吃闲饭的人多，干实事的人少，这样的国家是不可能强大的。所以，商鞅变法的第一道命令就是抑制投机打击不劳而获，发展生产鼓励劳动致富。颁布《垦草令》的目的，就是维护农民的利益，然后迫使高门贵族的子女、依附他们的食客和仆役等不劳动的闲散人员到地里去干活。

维护农民利益，就要整顿吏治、统一法规，杜绝官吏欺压百姓，积极鼓励人们从事农业生产；发展农业生产，就要杜绝经济脱实向虚，严厉打击投机取巧不劳而获。这两项措施得罪的都是有权的官僚和有钱的商人，所以商鞅变法才会这么艰难。这不是随便修改一下规则这么简单的事情，这是你死我活的斗争。《商君书·垦令》这一章，讲了《垦草令》的部分内容，我们可以从中一窥端倪。

原文

无宿治，则邪官不及为私利于民，而百官之情不相稽。百官之情不相稽，则农有余日。邪官不及为私利于民，则农不败。农不败而有余日，则草必垦矣。

译文

办理政事不过夜，有私心的官吏就找不到机会从百姓那里谋求私利，而且各级官吏的政务也不会彼此积压。各级官吏之间的政务不积压，那么农民就会有空闲时间。有私心的官吏没有机会从百姓那里牟取私利，那么农民就不会受到盘剥。农民不受盘剥而又有空闲时间，那么荒地就一定能得到开垦了。

青云说

"无宿治"就是要提高官吏的行政效率，当日事当日毕。处理事情不过夜有什么好处呢？首先是私心重的官吏没法将该办的事故意拖着不办向百姓索要好处，因为故意拖延自有国法处置，百姓也就不必向其行贿。其次是官吏之间无法互相串通牟取私利，因为互相串通需要时间，当日事当日毕就可以消灭腐败的温床。

当日事当日毕，百官就不会互相推诿扯皮拖延政务，也就没机会向百姓索贿，那么百姓就不用耗费精力和钱财应付贪官的骚扰和压榨，这些节省下来的精力可以用来更好地发展生产，节省下来的钱财都是农业生产的纯利润。这就是"百官之情不相稽，则农有余日。邪官不及为私利于民，则农不败"。这和我们现在的转变工作作风，完善限时办结制度，提高行政服务效率的改革有相同之处。

法家社会的权力是如此重要，既可以用来兴国，也可以用来祸国，不加以限制的权力一定会被滥用，所以一定要把权力限制在为民谋公利上。权力是人民赋予的，法治就是给权力制定一个适用范围和使用标准。权力不是要个人威风和牟取个人私利的工具，当我们看到某些官员消极懒政让老百姓身心俱疲而又无可奈何的事例，就知道"无宿治"是多么重要。我们常说的治国就是治吏，也是同样的道理。

原文

訾粟而税，则上壹而民平。上壹则信，信则官不敢为邪。民平则慎，慎则难变。上信而官不敢为邪，民慎而难变，则上不非上，中不苦官。上不非上，中不苦官，则壮民疾农不变。壮民疾农不变，则少民学之不休。少民学之不休，则草必垦矣。

译文

根据粮食的产量来计算田赋，那么国家的田赋制度就会统一，而百姓承担的赋税才会公平。国家的田赋制度统一了，就会在百姓中有信誉，有了信誉，大臣便不敢违反制度压榨百姓。百姓觉得公平，就会郑重对待自己的职业。百姓郑重对待自己的职业，就不会轻易改变职业。那么百姓就上不会对君主不满，中间不会担忧官吏的盘剥。百姓上不会对君主不满，中间不会担忧官吏的盘剥，那么壮年农民就会尽力从事农业生产不改做其他行业。壮年人努力从事农业生产，那么年轻人一定会不断向他们学习，也从事农业生产。年轻人不断学习务农，那么荒地就一定能开垦了。

青云说

公平合理的赋税制度很重要，"公平"的意思是田赋税制要统一，不能有的人可以少交，有的人却必须多交。只有税制统一，官员才没有办法进行暗箱操作，让人少交来牟取私利或者让人多交来公报私仇。"合理"的意思是税负不能过重，要让老百姓有利可图，这样老百姓才会努力工作，而不是频繁更换工作。

官吏不敢为非作歹，百姓珍惜工作机会，这样生活在底层的老百姓就不会对君主有怨言，安心生产照章纳税。官吏因为经济的发展拥有越来越好的福利待遇，这样就能互相促进越来越好。种地有利可图，农民就不会离开土地去冒险投机，下一代人也会继承老一辈人，积极劳作，这样才能保证经济的可持续发展。

原文

无以外权任爵与官,则民不贵学问,又不贱农。民不贵学则愚,愚则无外交。无外交,则国安而不殆。民不贱农,则勉农而不偷。国安不殆,勉农而不偷,则草必垦矣。

译文

不允许用国家公权之外的私权给人封官晋爵,百姓就不会看重学问,也不会轻视农业。百姓不看重学问,就会淳朴,就不会里通外国。百姓不里通外国,国家就会稳定没有危险。百姓不轻视农业,就会努力务农而不懈息。国家稳定没有危险,农民积极务农不偷懒,那么荒地就一定能开垦了。

青云说

什么是外权?就是君主所代表的国家公权力之外的权力。任用官员的标准自有法律规定,由君主来考察官员工作能力和工作成绩来予以升降任免。如果官员的升降任免标准还有国家法律规定之外的其他途径,比方说以能言善辩为标准来任用官员,又比方说以被外国机构授予过荣誉为标准来任用官员等等。如果以这些标准来任用官员,而不是以为国家做出实际贡献为标准来任用官员,人们就会追求那些于国家无益的东西来达到升迁的目的。

商鞅认为,如果一个国家把外国的学问奉为圭臬,那么外国就会在这些学问里夹带私货设置陷阱,老百姓都去学习这些外来的夹带了私货的学问,就会落入敌国设置的理论陷阱里。一定要杜绝学习对国家无用的学问来获取名利的途径,以为国家做出的实际贡献作为唯一标准,这样老百姓才会保持淳朴,勤勤恳恳做事不搞歪门邪道。

商鞅那时候就已经有空谈且不实用的学问了,这些学问可以高谈阔论却解决不了现实社会问题。如果靠这些虚头巴脑的学问也能获取名利,老百姓就会崇尚空谈不再务实,走上投机取巧的道路,甚至去为外国的利益服务以牟取私利。如果老百姓都不忠于自己的国家,都投机取巧而不真抓实干,国家就一定会危机四伏。

原文

禄厚而税多，食口众者，败农者也。则以其食口之数，赋而重使之，则辟淫游惰之民无所于食。无所于食则必农，农则草必垦矣。

译文

士大夫贵族的俸禄高并且收取的租税又多，食客数量众多，这是危害农业生产的事。国家要根据他们豢养的食客数量收税并让他们服很重的徭役，那样这些游手好闲的人就没地方混饭吃了。这些人没地方混饭吃，就一定会去务农。他们都去务农，那么荒地就一定能得以开垦了。

青云说

贵族的收入太高，百姓的税赋必然就重，贵族还会有钱去养门客，那就会导致吃闲饭的人越来越多，干活的人越来越少，最后一定会出问题。什么是"辟淫游惰之民"呢？"辟"就是生性古怪的人，"淫"就是生性放纵的人，"游"就是生性不定的人，"惰"就是生性懒惰的人，可以把他们概括为怪人、坏人、闲人、懒人。增加士大夫贵族养门客的成本，让士大夫贵族养不起那些不务正业的怪人、坏人、闲人、懒人，这些游手好闲的人没有地方混饭吃，就一定会去务农。

战国时代，养士已成为上层社会竞相标榜的一种时髦风气。只要是有实力有抱负的国君、权臣，无不以尽可能多地收养门客为荣。赵襄子、魏文侯、赵惠文王、燕昭王等人门下都收养有千人以上的门客，其养士规模也是春秋时期所不能望其项背的。表面上看，权贵通过养士的方式可以大量集中人才，还能迅速抬高自己的政治声誉，但带给社会的副作用也是巨大的。豢养门客产生了大量不事生产的闲散人群，这些人没有胸怀天下之心，只是为了个人的功名利禄在天下挑动事端。这种貌似热闹的"士无常君，国无定臣"的人才流动和人才竞争，事实上加剧了诸侯内部各势力以及诸侯之间的矛盾，造就了战国大乱世。

商鞅对此看得非常透彻，所以提出通过加重豢养门客的负担来打击贵族士大夫养门客的风气。这样就没人愿意收留游手好闲的门客，那些游手好闲的人没人供养了就只能自己去种地劳作，社会上也就减少了懒惰闲散的人。

原文

使商无得籴，农无得粜。农无得粜，则窳惰之农勉疾。商不得籴，则多岁不加乐；多岁不加乐，则饥岁无裕利。无裕利，则商怯；商怯，则欲农。窳惰之农勉疾，商欲农，则草必垦矣。

译文

下令商人不准买粮食，农民不准卖粮食。农民因为不能卖粮食，那么懒惰的农民无处得到粮食，就会努力积极从事农业生产。商人因为不能买粮食，丰年就不能低价囤积粮食。丰年不能低价囤积粮食，那么饥年就不能高价出售粮食牟取厚利。没有厚利可图，商人就会害怕经商，害怕经商就会想去务农。懒惰的农民努力从事生产，商人也想去务农，荒地也就一定能开垦了。

青云说

为什么不允许商人囤积粮食，也不允许农民随意出售粮食呢？因为粮食是国家的战略物资，如果粮食的流通被商人掌控，操纵粮价牟取暴利还是小事，人为制造饥荒颠覆国家政权才是大事。牟利是商人的本能，如果国家不严加管制，商人往往会不择手段，给国计民生造成重大危害。

商鞅非常重视粮食安全问题，既不允许商人大肆囤积粮食投机倒把，也不允许农民私自售粮，而是把粮食掌控在国家手中，由国家来负责粮食的流通，这样就可以稳定粮价，让农民种地有利可图。

原文

声服无通于百县，则民行作不顾，休居不听。休居不听，则气不淫；行作不顾，则意必壹。意壹而气不淫，则草必垦矣。

译文

供人享乐的音乐和奇异的服装不准在各郡县流行，那么农民在外出劳作时就不会看见奇装异服，在家里休息时就不会听到靡靡之音。在家休息时听不到靡靡之音,那么他的精神和意志就不会涣散;到田间劳动时看不见奇异的服装,那么他的心思一定会专心用在农业生产上。心思专一且意志不涣散,那么荒地就一定能开垦了。

青云说

不让奇装异服、靡靡之音对百姓造成消极影响,不搞娱乐至死那一套,那么老百姓就会专心工作,经济就一定会更好地发展。反观现在社会上充斥着泛娱乐化的消费,人们被各种声娱欲望裹挟着变得急功近利浅薄浮躁,导致一心一意专注于把事情做好的人越来越少了。

原文

无得取庸,则大夫家长不建缮。爱子不惰食,惰民不窳,而庸民无所于食,是必农。大夫家长不建缮,则农事不伤。爱子惰民不窳,则故田不荒。农事不伤,农民益农,则草必垦矣。

译文

不准雇用佣工,那么卿大夫就没有办法建筑、修缮自家府院的房屋。他们那些娇生惯养的儿女无法不劳而食,懒惰的人也不能偷懒,那些靠给人当佣工生活的人就没有地方混饭吃,这样他们就一定去务农。卿大夫不建房修房,那么农业生产就不会受到危害。卿大夫娇生惯养的儿女和不愿从事农业生产的懒汉不再偷懒,那么原有的农田就不会荒掉。农业生产不会受危害,农民更加努力地从事农业生产,那么荒地就一定能开垦了。

青云说

严格管控雇佣劳力,有钱也不是什么都能买到,为国家立功由国家给你建宅邸,私自兴建宅邸都得自己动手,富家子弟想过衣来伸手饭来张口的日子都找不到人伺候。那些想着伺候人干轻活逃避农耕的人只能回到地里去干活;那些想当寄生虫让别人伺候自己的权贵,只能自己的事情自己干。

有钱也不能为所欲为,有钱也不代表能拥有一切,这样节制资本好不好呢？现在的人们已经意识到了这样做的必要性。金钱万能论对大众思想的腐蚀和对社会风气的破坏，商鞅早就有深刻的认知。

原文

废逆旅，则奸伪、躁心、私交、疑农之民不行。逆旅之民无所于食，则必农。农则草必垦矣。

译文

取缔私人旅馆，那么奸邪伪诈、不安心本职、私下交游、不专心从事农业生产的人就不会外出四处周游。那些开旅馆的人没有办法谋生，那么他们一定会去务农。这些人都去务农，荒地就一定能得到开垦了。

青云说

在古代，官方开办的旅馆叫作驿站，私人开办的旅馆叫作逆旅。逆旅一般设置在城外驿站旁边，因为驿站属于官方招待所，客房的服务质量通常不如私人开办的逆旅，所以很多有钱有势的人就会选择驿站旁边的逆旅来居住。住高档旅馆到处游荡的人，被商鞅称为"奸伪、躁心、私交、疑农之民"。

公事公干自有驿站，住逆旅大概率是私事私干，对国家有利的可能性很小，这是"奸伪"。到处游荡说明有一颗躁动的心，大概率会挑动事端以牟利，成为社会的不稳定因素，这是"躁心"。到处结交私谊，这样的人大概率会内外勾结获取名利，这是"私交"。到处游荡不事生产热衷于投机，这是"疑民"。

私人旅馆容易成为藏污纳垢的场所，游手好闲之人如果到处乱窜，无疑是危险之源。所以商鞅废逆旅，把私人旅馆都关闭了。官方驿站掌控在国家手中，通过严格管理可以消除很多隐患。值得一提的是，最后商鞅逃亡时没有驿站可以收留他，说明商鞅推行法治的成效和威力，也从侧面说明商鞅的大公无私，没有给自己在法律上留后门。

原文

壹山泽，则恶农、慢惰、倍欲之民无所于食。无所于食，则必农。

农则草必垦矣。

译文

国家统一管理山林、湖泽，那么讨厌务农、怠慢懒惰、贪欲十足的人就没有吃饭的营生。没有吃饭的营生，他们就一定会去务农。这些人都去务农，那么荒地就一定能得到开垦了。

青云说

什么是"恶农、慢惰、倍欲之民"呢？"恶农"就是不愿从事农业的人，"慢惰"就是干活怠慢懒惰、不下力气的人，"倍欲"就是干得少还想拿得多的人。这些人没有吃饭的营生，就都得去务农，荒地就一定能开垦了。

山林、湖泊收归国家统一管理，避免被私人用来牟利。那些想通过私占山林、偷挖矿产来不劳而获的人，被彻底断绝了后路。为什么自然资源不能私有化？因为私人为了在短期内暴富往往会竭泽而渔、野蛮开采，环境被破坏后的烂摊子甩给国家，国家还要投入资金去治理，所以杜绝自然资源私有化就非常重要。

原文

贵酒肉之价，重其租，令十倍其朴。然则商贾少，民不能喜酣奭，大臣不为荒饱。商贾少，则上不费粟；民不能喜酣奭，则农不慢。大臣不荒饱，则国事不稽，主无过举。上不费粟，民不慢农，则草必垦矣。

译文

抬高酒肉等奢侈品的价钱，加重收取这些东西的赋税，让赋税的数额高出它的本钱十倍。如果这样的话，商人买卖酒肉就会减少，百姓就不能尽情饮酒作乐，大臣们也就不会沉迷享乐耽误政事。商人买卖酒肉少，那么国家就不会因酿酒而浪费粮食；百姓不能尽情饮酒作乐，农业生产就不会耽误。大臣不沉迷于享乐荒废政事，那么国家的政事就不会被拖延，君主也就不会有错误的举措。源头上不浪费粮食，百姓不耽误农业生产，那么荒地就一定能得到开垦了。

青云说

"贵酒肉之价,重其租,令十倍其朴。"以成本的十倍收税,这就是现在所说的奢侈税。通过高昂的奢侈税来抑制奢靡之风,结果就是相关的从业商人少了,百姓不会大吃大喝了,官员不会忙于酒场应酬了。同样的,浪费的粮食也少了,百姓也不荒废生产了,官员不耽误国事了,不会让君主犯错误了。

原文

重刑而连其罪,则褊急之民不讼,很刚之民不斗,怠惰之民不游,费资之民不作,巧谀、恶心之民无变也。五民者不生于境内,则草必垦矣。

译文

加重处罚力度,建立连坐机制,那么那些狭隘急躁的人便不敢再争吵斗嘴,凶狠强悍的人便不敢再打架斗殴,消极懒惰的人也不敢再到处游荡,奢侈浪费的人也不敢再胡作非为,善于花言巧语、心怀叵测的人就不敢再进行欺诈。这五种人在国内不任意胡来,那么荒地就一定能得到开垦了。

青云说

急脾气的人容易与人争吵,暴脾气的人容易不计后果打架斗殴,懒惰的人容易到处游荡不事生产,爱挥霍的人容易胡作非为败坏社会风气,口蜜腹剑的人容易设局害人,商鞅认为必须用重刑和连坐的手段来杜绝这五种人。只要这五种人不兴风作浪,社会就会和谐安定。

原文

使民无得擅徙,则诛愚。乱农之民无所于食而必农。愚心躁欲之民壹意,则农民必静。农静诛愚,乱农之民欲农,则草必垦矣。

译文

让百姓不能随意到处迁徙,那么他们就会愚昧迟钝。让那些不安心务农的人失去混饭吃的地方，他们就一定会去务农了。愚昧无知、性情浮躁的人也能专心从事农业生产了，那么农民就一定会安心务农。农民安心务农又愚昧迟钝，不安心务农的人也想去务农，荒地就一定能得到开垦了。

青云说

古人所说的"愚"，基本都是"大智若愚"的那个"愚"，不是任由人害，而是绝不害人。农民都安于生产不热衷投机取巧，国家才有强大的可能。但是有些人喜欢不劳而获，不喜欢凭劳动吃饭，那么他们怎么生存呢？就是到处跑，教别人不劳而获来牟利混饭吃，这就是"乱农之民"。

大部分人并不是不懂不劳而获的害处，而是看到别人可以不劳而获感到不公平，觉得为什么别人可以我不可以，这是逆向攀比、劣币驱逐良币的结果。如果杜绝了不劳而获的可能，淳朴的老百姓和内心欲望躁动的老百姓都不分心，农民就会安心从事农业生产，这就是"愚心躁欲之民壹意，则农民必静"。

原文

均出余子之使令，以世使之，又高其解舍，令有甫官食，概。不可以辟役，而大官未必得也，则余子不游事人，则必农。农则草必垦矣。

译文

统一发布有关卿大夫、贵族嫡长子以外子弟担负徭役赋税的法令，根据他们的出身让他们服徭役，同时提高他们免除服徭役的条件，让他们从掌握徭役的官吏那里领取粮食，而不多付给粮食照顾他们。这些子弟不可能逃避徭役，也不能通过游历结交权贵而做大官，那么他们就不再四处游历投靠权贵，而一定会去务农。这些人去务农，那么荒地就一定能得到开垦了。

青云说

"余子"，就是古代卿大夫、贵族嫡长子之外的儿子。发布有关"余子"担负徭役赋税的法令，根据他们的出身地位让他们服徭役，再提高他们免除徭役的条件，命令有仆役和当官有俸禄的人也不能逃避徭役，而且大官也未必能够让他们逃避徭役，那么他们就不会攀附权贵，就一定会去务农。

这就是商鞅主导的从根本上触动权贵利益的变法法令之一，让所有养尊处优的贵族子弟服徭役，而且在服徭役的过程中不能享受特殊待遇。改变贵族世袭罔替的原则，确立无功不受禄、受禄必有功的原则，盘活那些不劳而获的人口资源。只有这样，才不会造成贵族子弟的纨绔化，才能让寒门子弟有出头的机会。

原文

国之大臣诸大夫，博闻、辩慧、游居之事，皆无得为；无得居游于百县，则农民无所闻变见方。农民无所闻变见方，则知农无从离其故事，而愚农不知，不好学问。愚农不知，不好学问，则务疾农。知农不离其故事，则草必垦矣。

译文

国家的大臣诸大夫们，不准做那些博学多闻、能言巧辩、周游居住外乡的事；不准到各郡县去居住游说，那么农民就不会听到一些新奇的思想而增广见闻。农民不会听到新理论而产生新想法，那么有头脑的农民就不会脱离本职，愚昧的农民就会无知，不喜欢学问。愚昧的农民无知，不喜欢学问，就会积极务农。有头脑的农民不脱离他们原来所从事的农业，那么荒地就一定能得到开垦了。

青云说

害人的思想大都会让人产生各种投机取巧不劳而获的想法，当大家发觉不守规矩沾光、守规矩吃亏的时候，就会学着不守规矩，也就是"闻变见方"，结果就是一群不守规矩的人互相伤害。

也就是说，能沾光是因为有人吃亏，当所有人都想沾光不想吃亏的时候，也就没有人能沾光了。事实上，人类社会也是按照这个方向发展的，当自私自利的精致利己主义大行其道的时候，所有人都对现实充满了愤憔，也都对未来失去了信心，痛苦和焦虑的氛围弥漫着整个社会。

原文

令军市无有女子，而命其商令人自给甲兵，使视军兴。又使军市无得私输粮者，则奸谋无所于伏，盗粮者无所售，输粮者不私稽，轻惰之民不游军市。盗粮者无所售，送粮者不私稽，轻惰之民不游军市，则农民不淫，国粟不劳，则草必垦矣。

译文

命令军队的市场上不准有女子，还要命令军市的商人自备铠甲兵器，让他们时刻关注军队军事行动的动向。要让军市不能有私自运输粮食的人，那么那些倒卖军需物资的阴谋就没法隐藏，偷盗军粮的人没有地方卖出去，运粮食的人也不能私藏粮食，那些轻浮懒惰的人就不能到军中市场游荡。偷盗军粮的人没有地方出卖，运送粮食的人不能私自扣留，轻浮懒惰的人不能到军中市场游逛，那么农民就不会被迷惑，国家的粮食就不会损耗，荒地就一定能开垦了。

青云说

这一段讲的是严禁军队经商，对应的就是军队反腐，杜绝出现倒卖军需物资的现象，防止不良社会风气侵染军队。

原文

百县之治一形，则徙迁者不饰，代者不敢更其制，过而废者不能匿其举。过举不匿，则官无邪人。迁者不饰，代者不更，则官属少而民不劳。官无邪，则民不敖；民不敖，则业不败。官属少，则征不烦。民不劳，则农多日。农多日，征不烦，业不败，则草必垦矣。

译文

各郡县的政令和统治措施必须一致，那么到期离任和升迁的官吏就没有办法弄虚作假来粉饰自己，接任的官吏也不能随意更改已有的制度，犯错被免职的官员不能隐瞒自己的错误行为。不能隐瞒错误行为，那么官吏中就没有心术不正的人。升迁的官吏不能粉饰自己,接任的官吏不敢更改制度,那么官员的属吏就会减少,农民的负担就不会过重。官吏中没有心术不端的人,农民就不用出外躲避贪官恶吏;农民不用四处躲避,那么农业就不会受到危害。官吏的从属人员少了,那么征收的赋税就不会多。农民的负担不重,那农民从事农业生产的时间就多。农民从事农业生产的时间多,征收的赋税也不重,农业不受损害,那么荒地就一定能开垦了。

青云说

本段讲的是防止官僚体系阳奉阴违搞上有政策下有对策那一套。国家治理过程中出现的问题,有的是因为君主没有以民为本,这属于领导层的错误引发的问题;有的则是因为官员没有依法治国,这属于管理层的错误引发的问题。要想把国家治理好,君主既要保证自己不能因私废公,还要做好顶层制度设计,保证官吏不能因私废公。

原文

重关市之赋,则农恶商,商有疑惰之心。农恶商,商疑惰,则草必垦矣。

译文

加重交通要道的市集上商品的税收,那么农民就不敢轻易经商,商人也会对经商持怀疑的态度。农民不敢经商,商人对自己所从事的产业缺乏信心,那么荒地就一定能得到开垦了。

青云说

商鞅认为,收取高额商品税,让经商和务农成为收入差不多的职业,农民就不愿从事经济风险较大的商业,而是安于务农。商人没有暴利可图,也不敢做违背国家利益的事情,这样就不能产生大商人操纵国民经济命脉的事情。

中国历史上的重农抑商,不是不允许经商,而是不允许商人过度介入关系国计民生的领域,这些领域应该是国家专营的,商业的利润应该用于国家建设和保障民生,而不是满足少数人穷奢极欲的奢华享受。因为资本是可以流动的,是逐利的,所以在国家危难的时候,一些商人不但不会和国家命运与共,还会随时带着资本一走了之。

这也是商人的地位在中国历史上一直比较低的原因,因为我们的祖先已经把商人的人性看透了。这不是说商人必然坏,而是说商人更看重个人的经济利益,如果让商人掌控了过多的财富,他们很容易兴风作浪,甚至可以为了个人私利操控一个国家的生死存亡。国家和人民的命运,是不可以交到一群喜欢敛财的商人手里的。

原文

以商之口数使商,令之厮、舆、徒、童者必当名,则农逸而商劳。农逸则良田不荒,商劳则去来赍送之礼无通于百县,则农民不饥,行不饰。农民不饥,行不饰,则公作必疾,而私作不荒,则农事必胜。农事必胜,则草必垦矣。

译文

根据商人家的人口数量向他们摊派徭役,让他们家中砍柴的、驾车的、供人役使的、做僮仆的人一定要到官府登记注册,并且按名册服徭役,那么相比之下,农民的负担就会轻,商人的负担就会重。农民负担轻了,田地就不会荒芜;商人负担重了,就不会到处来往行贿送礼。如果这样,农民就不会饥饿,做什么事也不用送礼讲排场。农民不挨饿,做事不送礼讲排场,那他们就一定会积极努力耕作,并且个人的田地也不会荒废,在农业上的事就一定会做好。农业上的事做好了,荒地也就一定能开垦了。

青云说

正常来说,能力越大的人责任也就越大,越是有钱的人就越应该承担更多的社会责任,所以有钱的商人应该多交税。但是历史上,很多时候都是在给富人减税,给穷人加税。这是因为富人掌控的社会资源多,能够维护自己的利益;穷人掌控的社会资源少,不能维护自己的利益。这种做法无疑是做反了,国家也必定会出现各种问题。

商人维护自己利益的方法也很简单粗暴,那就是送礼,用糖衣炮弹收买掌控权力的官员为自己服务,这不但让官僚体系腐化变质,还严重败坏了社会风气。中国传统文化中对商人群体的这一负面作用一直保持高度警惕并且严厉打击，不允许商人赚不合法的钱，赚了钱也不允许他们为所欲为。

原文

令送粮无得取僦，无得反庸，车牛舆重，役必当名。然则往速徕疾，则业不败农。业不败农，则草必垦矣。

译文

命令运送粮食的人不能花钱雇别人的车，更不准运粮车辆在返回时揽载私人货物。车、拉车的牛、车在运粮时的载重量，服役时一定要同注册登记时一致。如果这样的话，运粮车就会去得迅速回来得也快，运粮的环节就不会耽误农业生产。运粮不耽误农业生产，那么荒地就一定能开垦了。

青云说

商鞅推行这些措施的目的一来是杜绝转包公家的活赚差价，二来是杜绝公车私用赚外快。"车牛舆重"是运输工具，"役必当名"是运输时一定要同注册登记时的规定一致，一来杜绝了超载，二来杜绝了偷卸货物。

现在很多人的花花肠子早就被商鞅看得一清二楚，用各种对策严加防范。粮食在国有体系下良好地调运才能保持粮价的稳定，粮价的稳定才能保证农民的利益，保证了农民的利益，农业才能不衰败。

原文

无得为罪人请于吏而饷食之，则奸民无主。奸民无主，则为奸不勉。为奸不勉，则奸民无朴。奸民无朴，则农民不败。农民不败，则草必垦矣。

译文

不能为了帮犯罪的人减免处罚向官吏求情而吃喝款待官吏，那样作奸犯科的人就失去了靠山。作奸犯科的人失去了靠山，就没有了做坏事的动力。奸民没有了做坏事的动力，那么农民就不会受到他们的危害。农民不会受到危害，那么就会一直安心生产，土地也就一定会被开垦出来了。

青云说

让坏人得利甚至过得比好人都滋润，谁还会安心做好人呢？如果游手好闲的人甚至犯罪分子都能过上好日子，谁还会踏踏实实工作呢？好榜样的力量是无穷的，坏榜样的力量也是无穷的，商鞅认为，坏榜样一个都不能有，滋生坏榜样的土壤一定要尽早清除。所以商鞅严禁官员接受宴请为犯罪分子开脱罪责，这就是我们现在经常说的"打击幕后的'保护伞'"。

农耕时代的实体经济表现为农业的发展，法律保障实体经济不受虚拟经济的侵害，让多劳者多得，少劳者少得，不劳者不得，还要保障好人不受坏人的欺负。让损人利己的人没有好下场，严厉打击投机取巧和不劳而获，全力维护公平公正的社会秩序，这就是《垦令》的主题思想。

第三章 农战

导读

"农战",即农业和军事。两个字就把一个国家最重要的两件事说清楚了。"农"是创造财富,"战"是保卫财富,通过重农把财富创造出来,通过重战把财富守住不被抢走,一个国家才有了富裕强大起来的基础。要使百姓高度重视农战,就要通过农战把社会财富分配好,保障那些创造财富和保卫财富的人成为财富的主要拥有者。

士、农、工、商之所以把士排在第一位,是因为士是创造财富和保卫财富的组织者,所以也相应获得了分配财富的权力。把人组织起来创造财富保卫财富需要的是才,把财富分配好需要的是德。创造好保卫好但是分配不好不行,分配得好但是创造不好保卫不好也不行,国家强大,需要的是德才兼备的士。

百姓愿意通过缴纳税赋的方式给士发工资,其实就是购买士的服务,这个服务就是脱离了体力劳动的脑力劳动。通过士的服务提高创造财富和保卫财富的效率,保证社会分配财富的公平。士本质上就是领老百姓的工资给老百姓干活的管家,从这个意义上说,把官员比作公仆是非常正确的定位。

原文

凡人主之所以劝民者,官爵也。国之所以兴者,农战也。今民求官爵,皆不以农战,而以巧言虚道,此谓劳民。劳民者,其国必无力。无力者,其国必削。

译文

通常国君用来勉励民众的,是官职和爵位。国家得以兴旺的根本,是农业和军事。现在民众求取官职和爵位都不是依靠农耕和作战立功,而是依靠花言巧语和空洞的说教,这叫作劳民,使百姓怠惰。使百姓怠惰的国家,统治必定没有力量。国家没有力量,国力必然会被削弱。

青云说

老百姓为什么不怕苦去创造财富,不怕死去保卫财富呢?因为想求取功名利禄。功名利禄是每个人都喜欢的,对功名利禄的追求无可厚非。一个国家的百姓用什么方法取得功名利禄以及取得功名利禄之后会用手中的权力和财富干什么,才是这个国家是否有力量的表现。

既然一个国家的兴盛靠的是创造财富和保卫财富,也就是建设和保卫国家,那么功名利禄就要给那些在建设国家和保卫国家的时候做出突出贡献的人。如果获得更高的地位和待遇不是依据实际贡献,而是依靠耍嘴皮子搞阴谋诡计,谁还会去流血流汗真抓实干呢?没人流血流汗去实干,国家怎么可能强盛起来呢?

原文

善为国者,其教民也,皆作壹而得官爵。是故不作壹,不官无爵。国去言则民朴,民朴则不淫。民见上利之从壹空出也,则作壹。作壹,则民不偷营。民不偷营,则多力。多力,则国强。今境内之民皆曰:"农战可避,而官爵可得也。"是故豪杰皆可变业,务学《诗》《书》,随从外权,上可以得显,下可以求官爵;要靡事商贾,为技艺,皆以避农战。具备,国之危也。民以此为教者,其国必削。

译文

善于治理国家的君主,他教化民众,都是要求通过专心从事农战来得到官爵。因此不专心从事农战,就得不到官爵。国家摒弃空谈,民众就会淳朴;民众淳朴,就不会放纵欲望。百姓看到国家给人们的赏禄都是从农耕与作战这一途径发出,那么便会专心从事农耕和作战。百姓专心从事农耕和作战，就不会私下里谋求其他事物。百姓不私下里谋求其他事物，力量就会增强。力量增强，国家就会强大。现在国内的民众都说："逃避农耕和作战，官职和爵位也一样可以得到。"所以那些有才华的豪杰都不惜改变自己的职业，而专研《诗》《书》，追随其他诸侯国的权势，好的可以得到高官厚禄，次一点也能得到一官半职。那些平庸之人便去经商，从事手工业，凭借这种方式来逃避农耕和作战。以上情况如果都出现，国家就危险了。国君用以上两种行为来教育民众，这个国家的实力就一定会被削弱。

青云说

"要靡"是指社会地位低微的人，平庸的人。文中的"为技艺"，不是指服务于生产和军事的手工业，而是指服务于富人奢侈消费的技艺，比如做一些没有实用性，纯粹为了彰显身份的精致豪华的生活用品。这样的技艺会带动奢靡享乐之风，败坏社会风气。如现代社会的文身、整容等产业，在商鞅看来，都属于"为技艺"的一种。

善于治理国家的人怎么教育和引导老百姓呢？唯一的原则是，贡献大的人才能地位高，地位高的人才能待遇好，这就是"作壹而得官爵"。既然比贡献是唯一途径，那么夸夸其谈的人就少了。没有了夸夸其谈的人来惑乱人心，老百姓就会淳朴。淳朴的老百姓没有过分的欲望，没有过分的欲望就不会投机取巧为非作歹。

如果功名利禄只能通过为国家做贡献来获得，那么老百姓一定拼命建设和保卫国家，没有人会懈怠。齐心协力众志成城，国家一定强大。如果不用为国家做贡献也能得到官爵，那么有本事的人就会不务正业，去学习虚头巴脑的学问。

商鞅对死读书、读死书的儒生是很看不起的，因为当时的人已经丧失了守礼的自觉性，他认为注重说教的儒家思想已经不能约束大多数人的言行，更解决不了越来越严重的社会问题。在一个大乱世里空谈道理是解决不了根本问题的，必须先用法家的铁血手腕止乱，然后才能谈守礼的问题。在商鞅看来，儒生在战国的大乱世里，不事农业，空谈谋求官职，带坏了社会风气，应该抑制。

一个国家的百姓热衷投机逃避实干，国家肯定就危险了。商人倒手卖东西比生产东西的人都赚得多，这群先富起来的人又要追求奢华的生活，工匠就会迎合这种需求做奢侈品赚大钱，奢靡之风一旦兴起，整个国家的社会风气就会越来越败坏。当社会资源不是用在保障大多数人的基本生活上，而是用在了满足少数人的穷奢极欲上，这样的国家一定会衰落。

原文

善为国者，仓廪虽满，不偷于农；国大民众，不淫于言，则民朴壹。民朴壹，则官爵不可巧而取也。不可巧取，则奸不生。奸不生，则主不惑。今境内之民及处官爵者，见朝廷之可以巧言辩说取官爵也，故官爵不可得而常也。是故进则曲主，退则虑所以实其私，然则下卖权矣。

译文

善于治理国家的君主，粮仓虽然满了也不放松农耕；国家的土地广大、人口众多，不让空洞无物的言论泛滥，那么民众就会专心于农战。民众专心农战，那官爵就不能靠花言巧语来取得。不能靠花言巧语来取得官爵，那么奸猾的人就不会产生。奸民不产生，君主就不会受迷惑。现在国内的民众以及据有官爵的人，看见在朝廷中能靠巧妙的空谈和诡辩的说教来获得官爵，所以认为官爵不可能靠国家制定的用人取士制度来获得。因此这些人上朝便曲意逢迎君主，下朝便图谋怎么在做事的过程中谋取私利，那么他们就会在下面玩弄权术以权谋私了。

青云说

善于管理国家的君主，即使粮仓里的粮食满满的，也不会对农业有所懈怠。这和老百姓常说的"富了也不能坐吃山空"是一样的道理。要居安思危，始终把粮食安全问题记在心上。正是因为这种自古以来根深蒂固的忧患意识，才让中国有了十八亿亩耕地红线，坚决把饭碗端在自己的手里，不被别人卡脖子。

国家面积大、人口多，而且思想统一，没有人宣扬各种歪理邪说，这样的国家才能长治久安。一旦人们被各种歪理邪说分化成一盘散沙，就难以达成共识形成统一的力量,而这正是别有用心的人乐于看到并一手推动的。

只要老百姓不被各种歪理学说所蛊惑,心往一处想,劲往一处使,都争先恐后地为国家做贡献,并按照贡献大小确定地位和待遇,官爵就不能通过投机取巧来获得。不能投机取巧获得官爵,奸邪之徒就不会滋生,没有了奸邪之徒的欺上瞒下,君主就不会被迷惑。

当人们看到不用做出实际贡献,只需要花言巧语、能言善辩就能获得官爵的时候,获得官爵就没有了可以量化的固定标准,于是大臣上朝就会曲意逢迎君主,下朝便图谋自己的私利,不再考虑要为国家做多少贡献。他们以此满足自己的野心,以权谋私搞贪腐就会成为他们的选择。

原文

夫曲主虑私,非国利也,而为之者,以其爵禄也;下卖权,非忠臣也,而为之者,以末货也。然则下官之冀迁者皆曰:"多货,则上官可得而欲也。"曰:"我不以货事上而求迁者,则如以狸饵鼠尔,必不冀矣。若以情事上而求迁者,则如引诸绝绳而求绳枉木也,愈不冀矣。二者不可以得迁,则我焉得无下动众取货以事上,而以求迁乎?"

译文

大臣曲意逢迎君主只考虑自己的一己之私,对国家是没有好处的。大臣之所以这么做,是为了获取爵禄。私下玩弄权术以权谋私,就不是忠臣,大臣之所以这么做,是为了获取财物。这样的话,下面希望升迁的官员都会说:"只要给的钱足够多,就能得到想要的高官。"并且还会说:"我如果不用金钱财物贿赂上级来获得升迁,就像用猫做饵引老鼠上钩一样,肯定不会有成功的希望。假如用为官任职的实际政绩呈给上级来求得升迁,那么就像用手牵着已经断了的墨线去校正弯曲的木材,更加没有希望了。这两种办法都不能得到升迁,那我怎能不到下面去役使民众,到处搜刮钱财来贿赂上级而谋求升官呢?"

青云说

反腐败在任何时候都是治理国家的头等大事,因为官吏腐败就是一切以捞钱为目的,当官吏升迁不是靠贡献而是靠贿赂的时候,就会劣币驱逐良币形成逆淘汰。官吏的正常收入是无法满足贿赂的需求的,他们只能选择去压榨搜刮百姓。

在腐败上,古今同理。同样的,商鞅治理腐败的方法也有积极的借鉴意义。

原文

百姓曰:"我疾农,先实公仓,收余以食亲,为上忘生而战,以尊主安国也。仓虚,主卑,家贫,然则不如索官!"亲戚交游,合,则更虑矣。豪杰务学《诗》《书》,随从外权;要靡事商贾,为技艺,皆以避农战。民以此为教,则粟焉得无少,而兵焉得无弱也!

译文

百姓说:"我积极务农,先装满国家的粮仓,再收取剩下的粮食供养亲人。替君主舍生忘死去作战,来使君主尊贵国家安定。如果贪官过得日子滋润,百姓累死累活地干,结果国家的粮仓空虚,国君地位卑微,自己的家庭贫穷,这样还不如谋取个官做!"亲戚朋友在交往相聚中谈论起这些事,就会达成一致的认识,改变从事农战的想法。有才华的杰出人士会专心学习《诗》《书》,追随国外的权势人物;普通人会去经商,搞手工业,人们都靠这些来逃避农战。用这种现实来教化民众,那么国库的粮食怎能不少,而兵力又怎能不弱呢?

青云说

官场腐败的蔓延会改变国家的性质,从而让国家失去民众的支持。对老百姓来说,认真工作照章纳税是本分;对官员来说,全心全意服务按功领赏是本分。如果老百姓照章纳税之后还要继续遭到腐败官员的掠夺,他们就会对国家失去认同感。这一切问题的源头在哪里呢?在于君主的无能。社会秩序是自上而下传导的,也就是老百姓常说的"上梁不正下梁歪"，这就要求君主必须能够利用法治来惩恶扬善，压制官员的腐败，并对称职的官员进行正向激励。

原文

善为国者，官法明，故不任知虑。上作壹，故民不偷营，则国力抟。国力抟者强，国好言谈者削。故曰：农战之民千人，而有《诗》《书》辩慧者一人焉，千人者皆怠于农战矣。农战之民百人，而有技艺者一人焉，百人者皆怠于农战矣。国待农战而安，主待农战而尊。夫民之不农战也，上好言而官失常也。常官，则国治；壹务，则国富。国富而治，王之道也。故曰：王道非外，身作壹而已矣。

译文

善于治理国家的君主，依靠严明的法纪，所以不以个人的主观判断治国。君主一心一意鼓励农战，所以民众就不会私下里经营农耕作战以外的行业，那么国家的力量就会集中。国家的力量集中就会强大，国家崇尚空谈，力量就会被削弱。所以说：从事农战的民众有一千人，出现一个学《诗》《书》而巧言善辩的人，那么这一千人都会对从事农战松懈了。从事农战的民众有一百人，出现一个从事手工业的人，那这一百人就都会对从事农战松懈了。国家依赖农战才能安全，君主依靠农战才能尊贵。民众不从事农战，那是因为君主喜欢听信虚伪的空谈而不按照法规选用官吏。依法选用官吏，国家就能做到社会安定；百姓专心农战，国家就会富强。国家富强而又政治清明，这是称王天下的方法。所以说：称王天下的办法没有别的，就是自己专心从事农战罢了。

青云说

怎样形成正向激励呢？首先要维护法律的尊严，这就要求君主带头守法，不能以个人好恶和各种主观判断来任免官员，而是要严格按照能力和贡献进行任免，也就是"不任知虑"。贡献越大收入越多地位越高，那么所有人就会追求为国家做贡献，这就是正向激励。

国家需要的是有能力建设国家和保卫国家的人，财富和地位也应该属于为建设国家和保卫国家做出实际贡献的人。所以商鞅反复强调要"上作壹"，也就是把这一原则当作唯一的根本原则。如果靠空谈就能获得财富和地位，谁还会去流血流汗呢？

君主如果喜欢溜须拍马的空谈家，官员就不再研究怎么做事，而是去研究怎么溜须拍马，这就是"上好言而官失常"。官员天天想的是怎么把工作做好，国家才能太平安定，这就是"常官，则国治"。所有人都不尚空谈而是去做实实在在的工作，国家才会富裕强大起来，这就是"壹务，则国富"。

原文

今上论材能知慧而任之，则知慧之人希主好恶，使官制物以适主心。是以官无常，国乱而不壹，辩说之人而无法也。如此，则民务焉得无多？而地焉得无荒？《诗》、《书》、礼、乐、善、修、仁、廉、辩、慧，国有十者，上无使守战。

译文

现在国君只凭个人认为的才能和智慧来任用官吏，那么聪明的人就会察言观色揣测君主的好恶，为官处理政务也千方百计迎合君主。因此，国家选用官吏不遵照用人的法规，国家就会混乱而不专一于农战，善于巧舌游说的人就更加无法无天了。像这样，民众从事其他职业的怎么会不多？而土地又怎么能不荒芜呢？《诗》、《书》、礼制、音乐、为善、修身、仁爱、廉洁、善辩、聪慧，国家有喜欢这十种空谈的人，君主就无法让民众守土作战。

青云说

君主认为一个人有能力有智慧是一回事，这个人实际上有没有能力和智慧是另一回事。如何判断自己认为的人才是不是真的人才呢？有没有为国家立功做贡献，是检验人才真假的唯一标准。

国君仅凭考察一个人是否具备才能和智慧，而不是看他用才能和智慧做出多大的贡献来提拔任用他们，那么聪明的人就会根据君主的好恶来处理政务，千方百计迎合君主的口味，让君主认为自己有才能，这相当于把能力和智慧用在了本职工作之外的地方。

这就是我们现在常说的"只琢磨人不琢磨事"。如果官员都天天琢磨人而不琢磨事了，国家选用官吏就没有了法规，君主仅凭个人主观判断去任免官吏，这样国家就会混乱。任免官员没有一个统一的方法，到处都是夸夸其谈的人，结果就没有人去研究怎么把本职工作做好，而是全都阿谀奉承溜须拍马。如果这样，就会人浮于事，土地又怎么能不荒芜呢？

原文

国以十者治，敌至必削，不至必贫。国去此十者，敌不敢至；虽至，必却。兴兵而伐，必取；按兵不伐，必富。国好力者以难攻，以难攻者必兴；好辩者以易攻，以易攻者必危。故圣人明君者，非能尽其万物也，知万物之要也。故其治国也，察要而已矣。

译文

国家用这十种迂腐的空谈来治理，敌人进犯国土就必定被割削，敌人不来进犯也一定会贫穷。如若国家清除掉这十种空谈，敌人就不敢来侵犯，就是来了也一定会被打退。如果发兵前去讨伐他国，一定能取胜；如果按兵不动，一定会富足。注重耕战的国家以耕战的优势进攻，以耕战的优势进攻的国家一定会兴旺；喜欢空谈的国家以不实的想法去进攻，以不实的想法进攻的国家一定会危险。所以那些成为圣人和明君的人，并不是能任意地运用万物，而是掌握了万事万物的规律和要领，因此他们治国家的方法，就是辨明要领罢了。

青云说

以农战立国，以贡献定地位，就会得罪有钱有势的利益集团。为了老百姓的利益和这些人进行斗争来改变现状，是一条非常艰难的道路，但是这条道路能为有才能的普通人打开上升空间，进而让国家走向兴盛。用一张嘴巴夸夸其谈充当"好好先生"，不敢得罪有权有势的利益集团，继续维持现状让老百姓生活在苦难中，这是非常容易的道路，但是国家会走向灭亡。

"国好力者以难攻，以难攻者必兴；好辩者以易攻，以易攻者必危"，说的就是这两条路线的选择。追求国家实力强盛的君主会选择虽然艰难但是可以让国家兴盛的农战立国道路,追求嘴上痛快的君主会选择虽然容易但是会让国家陷入危机的虚夸道路。

为什么农战立国的国家一定强大,虚夸立国的国家一定衰亡,不同的选择一定会带来不同的结果呢?因为万事万物都有本然的规律,不以人的意志为转移。所以那些圣人明君并不是把万物的细节全部搞明白了,而是知道万物演变的关键,因此他们治理国家就是善于发现其中的关键罢了。治国的关键是什么呢?就是农战,创造财富和保卫财富就是治国的关键。

原文

今为国者多无要。朝廷之言治也,纷纷焉务相易也。是以其君惛于说,其官乱于言,其民惰而不农。故其境内之民,皆化而好辩乐学,事商贾,为技艺,避农战。如此,则不远矣。国有事,则学民恶法,商民善化,技艺之民不用,故其国易破也。夫农者寡而游食者众,故其国贫危。

译文

现在治理国家的人,大都没有掌握这个关键。在朝廷讨论治国的方法时,众论不一,都想改变对方的观点。因此,国君被不同的说法弄得糊里糊涂,而官吏被这些言谈弄得不知所措,国中的民众也因为勤劳没有好处而懒惰不愿意从事农耕。所以那些国家的民众都变得喜欢空谈和学习理论,喜欢从事容易发财的经商和精巧的技艺,从而逃避农战,如果这样,那国家离灭亡就不远了。国家出现动荡的时候,那些有知识的人解决不了问题却讨厌能解决问题的法治,商人善于见风使舵随时会叛变投敌,只懂精巧技艺的人又派不上什么用场,所以这个国家就容易被攻破。从事农耕的人少而靠巧言游说吃饭的人多,所以这个国家就会日益贫穷而变得危险。

青云说

"路线是个纲,纲举目张",正确的路线就是治国的关键,但是抓不住治国关键的君主太多了。正因为抓不住关键,所以大臣们各有各的看法，并为此争论不休，他们都想改变对方的想法以显示自己的高明，这就是"纷纷焉务相易"。不知道农战才是治国关键的君主就会被大臣的各种言论搞得不知所措，大臣们也就沦于空谈而什么也干不好，老百姓得不到正向激励就会懒惰，整个国家的人无法凝聚团结起来建设和保卫国家，国家也就必然变得穷困而危险了。

原文

今夫螟、螣、蚵蠋春生秋死，一出而民数年不食。今一人耕而百人食之，此其为螟、螣、蚵蠋亦大矣。虽有《诗》《书》，乡一束，家一员，犹无益于治也，非所以反之之术也。故先王反之于农战。故曰：百人农一人居者，王；十人农一人居者，强；半农半居者，危。故治国者欲民者之农也。国不农，则与诸侯争权不能自持也，则众力不足也。故诸侯挠其弱，乘其衰，土地侵削而不振，则无及已。

译文

就像那些危害农作物的害虫，虽然春生秋死，但只要它们出现一次，民众就会因虫害歉收，几年没有饭吃。现在一个人种地却供一百个人吃饭，那么这些人对国家的危害比害虫的危害更大。如果这样，即使《诗》《书》每个乡一捆，每家一卷，对治理国家也一点用处都没有，也不是将贫穷变富有、将弱国变强国的办法。所以以前的君主抛弃空谈，依靠农战来突破困境。因此说：如果一百个人从事耕作，一个人闲着，这个国家就能称王天下；十个人从事农耕，一个人闲着，这个国家就能够强大；有一半人从事农耕，有一半人闲着，这个国家就危险了。所以治理国家的人都想让民众务农，如果国家不重视农耕，就会在诸侯争霸时不能自保，这是因为民众的力量不足。因此，其他诸侯国就会趁着其衰弱的机会来侵犯，这个国家的土地就会被侵占，从此一蹶不振，到那时再想办法就来不及了。

青云说

"螟、螣、蚵蠋"在这里是形容那些不劳而获吃闲饭的人。庄稼地里如果出现了害虫，庄稼就会歉收。一个国家如果出现了不劳而获吃闲饭的人，他们糟蹋掉的粮食比害虫糟蹋掉的粮食还要多。空谈误国，实干兴邦，说的也是同样的道理。

当投机取巧不劳而获成为人们的追求的时候，怎么抑制投机取巧不劳而获就成为了国家富强的关键所在。抑制不了，投机取巧不劳而获就会泛滥。干活的人少，吃闲饭的人多，国家就会衰弱，进而给敌国可乘之机。抑制得好，投机取巧不劳而获就会绝迹。干活的人多，吃闲饭的人少，国家就会富强，从而让敌国不敢侵犯。

原文

圣人知治国之要，故令民归心于农。归心于农，则民朴而可正也，纯纯则易使也，信可以守战也。壹，则少诈而重居；壹，则可以赏罚进也；壹，则可以外用也。夫民之亲上死制也，以其旦暮从事于农。夫民之不可用也，见言谈游士事君之可以尊身也、商贾之可以富家也、技艺之足以糊口也。民见此三者之便且利也，则必避农。避农，则民轻其居。轻其居，则必不为上守战也。

译文

圣贤的君主懂得治理国家的关键，所以让民众都把心放在农业上。专心务农，那么民众就朴实好管理，昏昧而容易役使，诚实而可以用来守城作战。以农战为唯一上升通道，那么赏罚办法就可以激励百姓进取。以农战为唯一上升渠道，就可以用他们来对外作战。民众亲近自己的君主，并拼死维护法治，是因为他们从早到晚都从事农耕的缘故。民众不听从管理效力国家，是因为他们看见靠空谈游说的人逢迎君主也可以使自己得到尊贵的地位，商人倒买倒卖也可以发财致富，做点精巧手工也能养家糊口。民众看到这三种职业轻松简单又可以发财，就一定会逃避农耕。逃避农耕，那么民众就会轻视自己的居住地。轻视自己的居住地，那么就一定不会替君主守土作战。

青云说

让人民愿意为建设国家去流汗，愿意为保卫国家去流血，就要让人民对国家有归属感。归属感怎么来的呢？必须保证建设国家和保卫国家的人能够得到和贡献相匹配的地位和待遇，不让流汗流血的人再流泪。对投机取巧不劳而获的容忍，就是对既流汗又流血的人的犯罪。

原文

凡治国者，患民之散而不可抟也。是以圣人作壹，抟之也。国作壹一岁者，十岁强；作壹十岁者，百岁强；作壹百岁者，千岁强；千岁强者王。君修赏罚以辅壹教，是以其教有所常，而政有成也。

译文

凡是治理国家的人，都害怕民众像一盘散沙一样不能团结起来。所以英明的君主实行农战政策，就是要凝聚民众。如果民众专心于农战一年，国家就能强大十年；如果民众专心于农战十年，国家就能强大一百年；如果民众专心于农战一百年，国家就能强大一千年；强大一千年就能称王于天下。君主制定赏罚作为农战政策的辅助手段，所以对民众的教化有常法，治理国家也就会有成绩。

青云说

什么是"作壹"呢？就是集中力量发展农战，并把通过农战为国家做贡献作为百姓唯一的上升通道。君主集中力量发展农战，制定赏罚制度作为辅助手段，根据贡献的大小进行赏罚，这样的话，国家对百姓的引导就有了固定的标准，这就是"教有所常"。百姓都全力从事农战，建设和保卫国家，国家也就治理好了，这叫作"政有成"。所以说，君主推行法治，倡导民众只有走正道才能获得功名利禄，把所有的歪门邪道全部杜绝，是把国家治理好的前提。

原文

王者得治民之至要，故不待赏赐而民亲上，不待爵禄而民从事，不待刑罚而民致死。国危主忧，说者成伍，无益于安危也。夫国危主忧者，强敌大国也。人君不能服强敌破大国也，则修守备，便地形，抟民力，以待外事，然后患可以去，而王可致也。是以明君修政作壹，去无用，止浮学事淫之民，壹之农，然后国家可富，而民力可抟也。

译文

君主掌握了这些统治民众的关键原则,所以不等君主实行赏赐,民众就亲附于君主;不等君主封爵加禄,民众便从事农战;不等君主使用刑罚,民众就拼死效命。在国家危亡、君主忧虑的时候,巧言善辩的空谈之士成群,但对解决事关国家安危的问题没有任何益处。国家危亡、君主忧虑,是因为遇上了强大的敌国。君主不能战胜强敌、攻破大国,那么就要修整用于防御的设施,占据有利地形,集中民众的力量,时刻准备应付外来的入侵,这样隐患就可以消除,称王天下的目的也就达到了。因此英明的君主治理国家应专心于农战,清除那些无用的学说和无用的东西,禁止民众学习那些空洞浮夸的学问和从事游说等不正当的职业,让他们专心于农耕,这样国家就能富裕起来,民众的力量也可以凝聚了。

青云说

让民众知道只要给国家做了贡献就一定能得到君主的赏赐;只要努力工作有了成绩就一定能够得到君主的爵禄;知道不拼死效命就一定会受到君主的刑罚。做到了这三点,君主才能在百姓的心中形成巨大的威望,做到"不待赏赐而民亲上,不待爵禄而民从事,不待刑罚而民致死",也就是不会先提条件后干活,而是先干活后求赏。因为确信君主一言九鼎,法律法规又清晰明了,所以执行起来才会顺畅无阻。

只有法律毫无保留地保护实干者和奉献者的利益,一个国家的百姓才会毫无保留地实干奉献。把这样的法律严格落实下去并毫无保留地施行,才是真正的依法治国。维护法律的正义性和严肃性,让空谈者没有任何的生存空间,这样才能让百姓信服法律,通过法治把百姓凝聚起来爆发出无穷的力量,就可以抵御强大的外敌。

原文

今世主皆忧其国之危而兵之弱也,而强听说者。说者成伍,烦言饰辞而无实用。主好其辩,不求其实。说者得意,道路曲辩,辈辈成群。民见其可以取王公大人也,而皆学之。夫人聚党与,说议于国,纷纷焉。

小民乐之，大人说之。故其民农者寡而游食者众。

> 译文

现在各国君主都担心自己的国家危亡且军事力量薄弱，却一意孤行听从游说之客空洞的议论。说客们成群结队，花言巧语却起不到实际作用。君主爱听他们的辩说，不去探求这些言论的实用价值。因此说客们非常得意，无论走在什么地方都巧言诡辩，一伙又一伙成群结队。民众看这些人能用这种本领取得王公大臣之位，便都学习他们。于是这些人结成党羽，在国内高谈阔论、夸夸其谈。普通百姓喜欢这样做，王公大臣也乐于此事。因此，国中民众务农的人少而靠游说吃饭的人多。

> 青云说

如果凭空谈就能获取功名利禄，谁还会去流血流汗真抓实干呢？这就是不良社会风气形成之后对人们的巨大影响。甘龙、杜挚在和商鞅辩论的过程中，理论也是一套一套的，但是甘龙、杜挚的理论能让秦国强大起来吗？答案是不能。说的再多再好听，如果解决不了实际社会问题又有什么用呢？这就叫"烦言饰辞而无实用"。如果君主喜欢这些能说会道的人，却不看他们能不能真正地解决现实问题，那么整个国家的风气就会被导向空谈。

> 原文

众，则农者殆；农者殆，则土地荒。学者成俗，则民舍农从事于谈说，高言伪议。舍农游食而以言相高也，故民离上而不臣者成群。此贫国弱兵之教也。夫国庸民以言，则民不畜于农。故惟明君知好言之不可以强兵辟土也，惟圣人之治国作壹，抟之于农而已矣。

> 译文

夸夸其谈游说的人多，那么从事农耕的人便会懈怠；务农的人懈怠了，那么田地就会荒芜。学习花言巧语的空谈成了社会风气，民众就会放弃农耕而以空谈为业，高谈阔论。民众放弃农耕，改为靠高谈阔论吃饭，并且以谁更巧言善辩来评判谁更高明，所以民众和君主离心离德，而不臣服的人成群结队。这就是使国家贫穷、军队薄弱的统治措施。如果国家凭空谈任用民众，那么民众就不喜欢从事农耕。因此英明的君主知道喜欢空谈不能用来增强军队的战斗力开疆辟土，圣人治理国家采用一个办法，就是把民众的力量凝聚起来从事农耕发展生产罢了。

青云说

一些看似高明的空谈都是没有意义的讨论，就像现在社会上充斥的很多未经验证的理论一样，这些理论不是让社会的问题越来越少了，而是让社会的问题越来越多了。

在商鞅看来，治理国家没那么复杂，知道什么不该做，什么应该做，然后认真践行，如此而已。如果一个国家不是建设者、保卫者的地位高待遇好，而是投机取巧、高谈阔论的人地位高待遇好，这样的国家有可能得到百姓的拥护吗？如果一个国家不是通过比谁为国家做的贡献多来分配名利，这样的国家有可能强大起来吗？《农战》这一章就是告诉我们，只有让创造财富和保卫财富的人功成名就，才是一个国家走向强盛的根源。

第四章 去强

第四章·去强

导读

"去强",用现在的话来说就是扫黑除恶,打击黑恶势力"保护伞"。由于投机取巧不劳而获思想的泛滥,社会上产生了很多不务正业、靠掠夺别人来致富的人群,这就是商鞅所说的"强"。为什么称他们为"强"呢?因为他们目无法纪、违法乱纪,用各种非法手段去霸占别人的劳动成果。所以商鞅讲"去强",就是要消灭掉这些目无法纪、违法乱纪的人。

社会不能没有安定的秩序,但是总有人去破坏安定的秩序,没法度的时候他们为所欲为,有法度的时候他们胆大妄为,这些所谓的"强人",包括社会上的黑恶势力和在国家机器里充当黑恶势力"保护伞"的贪官污吏。这是一个强大的利益集团,《去强》这一章就是讨论采取什么样的措施清除这部分社会隐患。

原文

以强去强者,弱;以弱去强者,强。国为善,奸必多。国富而贫治,曰重富,重富者强。国贫而富治,曰重贫,重贫者弱。兵行敌所不敢行,强。事兴敌所羞为,利。主贵多变,国贵少变。国多物,削;主少物,强。千乘之国守千物者削。战事兵用而国强,战乱兵息而国削。

译文

运用使民众强悍不羁的措施来清除不服从法令的民众,君主的统治会被削弱;运用使民众俯首帖耳的措施来清除不服从法令的民众,君主的统治就会加强。国家施行善政,奸诈之人就一定会多。国家很富强,却按照节俭的办法来治理,这样的国家会越来越富,越来越富的国家一定会强大。国家贫穷却以奢侈的办法来治理,就会越来越穷,越来越穷的国家一定会衰弱。军队能做敌人所不敢做的事就强大。对征战等国家大事能做敌人认为耻辱不愿做的事,就有利。君主贵在多谋善变,国家贵在法制稳定。国家干的事太多超出国力承受范围,就会削弱;国君专一施行农战政策,国家就会强大。千乘之国什么事都想办,国家就会削弱。行军征战指挥有方、士兵效命,国家就会强大;打仗时军阵安排混乱,士兵不卖力,国家就会被削弱。

青云说

怎么去消灭这些"强人"呢?如果是比他们还强势,消灭他们只是为了取代他们,国家还是不会安定强大,这就是"以强去强者,弱"。这种手段不但不能解决问题,而且还会让问题变得更糟。商鞅认为,应该从顶层设计入手,用法治来消灭滋生"强人"的土壤,这样才能真正地解决问题,这就是"以弱去强者,强"。

如果国家从顶层设计上就对坏人仁慈,那么这个国家的奸贼就会多。对坏人的仁慈就是对好人的残忍。但是有人把对坏人的残忍视作暴政,这样的人不是愚昧就是别有用心。

为什么中国历史上有作为的君主大都被描写得非常残暴,而且这些君主的改革常常被视为暴政?就是因为一些喜欢投机取巧不劳而获的人掌控了历史的书写权。这些人脱离了人民,没有胸怀天下心系苍生的理想,只想蝇营狗苟追求升官发财。所以商鞅让他们要么流汗要么流血,否则就得不到功名利禄,他们因此骂了商鞅几千年。

国家富裕了也不能铺张浪费,要继续保持勤俭节约的好习惯,这样国家才会越来越富,也才能越来越强大。国家还不富裕就开始铺张浪费,过花天酒地、穷奢极欲的日子,这样的国家会越来越穷,也一定会衰落。这就是"国富而贫治,曰重富,重富者强。国贫而富治,曰重贫,重贫者弱"。

那些通过投机取巧不劳而获富起来的人,因为钱来得太容易也太快,所以他们生活奢华一掷千金,社会风气被他们败坏得乌烟瘴气。

打仗的时候能做到敌人不敢做的,可以让国家强大。做事的时候能做到敌人耻于去做的,是对国家有利。什么是敌人不敢做、耻于做的呢?

就是"国富而贫治"，但这恰恰是能让国家强大起来的，是对国家有利的。一个崇尚投机取巧不劳而获的国家是不可能"国富而贫治"的，只会"国贫而富治"。

所以"主贵多变"，能战胜这些人层出不穷的花招；"国贵少变"，要保持正确的路线不动摇。一个国家的社会风气是崇尚物质享受，国家就会削弱。君主带头艰苦朴素、勤俭节约，国家就会强大。国家没有丰厚的物资储备就会削弱，起战事的时候军队拼死效命的国家才会强大；打起仗来军队都不效命，国家就会削弱。这就是"战事兵用而国强，战乱兵息而国削"。

韩非子说："君上之于民也，有难则用其死，安平则尽其力。"这是每一个君主的追求。但是为什么国家有难需要百姓打仗的时候百姓不怕死？为什么国家和平需要百姓干活的时候百姓不怕苦？如果一个国家不是全心全意为百姓服务，有可能让百姓"用其死尽其力"吗？

所以说，老百姓不怕死不怕苦，是国家让老百姓实现了安居乐业之后的一个结果。国家全心全意为百姓着想，百姓才会为了国家不怕死不怕苦，勇于奉献自己的一切。

商鞅、韩非子这样的法家代表提出来的主张，都是要消灭投机取巧不劳而获的社会蛀虫，让对这个社会真正有价值的人获得应有的财富和地位。贯彻这一原则越彻底，越能让老百姓"用其死""尽其力"。

秦国之所以从一个穷国弱国变成天下第一强国，最后统一天下，就是因为秦国坚决贯彻了商鞅的思想。为什么其他国家不学习商鞅的变法？不是他们不想学，而是因为他们想保留的私利太多了，所以没法学。

原文

农、商、官三者，国之常官也。三官者，生虱害者六：曰岁、曰食、曰美、曰好、曰志、曰行。六者有朴，必削。三官之朴三人，六害之朴一人。以法治者，强；以政治者，削。常官治省，迁官治大。治大，国小；治小，国大。强之，重削；弱之，重强。

·第四章·去强

译文

农民、商人、官吏是国家常见的三种职业。这三种从业者,产生了六种危害:"岁"害、"食"害、"美"害、"好"害、"志"害、"行"害。这六种危害生了根,国家力量一定会被削弱。六害在农、商、官三者的心里扎根是他们自己的原因,而六种危害在社会上扎根的根源在于国君。用法律来治国,国家就强大;靠政教来治国,国家就弱小。依法办事的官吏把政事治理好的就提升官职。治道宽松,国家就会弱小;治道严格,国家就会强大。不守法的"强人"多了,国家就会越来越削弱。打击不守法的"强人"使其遵纪守法,国家就会越来越强大。

青云说

农民、商人、官吏三者,是国家常见的职业。这三种从业者产生了六种危害:第一是"岁"害,农民游玩懒惰不务正业,使年岁歉收;第二是"食"害,大吃大喝铺张浪费;第三是"美"害,商人贩卖华丽的东西,带动社会的攀比风气;第四是"好"害,即商人买卖稀奇物品,带动社会的奢靡风气;第五是"志"害,指官吏有权了还想有钱,营私舞弊贪污腐败;第六是"行"害,官吏办事不积极,消极懒政。这六害扎了根,国家就会衰弱。

农、商、官三种人内心萌发六害的苗头是他们自身的原因,但是社会上出现了六害的苗头并扎了根,根源是君主没把国家管理好。这叫"三官之朴三人,六害之朴一人"。

能用法家的严刑峻法来杜绝违法行为,不让六害从内心的想法变成现实的行动,结果就是无人犯法,国家就会强盛。这就是"以法治者,强"。靠儒家的仁政治国,心慈手软,放纵这六害泛滥,结果使得很多人犯法,国家就衰弱,这就是"以政治者,削"。

官员带头守法,严格落实依法治国、依法办事,让法律发挥了应有的震慑效应,所有人都不敢违法,国家就治理好了,官员也能得到升迁,这就是"常官治省,迁官治大"。所以治理大国,能够让国家变成小国;治理小国,能够让国家变成大国,关键就在于依法治国落实得到位不到位。

国家法治宽松,就会弱小。国家法治严格,就会强大。对腐败犯罪零容忍就是依法治国落实到位。还是那句话,对犯罪分子的仁慈就是对守法者的残忍。这里的"治大""治小"类似于我们常说的心大、心小。"大",指的是对犯法者放过太多;"小",指的是对犯法者,一个都不放过。

犯罪受到的处罚太轻,那么犯罪成本和犯罪收益相比可以忽略不计,犯罪现象必然会泛滥。这就是变相把犯罪分子养得越来越强,国家就会越来越衰弱,这就是"强之,重削"。商鞅认为,只有用严刑峻法严厉打击犯罪分子,削弱这些"强人",国家才会越来越强大,这就是"弱之,重强"。

原文

夫以强攻强者亡,以弱攻强者王。国强而不战,毒输于内,礼乐虱官生,必削;国遂战,毒输于敌,国无礼乐虱官生,必强。举劳任功曰强,虱害生必削。农少、商多,贵人贫、商贫、农贫,三官贫,必削。

译文

以违法手段打击违法的人,国家就会灭亡;以法治手段打击违法的人,国家就会成就王业。国家强大了却不对外作战,外敌就会渗透,压力传导给国内,不务正业的官员就会滋生,国家必然被削弱。国家对外作战,压力传导给敌人,国家就没有不务正业的官员,国家必然强大。按照功劳和军功举任官员,国家就强大;不务正业的官员滋生,国家必然削弱。创造财富的农民少,不创造财富的商人多,那么公卿贵族会穷,商人会穷,农民也会穷,这三种人都贫穷了,国家必然削弱。

青云说

用违法的手段来整治犯法者,就要亡国,因为这只是一批坏人替代了另一批坏人,永远消灭不了祸国殃民的"强人",法治社会也不可能建立起来。用公平的法治把老百姓组织起来整治"强人",就能成就王业,因为这可以建立起来法治社会,杜绝祸国殃民的"强人"产生出来。商鞅始终认为,用法治来保障公平,把百姓组织起来发挥所有人的潜力,才能让一个国家走向兴盛。

国家强大了就要统一天下，如果不发动统一战争，周围的国家就会为了消除威胁想尽办法瓦解这个强国，压力全都传导到国内，相当于"毒输于内"了。这样，贪图钱财出卖国家利益的人会滋生，国家就会削弱。国家进行统一战争，所有的人都一致对外，压力全都传导到国外，相当于"毒输于敌"，国内就没人敢里通外国出卖国家利益，也就是"国无礼乐虱官生"，这样，国家必强。

一个国家强大了，要么称霸，要么称王，否则就会转向衰落，这是不以人的意志为转移的社会现象。这就像水坝一样，水越来越多却不向外倾泻，水坝最终必然会垮掉。水坝的水就相当于国家的力量，当积攒到一定的程度，必然要向外输出。只有力量实现了全覆盖，才会停下来。

为什么中国有根深蒂固的大一统思想？因为只有统一才会有真正的和平，分裂意味着永无休止的战乱纷争。如果所有人都在分裂的状态下苟且，没有人立下雄心壮志去完成国家统一，就会有连绵不绝的战争。商鞅、秦孝公这样的贵族，如果只是为了个人的荣华富贵，就不会得罪利益集团冒死去变法，他们是心系黎民苍生，不惜粉身碎骨以身殉道。

变法就是取消既得利益集团的利益，不看身份看功劳，任用真抓实干有功劳的人，国家就强大。花言巧语投机取巧的人走上高位，就会成为国家肌体上吸血的虱子，商鞅称之为"虱官"，这样的人多了，国家就会削弱。崇尚投机取巧，就会农民少，商人多。创造财富的人少了，消耗转移财富的人多了，结果就是公卿官吏穷了，商人穷了，农民穷了，所有人都穷了，国家也必被削弱。

原文

国有礼、有乐，有《诗》、有《书》、有善、有修、有孝、有弟、有廉、有辩。国有十者，上无使战，必削至亡；国无十者，上有使战，必兴至王。国以善民治奸民者，必乱至削；国以奸民治善民者，必治至强。

译文

国有礼、乐、《诗》、《书》、善、修、孝、弟、廉、辩这十种空谈的风气，国君就没法驱使民众去作战，国家必然削弱直至灭亡。国家没有这十种空谈的风气，国君能驱使民众去作战，国家必然兴盛直至称王。国家以管理善民的方法来治理奸民,国家必定混乱削弱。国家以管理奸民的方法治理善民,国家必然太平强大。

青云说

商鞅认为,迂腐的儒生把人想得太好了,不分好坏对所有人同等对待,一律使用说教的方法。而空洞的说教既保护不了好人也消灭不了坏人,结果就是坏人越来越猖狂,好人越来越憋屈。出现了这种结果,百姓不会为国作战,国家就会衰亡。不出现这种结果,百姓就会为国作战,国家就会强大。

把奸诈的坏人当善良的好人来治理,也就是默认所有人都是好人。不立规矩,对坏人不加提防等于对他们的放纵,这种放纵只会让坏人不知收敛,国家一定混乱削弱,这就是"国以善民治奸民者,必乱至削"。把善良的好人当奸诈的坏人来治理,也就是默认所有人都是坏人。先立规矩,这种事前提防会让坏人时刻怀有畏惧,不敢犯法,国家一定安定强大,这就是"国以奸民治善民者,必治至强"。

很多人把"国以善民治奸民者,必乱至削;国以奸民治善民者,必治至强"解读为"用善良的好人管理奸诈的坏人一定混乱削弱,用奸诈的坏人管理善良的好人一定安定强大",这就是断章取义了。无论是《去强》的主题思想还是上下文文意,还有在现实中应用的实际效果,都不支持这种师心自用的解读。

原文

国用《诗》、《书》、礼、乐、孝、弟、善、修治者,敌至,必削国;不至,必贫。国不用八者治,敌不敢至,虽至,必却。兴兵而伐,必取,取必能有之;按兵而不攻,必富。国好力,曰以难攻;国好言,曰以易攻。国以难攻者,起一得十;国以易攻者,出十亡百。

译文

国家用《诗》、《书》、礼、乐、孝、弟、善、修这些空洞的说教来治理,推行把坏人当好人来管理的迂腐仁政,敌人来了,国土一定沦丧;敌人不来,国家也会穷困。不推行把坏人当好人来管理的迂腐仁政,敌

·第四章·去强

人不敢来侵犯，就算来了，也一定能打退敌人。如果出动军队讨伐敌国，就一定能够占领敌国，占领了敌国后一定不会再失去。如果按兵不动，不去攻打敌国，国家也一定富裕。国家崇尚农战立国积累实力，这是用艰难的方法管理国家；国家崇尚空谈说教，这是用容易的方法管理国家。国家以艰难的方法管理国家，用一分力气能得到十倍的收益；国家以容易的方法管理国家，出十分力气就会丧失百倍的利益。

青云说

把坏人当好人看，不分好坏地把所有人当君子，就是我们常说的"好好先生"，这种无原则的人不可能挺身而出锄强扶弱。把好人当坏人看，就是我们常说的"先小人后君子"，这种有原则讲规矩的人，才敢于推行法治。这不是对好人的不尊重，而是因为当时的人心不再淳朴，默认每个人都是好人，不加提防的风险太大，只能先白纸黑字定规矩，根据是否守规矩的实际表现来定义人的好坏。

按照迂腐仁政的管理方法，借钱不应该打借条，供货不应该签合同。如果民风淳朴，大家都说话算话当然可以，但是民风已经不再淳朴，很多人说话不算话，这种情况下，借钱给别人还敢不要借条吗？拿钱买货还敢不签合同吗？现实是打了借条也不一定还钱，签了合同也不一定供货。所以商鞅才要对那些坏人施行严刑峻法，这难道有什么不对吗？

依靠法治让国家强大起来，因为要动摇现有的利益格局，所以是很艰难的道路，这叫"以难攻"。要嘴皮子搞迂腐仁政，因为不触动现有的利益格局，所以是很容易的道路，这叫"以易攻"。走艰难的道路，一分努力会有十分收获；走容易的道路，十分付出会有百倍损失。

原文

重罚轻赏，则上爱民，民死上；重赏轻罚，则上不爱民，民不死上。兴国行罚，民利且畏；行赏，民利且爱。国无力而行知巧者，必亡。怯民使以刑，必勇；勇民使以赏，则死。怯民勇，勇民死，国无敌者，强。强，必王。贫者使以刑，则富；富者使以赏，则贫。治国能令贫者富，富者贫，则国多力，多力者王。王者刑九赏一，强国刑七赏三，削国刑五赏五。

译文

有小错也必罚，有大功才赏赐，那就是君主爱护百姓，百姓就会誓死效忠君主。无大功也赏赐，有罪却不罚，那就是君主不爱护百姓，百姓也不会誓死效忠君主。兴盛的国家使用刑罚，民众觉得对自己有利而且畏惧它；使用赏赐，民众觉得对自己有利而且喜欢它。国家没有实力还想当然地去靠各种主观想法治理，国家必定灭亡。对胆小的百姓施以刑罚，他们必定会勇敢起来；对勇敢的百姓施以赏赐，他们必定会视死如归。胆小的百姓勇敢，勇敢的百姓视死如归，国家就会天下无敌，就会强大，而且一定能称王天下。对穷人施以刑罚让他们用劳动换取钱财，他们就会富裕起来；对富人施以赏赐，让他们用钱买地位，他们的财富就会减少。治国能让贫穷的人富裕起来，让富裕的人的财富合理消耗掉，那么国家就会拥有强大的实力，拥有强大实力的国家就能称王。能够称王天下的国家，处罚农战之外的所有事，只赏赐农战一件事；强盛的国家，处罚农战之外的大部分事，赏赐农战之外的一小部分事；削弱的国家，处罚农战之外的一半事，赏赐农战之外的一半事。

青云说

有小过错就罚叫"重罚"，有了大成绩才赏叫"轻赏"，"重罚轻赏"的结果就是君主爱护百姓，百姓誓死效命君主。有了小成绩就赏叫"重赏"，有了大过错才罚叫"轻罚"，"重赏轻罚"的结果就是君主不爱护百姓，百姓不会誓死效命君主。很多人可能脑子转不过这个弯来，觉得是不是说反了，我们来分析一下。

"重罚轻赏"，相当于犯了一次错就会抵消好几次的功，犯错的成本太高，因此所有人都不敢犯错，这样的氛围就是让一切事情都有了正反馈，大家都能有赏无罚。"重赏轻罚"，相当于有了一点成绩可以抵消好几次的错，犯错的成本太低，因此所有人都不在乎犯错，这样的氛围就是让一切事情都有了负反馈，大家都有罚无赏。

这是一个犯错成本的问题，放到国家层面讲就是犯罪成本的问题。如果犯罪收益大于犯罪成本，人们就会倾向于铤而走险。如果犯罪成本

第四章·去强

大于犯罪收益，人们就会倾向于遵纪守法。人们的选择取决于顶层设计的导向，商鞅认为，让犯罪成本无限大于犯罪收益，百姓才会不敢犯法，国家才能强大。

一个兴盛的国家，无论罚还是赏，百姓都会认为是对自己有利的。因为罚的是有罪之人，赏的是有功之人。因为害怕罚，所以自己不会犯错受罚；因为喜欢赏，所以自己会去立功受赏，这就是"兴国行罚，民利且畏；行赏，民利且爱"。如果国家不通过赏罚来让百姓少犯错多立功，以此来积攒实力，而是搞一些空洞的说教，投机取巧耍一些小聪明，国家一定会灭亡，这就是"国无力而行知巧者，必亡"。

刑罚让胆小的人畏惧，所以胆小的人因为害怕处罚，就会变得勇敢。而那些本来就勇敢的人不会害怕刑罚，那就要用奖赏来鼓励他们更加勇敢，他们就会变得不怕死，这就叫"怯民使以刑，必勇；勇民使以赏，则死"。如果一个国家胆小的百姓都能勇敢，勇敢的人连死都不怕，国家一定强大。

商鞅还关注到贫富差距的问题。因为国家崇尚劳动创造财富，那么贫穷的人一定是懒人，这就要用刑罚来处罚懒人，让懒人被迫去劳动，这样他们就富起来了。对富人则要奖励他们一些荣誉地位，让富人把财富贡献出来造福社会而不是用于个人挥霍，这就是"贫者使以刑，则富；富者使以赏，则贫"。

"王者刑九赏一，强国刑七赏三，削国刑五赏五"，说的就是君主对赏罚的不同措施。对从事农战这个立国之本进行赏赐，对从事农战之外的事情进行处罚，这种处罚的范围越广越好，这样人们才会因为畏惧而避免不务正业；对农战赏赐得越专一越好，这样人们才会把农战当作唯一的上升通道而拼命努力。

原文

国作壹一岁，十岁强；作壹十岁，百岁强；作壹百岁，千岁强；千岁强者，王。威，以一取十，以声取实，故能为威者王。能生不能杀，曰自攻之国，必削；能生能杀，曰攻敌之国，必强。故攻官、攻力、攻敌，国用其二舍其一，必强；令用三者，威，必王。

译文

国家施行以农战为唯一上升渠道的政策一年，就能强盛十年；国家施行以农战为唯一上升渠道的政策十年，就能强盛一百年；国家施行以农战为唯一上升渠道的政策一百年，就能强盛一千年。能强盛一千年的，就是天下之王。国家有了威势，就能一分付出十倍收获，用命令就能得到实实在在的东西，所以能够有威势的国家就是王者。能创造财富但是不能消灭不劳而获的人，这就是内部自相残杀的国家，必定削弱；能创造财富还能消灭不劳而获的人，是可以攻打强敌的国家，一定强大。所以杜绝三官六害，以农战壮大国家势力，既能创造财富还能消灭不劳而获的人，国家能用其中两项舍弃一项也必定强大，如果能三项全部做到，威势就建立起来了，必定称王天下。

青云说

坚持正确的路线不动摇，国家就会越来越强大。国家强大有了威势，就能用很小的成本获取巨大的收益，这就是"以一取十"。甚至只通过谈判，用嘴巴就能换来实实在在的利益，这就是"以声取实"，所以能树立威势的就是王者。

能农战立国创造财富但是不能消灭掠夺财富的"强人"，就是内部人在攻打自己的国家，这样的国家一定削弱。这就是"能生不能杀，曰自攻之国，必削"。能农战立国创造财富还能消灭掠夺财富的"强人"，就是可以攻打敌国的国家，这样的国家一定强大。这就是"能生能杀，曰攻敌之国，必强"。老百姓再勤劳能干，也架不住国家"蛀虫"的压榨，所以必须坚决除"蛀虫"，完成"去强"的目标。

杜绝"三官""六害"，这是"攻官"；走农战立国、依法治国的道路，这是"攻力"；既能创造财富又能消灭掠夺财富的人，攻打敌国统一天下，这是"攻敌"。这三条，国家贯彻落实了其中两条，舍弃一条，也一定会强大。如果这三条都贯彻落实了，国家的威势一定能建立起来，也一定会称王天下。"攻官""攻力""攻敌"代表的是一个国家的能力、决心、抱负，用这三个标准可以判断一个国家未来的兴衰。

原文

十里断者，国弱；五里断者，国强。以日治者王，以夜治者强，以宿治者削。

译文

政事在十里之内才能做出决断的，国家就弱；在五里之内能做决断的，国家就强大。在当日就能处理好政务的国家就能称王天下，在当夜就能处理好政务的国家也能强大，第二天才能处理好政务的国家就会被削弱。

青云说

"里"是古代户籍管理的一级组织，据《周礼》记载："五家为邻，五邻为里。"这一段讲的是行政效率问题，效率越高国家越强大。用现在的话来说，就是"小事不出村，大事不出镇，矛盾不上交"。没错，商鞅在推广"枫桥经验"，后面的章节对此还会有更详细的讲解，吻合度之高让人有穿越的感觉。中国先进的执政理念在古圣先贤的著作中都能找到源头，可见，树立文化自信有多么重要。

原文

举民众口数，生者著，死者削。民不逃粟，野无荒草，则国富，国富者强。

译文

登记民众的人数，活着的登记造册，死了的要从户口册上销掉。如果这样，民众就不能逃避税租，田野上就没有荒草，那么国家就能富足，国家富足也就强大了。

青云说

户籍制度是中国封建社会对全国人口进行管理，并据以征调赋税、劳役、兵员以及区分人户职业、等级的重要制度。中国是世界上最早进行人口调查并制定和执行一套严密户籍管理制度的国家之一。户籍制度沿用至今,仍不过时。

原文

以刑去刑,国治;以刑致刑,国乱。故曰:行刑重轻,刑去事成,国强;重重而轻轻,刑至事生,国削。刑生力,力生强,强生威,威生惠,惠生于力。举力以成勇战,战以成知谋。

译文

用刑罚震慑犯罪,没有人犯罪也就没有人受到刑罚,这样的国家就太平。刑罚不能震慑犯罪,很多人犯罪受到刑罚,这样的国家就会混乱。所以说:施行刑罚的时候要轻罪重判,这样的话就是不用刑罚也能将事情办成,国家就会强大。重罪重判、轻罪轻判,犯罪就无法杜绝,国家就会削弱。有了刑罚就会有力量,有了力量就会强大,强大了就会产生威势,有威势了才能给人恩惠,所以给人恩惠来自于有力量。调动起力量就能勇敢作战,作战就能实现谋划的作战计划。

青云说

什么是"以刑去刑"呢?就是说刑罚不是目的而是手段,使用刑罚是让百姓不敢去犯罪,百姓都不敢犯罪了也就没有人受到刑罚了,这样国家才会安定。什么是"以刑致刑"呢?就是说刑罚变成了目的而不是手段,犯罪现象就会屡禁不止,这样国家就乱了。

所以在施行刑罚的时候一定要轻罪重罚,也就是让犯罪成本大大超过犯罪收益,这样的话,百姓就连轻罪也不敢犯了,更不会有人犯重罪,没人违法乱纪国家就不会出问题,这样国家就会强大。这就是"行刑重轻,刑去事成,国强"。

如果是重罪重罚、轻罪轻罚,让犯罪成本和犯罪收益接近,被抓住了不赔本,没被抓住就赚大了,很多人就会抱有侥幸心理去以身试法,国家就会出问题,这样国家就会被削弱。这就是"重重而轻轻,刑至事生,国削"。

因为轻罪重罚震慑了犯罪,所有人都在搞建设,没有人搞破坏,国家实力就会增长，实力的增长带来国家的强大，国家的强大带来国家的威势，国家的威势能给百姓带来实实在在的好处。所以说，国家能给百姓恩惠源于国家有实力。这就是"刑生力，力生强，强生威，威生惠，惠生于力"。

这样的国家以全部实力出击就能勇敢作战，军队都勇敢作战就能实现事先谋划的作战计划，这就是"举力以成勇战，战以成知谋"。这告诉我们，国家有实力，士兵拼全力，是勇敢作战的基础，军队勇敢作战，是完成计划取得胜利的基础。

原文

粟生而金死，粟死而金生。本物贱，事者众，买者少，农困而奸劝，其兵弱，国必削至亡。金一两生于竟内，粟十二石死于竟外；粟十二石生于竟内，金一两死于竟外。国好生金于竟内，则金粟两死，仓府两虚，国弱；国好生粟于竟内，则金粟两生，仓府两实，国强。

译文

买粮食，钱就没了，卖了粮食，就有钱了。粮食便宜，种粮食的人多，买粮食的人少，农民就陷入贫困，奸商投机取巧之风就会盛行，国家兵力就会衰弱，国家必定削弱直至灭亡。境内得到一两金子，就会有十二石粮食卖给境外；境内得到十二石粮食，就会有一两金子花到境外。国家喜欢用粮食换钱，那么最后金子和粮食都会失去，粮仓和钱库就都空虚了，国家就会衰弱；国家喜欢用钱换粮食，那么最后金子和粮食都会得到，粮仓和钱库就都充实，国家就会强大。

青云说

"粟生而金死，粟死而金生"，意思是买粮食就得花钱，要钱就得卖粮食。如果粮食的价格太低，种粮食的农民多，买粮食的人少，农民就会穷困，奸商投机之风就会盛行，这就是"本物贱，事者众，买者少，农困而奸劝"。

投机主义会削弱军力和国力，因为奸商会把本国便宜的粮食出口到国外牟利，一两黄金输入到国境内，十二石粮食就会运到国境外；十二石粮食输入到国境内,一两黄金就会运到国境外,粮食和黄金是此消彼长的关系。粮食和黄金,哪个才是真正的财富呢?

商鞅告诉我们,粮食才是真正的财富,粮食可以随时换来黄金,但是黄金不能随时换来粮食,当需要粮食救命的时候,价格可以无限高。这就是对粮食安全问题的高度警惕,农民不愿务农就会引发粮食安全问题,而农民不愿务农是因为收入低,收入低是因为粮价贱。

所以国家喜欢在境内积聚黄金,粮食都被出口到了国外换取黄金,关键时候就会被外国卡脖子。被迫用超高的价格购买外国的粮食,相当于粮食和黄金都丧失了,粮仓和金库都会空虚,国家会弱小。这就是"国好生金于竟内,则金粟两死,仓府两虚,国弱"。

国家喜欢在境内囤积粮食,高价收购,保障农民的利益,把饭碗端在自己手里,关键时刻还能卡外国的脖子,迫使外国用超高的价格购买粮食,那么粮食和黄金都能拥有了,粮仓和金库都会充实,国家就强大。这就是"国好生粟于竟内,则金粟两生,仓府两实,国强"。

第四章·去强

原文

强国知十三数:境内仓、口之数,壮男壮女之数,老弱之数,官士之数,以言说取食者之数,利民之数,马、牛、刍藁之数。欲强国,不知国十三数,地虽利,民虽众,国愈弱至削。

译文

使国家强大要知道十三个数据,即境内有多少粮仓,有多少人口,壮年男女各有多少,老弱人口有多少,官吏、士人有多少,靠游说吃饭的人有多少,工商业者有多少,马、牛、喂牲口的饲料有多少。如果想让国家强大,不知道国家的这十三个数据,地理位置虽然优越,民众虽然众多,但是国家会越来越弱。

青云说

这一段讲的是发展经济要对国家的整体情况有细致的了解,包括境内有多少粮食、有多少人口,也就是"仓、口之数"。其中壮年男子和壮年女子各有多少,这是国家的生力军;老人和体弱者有多少,这是国家需要供养的人；官吏士人有多少，这是贡献智慧的人；靠游说吃饭的人有多少，这是喜欢不劳而获的人；工商业者有多少，这是需要合理限制的人；马牛和喂牲口的饲料有多少。"利民"有两层含义，其一在古代指工商业者，其二指有利于民，在这里指工商业者。

想要使国家强大，不知道国家的这十三个数目，即使国家地理位置优越，土地肥沃，百姓的人口众多，国家也难免越来越弱。这和"知己知彼，百战百胜"的道理是一致的，既要知道自己的真实情况，也要知道敌人的真实情况。

原文

国无怨民曰强国。兴兵而伐，则武爵武任，必胜。按兵而农，粟爵粟任，则国富。兵起而胜敌、按兵而国富者王。

译文

国内没有对国家有怨言的民众，这样的国家才叫强国。如果发兵去攻打别国，那么就按军功的多少授予他们官职和爵位，就一定会取胜。如果按兵不动，从事农耕，那么就按生产缴纳粮食的多少，授予官职和爵位，国家就一定会富裕。发兵打仗就能战胜敌人、按兵不动就富足的国家就能称王天下。

青云说

为什么民众对国家没有怨言？因为民众能安居乐业。为什么民众能安居乐业？因为他们的收入和贡献相匹配。为什么他们的收入和贡献能够相匹配？因为国家消灭了压榨掠夺他们的"强人"。这就是《去强》这一章要表达的思想主题。

第五章 说民

导读

商鞅定义的"坏人",是有投机取巧、不劳而获、损人利己思想的人,他认为这种思想是一切社会乱象产生的根源。想要彻底摒除这种思想,就必须有严格的管控措施,这个严格的管控措施就是法家的严刑峻法。

那些以个人的主观臆断想当然治国的人,只能沦于空谈,不能解决实际问题,这就是商鞅看不起当时的儒生的原因。管理人和管理庄稼一样,管理庄稼得根据庄稼的特性来制定管理措施,管理人也得根据人的特性来制定管理措施。在一个人心普遍不再淳朴的社会,就要根据不再淳朴的人的特性制定管控措施。

法治的最高水平和最高目的是什么呢?商鞅认为,法治的最高水平和最高目的是实现百姓的自我管理。严刑峻法不是为了事后惩罚犯罪分子,而是为了事前震慑犯罪分子。如果法律没有震慑力,就沦为了毫无意义的摆设。要想法律有震慑力,必须对犯罪分子足够严酷,矫枉必须过正,不过正不足以矫枉。

商鞅认为官员管理百姓就像人种庄稼一样,如果完全按照自然特性去制定种植方法当然没有问题,但是管理者会变,如果管理者不按规定的种植方法就肯定会出问题。同样的,官员也可能会变质,胡作非为,启用官员管理百姓只是特定条件下的过渡措施,最终实现百姓的自我管理才是最终目标,就像让庄稼实现自然生长一样。

如果庄稼赖以生长的环境被人破坏掉了,就要恢复被破坏的环境,还要同时把破坏环境的人消灭掉,这样庄稼才能更好地生长。法家管理国家,就是恢复被破坏的社会秩序,同时把破坏社会秩序的人消灭掉,最终实现百姓的自我管理。

恢复被破坏的社会秩序，消灭破坏社会秩序的人，是一个非常艰巨的任务，是一场革命。

商鞅在历史上留下的可能是一个残暴害民的形象，但当我们破除世俗的成见，去细细品味《商君书》中的每一段文字，就能体会到商鞅的良苦用心，严酷的刑罚是针对那些祸国殃民的人，目的是希望百姓能够安居乐业。

原文

辩慧，乱之赞也；礼乐，淫佚之征也；慈仁，过之母也；任誉，奸之鼠也。乱有赞则行，淫佚有征则用，过有母则生，奸有鼠则不止。八者有群，民胜其政。国无八者，政胜其民。民胜其政，国弱；政胜其民，兵强。故国有八者，上无以使守战，必削至亡。国无八者，上有以使守战，必兴至王。

译文

狡辩和卖弄聪明是动乱的帮凶；繁琐的礼节和靡靡之音是荒淫安乐的起因；过分的慈善和仁爱是罪过的源头；任用举荐，是奸邪的藏身之地。动乱有了帮凶就要流行，荒淫安乐有了带头的就要泛滥，罪过有了源头就要滋生，奸邪有了窝藏的地方就禁止不住。这八种东西集聚在一起，民众就破坏了法令。国家没有这八样东西，法令就管住了民众。民众破坏了法令，国家就削弱；法令管住了民众，兵力就强盛。因此说，国家有这八样东西，国君就无法使民众守土作战，国家一定会被削弱以致灭亡。国家没有这八样东西，国君就能够使民众守土作战，国家一定兴旺以至于统一天下。

青云说

"辩慧，乱之赞也"，意思是以口舌之争论智慧，会助推乱象，也就是空谈一定误国，实干才能兴邦。"礼乐，淫佚之征也"，意思是繁琐的礼节和靡靡之音已经成了得过且过享乐主义的温床。商鞅认为，儒家的礼乐制度在天下太平的时候可以维持良好的秩序，但是当天下大乱之后，这个制度无法重新建立良好的秩序，只会让人陷于安逸之中，对此我们前面已经有了很详细的论述。当然，无论是对商鞅的思想还是儒家所推崇的思想，我们都应立足于具体的时代背景来辩证地看待。

"慈仁，过之母也"，意思是人犯了错误舍不得打、舍不得骂，这是人去犯更多错误的根源。没有原则的溺爱是最大的伤害，想必大家都明白这个道理。"任誉，奸之鼠也"，意思是任用人只看虚名不看实绩，轻信推荐，就有了奸臣当道的温床。"鼠"，这里是居处的意思。

乱象有了助推才能四处流行，骄奢淫逸有了温床才能发展起来，错误有了根源才能产生，奸臣有了空子可钻就无法制止。如果这八种现象泛滥，那么老百姓就不服从管理了。"民胜其政"，就是百姓不服从国家的管理；"政胜其民"，就是百姓服从国家的管理。

很显然，百姓不服从国家管理，国家一定衰弱；百姓服从国家管理，军力才能强大。所以说如果让百姓不服从管理的八种做法泛滥，国君就无法组织百姓保家卫国，国家一定虚弱灭亡。如果杜绝让百姓不服从管理的八种做法，国君就能组织百姓建设和保卫国家，国家一定能兴盛称王。

百姓服从国家管理，这是一个结果，而不是原因。都想让百姓打仗的时候不怕死，干活的时候不怕苦，可做到这一点是有前提条件的，那就是让老百姓能得到他们应得的回报，让剥削老百姓的人获得应有的惩罚。

第五章·说民

原文

用善，则民亲其亲；任奸，则民亲其制。合而复者，善也；别而规者，奸也。章善则过匿，任奸则罪诛。过匿，则民胜法；罪诛，则法胜民。民胜法，国乱；法胜民，兵强。故曰：以良民治，必乱至削；以奸民治，必治至强。

译文

运用治理善民的办法治国，民众就会彼此包庇；运用治理奸民的办法治国，民众就会遵循法制。好人坏人一样对待，就是治理善民的办法；好人坏人分别对待，就是治理奸民的方法。倡导治善民的办法，民众的罪恶就被掩盖；使用治理奸民的办法，民众的罪恶就受到惩罚。罪恶被掩盖，民众就破坏法制；罪恶受到惩罚，法制就管好民众。民众破坏法制，国家就乱；法制管好民众，兵力就强。因此说：用管理善民的办法治国，一定会混乱直至被削弱；用管理奸民的办法治国，一定能治理好直至强大。

青云说

"用善"，百姓就会亲近亲人包庇犯罪；"任奸"，百姓就会亲近制度大义灭亲。什么是"用善"呢？就是"合而复者"，意思是好人坏人一样对待。什么是"任奸"呢？就是"别而规者"，意思是好人坏人区别对待。好人坏人一样对待，说明法律不能惩恶扬善，保护自己只能依靠亲友。好人坏人区别对待，说明法律可以惩恶扬善，保护自己可以依靠法律。

所以说，"章善则过匿，任奸则罪诛"。好人坏人都一样对待，大家只能依靠亲友保护自己，必然会包庇自己的亲友，犯罪了也会帮他们隐瞒。好人坏人区别对待，大家必然不敢包庇犯罪，而是会选择大义灭亲，这样犯罪分子就会得到应有的处罚。

如果大家都包庇犯罪，让犯罪分子得不到应有的惩罚，那么法律就形同虚设了，这叫"民胜法"。如果大家都举报犯罪，让犯罪分子都得到应有的惩罚，那么法律就能有效地管理国家了，这叫"法胜民"。法律形同虚设，国家一定混乱；人人遵纪守法，军力一定强大。

如果搞无罪推定，"以良民治"，对坏人都不进行合理怀疑，会有多少人逍遥法外？如果搞有罪推定，"以奸民治"，对好人也进行合理怀疑，还会有人逍遥法外吗？所以说，"以良民治，必乱至削；以奸民治，必治至强"。那些把这句话解读成用好人治理国家就会乱，用坏人治理国家就会强大的，违背了基本的生活常识。

原文

国以难攻，起一取十；国以易攻，出十亡百。国好力曰以难攻，国好言曰以易攻。民易为言，难为用。国法作民之所难，兵用民之所易，而以力攻者，起一得十；国法作民之所易，兵用民之所难，而以言攻者，出十亡百。

译文

国家用难以具备的东西（实力）去攻打其他国家，出一分力量就能获得十分效果；国家用容易具备的东西（言谈）去攻打其他国家，出十分力量却要带来百分损失。国家重视实力，就是用难以具备的东西去进攻；国家喜欢儒家的言谈，就是用容易具备的东西去进攻。民众容易学儒家的言论，而很难从事艰苦的农战。国家法令要成为民众难于违抗的，用兵要使民众乐于跟随拥护，就是靠实力去攻击，这样用一分力量能够取得十分效果。国家法令要是成为民众容易违抗的，用兵又使民众难于跟随拥护，就是靠言谈去攻击，这样拿出十分力量，却会带来百分损失。

青云说

如果能下定决心，抛弃私念，就会一分努力十分收获。如果得过且过包庇放纵，就会十分付出百分损失。不出卖国家就没有外力的扶持，一切都靠自己的双手，这样百姓会辛苦，但是国家可以真正走向强大，所以说"起一取十"。只有嘴巴是干不成事的，必然要借助外力的扶持，也就不可避免地用国家利益进行交换，这样百姓虽然一时轻闲，但是最终的损失也最大，所以说"出十亡百"。

从顶层设计上就鼓励自力更生、艰苦奋斗的国家，攻打夸夸其谈、不务正业的国家，这是以实力攻打敌人，也就是"以力攻"，结果就是一分付出十倍回报。

从顶层设计上就鼓励不务正业、夸夸其谈的国家，攻打自力更生、艰苦奋斗的国家，这是以空谈攻打敌人，也就是"以言攻"，结果就是十分付出百倍损失。

原文

罚重，爵尊；赏轻，刑威。爵尊，上爱民；刑威，民死上。故兴国行罚，则民利；用赏，则上重。法详，则刑繁；法简，则刑省。民不治则乱，乱而治之又乱。故治之于其治，则治；治之于其乱，则乱。

译文

刑罚重，才能体现爵位的高贵；奖赏少用，才能显示刑罚有威严。爵位高贵，就是国君爱护民众；刑罚有威严，民众才能为国君效命。因此兴盛的国家执行刑罚，对民众有利；施行奖赏，国君就受尊敬。法令繁杂，刑罚就用得多；法令简明，刑罚就用得少。民众不治理会混乱，乱了以后才去治理又会再乱。因此，用能够使之安定的方法去治理，就会国家太平；用导致混乱的方法去治理，就会国家混乱。

青云说

"罚重，爵尊"的意思是刑罚重，让爵位很容易失去，爵位才显现出尊贵。"赏轻，刑威"的意思是赏赐轻易得不到，得到了之后才会珍惜，不敢因犯错失去赏赐，刑罚才表现出震慑力。爵位尊贵，君主才是爱护百姓。刑罚有震慑力，百姓才会拥戴君主。这就是"爵尊，上爱民；刑威，民死上"。

如果爵位很容易得到，得到了之后又很难失去，爵位就不珍贵了，刑罚也没有震慑力，也就没人当回事了，君主赏赐爵位的时候人们也不会觉得这是对自己的爱护。只有爵位很难得到，得到之后又很容易失去，爵位才会显得珍贵。因为害怕失去好不容易得到的爵位，必然对刑罚感到畏惧不敢犯法，刑罚才有了震慑力。

所以强盛的国家施行刑罚惩处坏人，老百姓就会得利。用赏赐奖励好人，君主就会获得威望。这就叫"行罚，则民利；用赏，则上重"。法律太过详细复杂，百姓难以记住，违法的现象就会增多。法律清晰明了，百姓容易记住，违法的现象就会减少，这就叫"法详，则刑繁；法简，则刑省"。

法律的出发点不是为了让老百姓在生活中去犯千千万万种错误然后处罚他，而是让百姓不会去犯各种错误，这就需要划清底线，只有这个底线不逾越，才算是实现了法治的目的。

百姓不治理，国家就会混乱。每个国家都在治理，但是历史上存在治乱循环的现象，治好了又乱，乱了再治，治好了又乱。为什么呢？根源在于用什么方法治理国家。如果用正确的方法来治理国家，国家一定治理得好。如果用错误的方法来治理国家，国家一定治理得乱。什么是正确的方法呢？"法简，则刑省"，就是正确的方法。什么是错误的方法呢？"法详，则刑繁"，就是错误的方法。

原文

民之情也治，其事也乱。故行刑，重其轻者，轻者不生，则重者无从至矣，此谓治之于其治者。行刑，重其重者，轻其轻者，轻者不止，则重者无从止矣，此谓治之于其乱也。故重轻，则刑去事成，国强；重重而轻轻，则刑至而事生，国削。

译文

民之常情是希望安定的，可是他们做的事情却常常让国家混乱。因此执行刑罚要轻罪重判，那么轻罪就不会出现，重罪也无从出现，这就是用治理安定的方法去治理。实行刑罚如果重罪重判，轻罪轻判，那么轻罪就会禁止不住，重罪也不能消除，这就是用导致混乱的方法去治理。因此，如果轻罪重判，刑罚就能够不用，政事就能成功，国家就强盛；如果重罪重判而轻罪轻判，尽管不断使用刑罚，犯法的事还是不断产生，国家就衰弱了。

青云说

老百姓内心都是希望国家能太平安定的，但是他们做的事却又是让国家生乱的。比如很多人投机取巧想不劳而获，亲友犯罪了不举报反而去包庇。这样的现象之所以屡禁不止，是因为法律对违法者的处罚太轻，起不到应有的震慑作用。

小错得不到惩罚，百姓的胆子会越来越大，最终犯下大错。所以施行刑罚，应该是轻罪重判，那么轻罪也就没人敢犯了，轻罪都没人敢犯也就不会有重罪了。这就是用把国家治理好了的方法来治理国家，此谓"重其轻者，轻者不生，则重者无从至矣，此谓治之于其治者"。

重罪重判，轻罪轻判，那么轻罪就会不停有人犯，最终犯下大罪，这是用把国家治理乱了的方法来治理国家，此谓"重其重者，轻其轻者，轻者不止，则重者无从止矣，此谓治之于其乱也"。

所以说，轻罪重判，那么就没有人犯罪，也就不会有人受到刑罚，国家也就不会出问题，国家就会强大。这是"重轻，则刑去事成，国强"。如果重罪重判、轻罪轻判，那么就会有人不断抱有侥幸心理铤而走险，不断有人受到刑罚，国家就会问题不断，国家就衰弱了。这是"重重而轻轻，则刑至而事生，国削"。

原文

民勇，则赏之以其所欲；民怯，则杀之以其所恶。故怯民使之以刑，则勇；勇民使之以赏，则死。怯民勇，勇民死，国无敌者，必王。

译文

民众勇敢，那么国君就应该赏赐给他想要的东西；民众胆小，那么国君就用他厌恶的东西来约束他。所以说，对胆小的百姓用刑，不勇敢就会受到刑罚，他就会变得勇敢；对勇敢的百姓用赏，他就会视死如归。胆小的百姓变得勇敢起来，勇敢的百姓视死如归，国家没有可以抗衡的对手，一定能称霸天下。

青云说

商鞅认为，要让胆小的百姓变得勇敢，让勇敢的百姓视死如归，也就是全民皆兵。国家要尊崇军人，优待烈士及其家属，否则拼死作战的烈士战死沙场，胆小投降的战俘却受到礼遇，谁还会在战场上拼死作战保家卫国？

原文

民贫，则国弱；富，则淫。淫则有虱，有虱则弱。故贫者益之以刑，则富；富者损之以赏，则贫。治国之举，贵令贫者富，富者贫。贫者富，国强；富者贫，三官无虱。国久强而无虱者，必王。

译文

民众没有钱，国家就弱；民众钱太多，就会滋生不正当的欲望，产生虱害。有了虱害国家就会被削弱。所以，没钱的人要用刑罚让他们去创造财富，他们的钱就变多了。钱太多的人要让他们花钱来获取名誉地位，他们的钱就变少了。治国的措施，贵在让穷人增加财富，让富人减少财富。穷人增加财富国家就强大；富人减少财富，农民、官吏、商人这三种职业就不会有虱害产生。国家持续强大又没有虱害产生，必定称王天下。

青云说

老百姓贫穷了会让国家削弱，老百姓有了太多的钱之后就会滋生很多不正当的欲望，有了不正当的欲望就会滋生国家的蛀虫，有了蛀虫，国家就会削弱。

所以对待贫穷的百姓要用刑罚督促他们去劳动，这样就会富起来。对待富裕的百姓要鼓励他们贡献财富造福大众，这样他们就不会占有过多的财富奢靡挥霍。这里讲的是控制贫富差距的问题，不能穷的太穷，富的太富，而是要把贫富差距控制在合理的范围内。让贫穷的人相比以前变得富裕，让富有的人相比以前变得贫穷，这才是把国家治理好的方法。

商鞅的这一思想，可以理解为秦国的"共同富裕"论。很多人断章取义地把这一段话解读为商鞅见不得百姓富起来，富起来了还要让百姓穷回去，这是没有真正地理解商鞅的思想。

只有穷人变富了，国家才会强大。富人都把多余的钱用于发展国计民生而不是用于个人挥霍，就不会用奢侈享乐之风败坏社会风气。社会风气不被败坏，也就不会滋生国家的蛀虫。国家持久强大还没有蛀虫，一定能称王天下。

原文

刑生力，力生强，强生威，威生德，德生于刑。故刑多，则赏重；赏少，则刑重。民之有欲有恶也，欲有六淫，恶有四难。从六淫，国弱；行四难，兵强。故王者刑于九而赏出一。刑于九，则六淫止；赏出一，则四难行。六淫止，则国无奸；四难行，则兵无敌。

译文

刑罚让所有人不敢偷懒，所以产生实力，实力积攒起来国家就会强大,国家强大了就会产生威势,有了威势才能输出意志造福天下百姓,可见造福天下百姓的德产生于刑罚。因此刑罚多,就显得奖赏重;奖赏少,就显得刑罚重。民众有喜欢的事情也有厌恶的事情,喜欢的事中有六种事容易做得过分,厌恶的事中有四种事难以做到。如果放任这六种事做得过分,国家就会被削弱;如果把这四种难以做到的事推行下去,兵力就会强大。因此王者把刑罚施于农战之外的许多方面,而奖赏只出于农战这一条途径。刑罚施于农战之外的许多方面,那么六种容易做得过分的事就能够禁止;奖赏只来自农战这一条途径,那么四种难以做到的事就能够推行。六种容易做得过分的事制止了,国家就没有奸邪;四种难以做到的事推行了,军队就天下无敌。

青云说

不劳而获就会受到刑罚,那么所有人就都会去参与劳动争做贡献,这就是"刑生力"。民众都热火朝天搞建设,国家就会强大,这就是"力生强"。国家强大了就有了威势,这就是"强生威"。国家有了威势,才能守护百姓安居乐业,这就是"威生德"。所以说,"德生于刑",守护老百姓安居乐业的前提是消灭不劳而获投机取巧的人。

刑罚多,会让已经得到的赏赐很容易失去,这才显得赏赐的贵重,因此赏赐才有了激励意义。赏赐少,会让失去的赏赐很难重新得到,这才显得刑罚的严重,因此刑罚才有了震慑意义。这就是说,刑不可姑息,赏不可滥用。但是很多人是反着做的,刑总是姑息,赏总是滥用,结果就是刑罚无法震慑犯罪,赏赐也无法激励立功。

老百姓有喜欢的东西也有厌恶的东西,喜欢的东西有六种容易做得过分,厌恶的东西有四种很难去做到。"六淫"就是眼、耳、鼻、舌、身、意,追求过分的欲望就会形成奢靡之风,好看的、好听的、好闻的、好吃的、好穿的、好用的,好是没有上限的,也就是我们常说的欲壑难填。"四难",就是务农、力战、出钱、告奸。不怕累辛勤劳作,不怕死奋力作战,不贪财回馈社会,不护短举报犯罪,这是常人难以做到的。

如果不控制人的欲望,放纵奢靡之风盛行,国家就会衰弱;如果让老百姓不怕累辛勤劳作,不怕死奋力作战,不贪财回馈社会,不护短举报犯罪,这个国家一定强大,可以打败一切敌人。所以对"从六淫"的

轻松读懂《商君书》

多数人进行处罚,对"行四难"的少数人进行奖赏,这就是"王者刑于九而赏出一"。

要想满足过多的不正当欲望,靠正常的劳动收入是不可能的,必须得投机取巧不劳而获才行。如果投机取巧不劳而获的思想形成了社会风气,就不可能有人行"四难"了。只有穷奢极欲的人都受到处罚,奢靡之风才会被制止;行"四难"的人都得到奖励,大家就会去效仿。"六淫"被制止住,那么国家就没有奸邪;"四难"得以推行,军队就会天下无敌。

原文

民之所欲万,而利之所出一。民非一,则无以致欲,故作一。作一,则力抟;力抟,则强。强而用,重强。故能生力能杀力,曰攻敌之国,必强。塞私道以穷其志,启一门以致其欲。使民必先行其所恶,然后致其所欲,故力多。力多而不用,则志穷;志穷,则有私;有私,则有弱。故能生力,不能杀力,曰自攻之国,必削。故曰:王者,国不蓄力,家不积粟。国不蓄力,下用也;家不积粟,上藏也。

译文

民众的欲念很多,而获得利禄只来自农战这一条途径。民众如果不从事农战,就不能实现自己获得利禄的欲望,因此他们都专一于农战。民众专一于农战,力量就集中;力量集中,国家就强大。国家强大而又合理使用力量,就更加强大。因此既能产生力量又能使用力量,被称为有能力攻打敌人的国家,这样的国家一定强盛。堵塞人们在农战之外谋利的道路,来断绝他们谋私利的念头,只打开农战这一条道路,来满足人们获得利禄的欲望,使民众一定先做他们所讨厌的农战,然后才能获得他们所希望的功名利禄,这样国家的实力就雄厚。国家实力雄厚而没地方运用,民众从事农战的志向就没有了;民众没有从事农战的志向就要出现私心,民众有了私心,国家就会被削弱。因此,只能产生力量而不能合理运用力量,称为自我损害的国家,一定会被削弱。因此说:能统治天下的国君,国家不积存力量,百姓家里也不积存粮食。国家不积存力量,是为百姓谋幸福;百姓家里不积存粮食,是为国家谋发展。

第五章·说民

青云说

老百姓想要的东西有很多，但是得到的渠道只有农战这条路。老百姓不从事农战，不为国家做贡献，就得不到自己想要的东西，所以就会去从事农战。老百姓都积极从事农战，国力就积累起来了，国家就强大了。商鞅不厌其烦地说劳动创造财富，就是因为这是国家能够发展强大的基础。

国力强大起来了，再正确使用国力保卫财富，那么就会越来越强，这就是"强而用，重强"。所以能通过农耕积累国力，也能通过作战使用国力，是可以攻打敌人的国家，这样的国家一定强大，这就是"能生力能杀力，曰攻敌之国，必强"。

这就好比说，会赚钱还要会花钱，富裕了不能只满足于追求个人享受，还应该有更远大的目标。对国家来说，积累了强大的实力也要有更远大的目标，那就是结束分裂战乱，完成统一天下，实现天下太平，让天下老百姓都过上太平安定的好日子。

把投机取巧的歪门邪道都堵死，不让民众想入非非，给他们一条通过农战获取名利的通道。由于农战是唯一的上升通道，民众一定会格外看重，都会去从事农战实现自己对名利的追求，国家就会充满了进取的力量。国家这股进取的力量，如果不能通过农战发挥出来，民众就会丧失从事农战的志向；没有了从事农战的志向，从事歪门邪道的私心就会滋生，国家就会变弱。

因此，能积蓄力量而不能使用力量，国家会形成内斗的局面，一定会被削弱。所以说"王者，国不蓄力"，也就是说国家要使用国力完成更大的目标，直到统一天下实现天下太平。"家不积粟"，也就是说个人不积攒过多的财富挥霍浪费，要有更高尚的目标，为国家为人民贡献力量。"国不蓄力，下用也"，"下用"就是说要用来造福民众；"家不积粟，上藏也"，"上藏"就是说不用于个人挥霍，而是要支援国家建设。

原文

国治：断家王，断官强，断君弱。重轻，刑去。常官，则治。省刑，要保，赏不可倍也。有奸必告之，则民断于心。上令而民知所以应，器成于家而行于官，则事断于家。故王者刑赏断于民心，器用断于家。治明，则同；治暗，则异。同则行，异则止。行则治，止则乱。治，则家断；乱，则君断。治国者贵下断，故以十里断者弱，以五里断者强。家断则有余，故曰：日治者王。官断则不足，故曰：夜治者强。君断则乱，故曰：宿治者削。故有道之国，治不听君，民不从官。

译文

治理国家有几种情况：在家里就能决断的国家，能够统一天下；要由官吏来决断的国家，还算强盛；都要由国君来决断的国家，一定削弱。轻罪重判，就不会有人犯罪受到刑罚。官吏都尽职尽责依法治国，国家就治理得好。把犯罪消灭在萌芽状态减少刑罚，就要使民众彼此监督担保，对举报犯罪的奖赏不能够失信。有了奸邪一定告知老百姓，那么民众心里就有了判断好坏的标准了。国君有命令，民众知道如何执行，法治的作用在家里就能实现，好的经验通过官员推广到全国，那么有了事情民众就能自行处理了。因此，能统一天下的国君，用刑行赏要以民心为导向，让法治深入民心，在基层得到落实。法治搞得好就上下一心，法治搞得糟就上下背离。上下一心，政令就行得通；上下背离，政令就行不通。政令行得通的国家就管理得好，政令行不通的国家就动乱。治理得好的国家能够由民众在家里断定政事，治理混乱的国家都要由国君断定政事。治理国家最可贵的是在民众中做出决断，因此在十里范围内断定政事的国家就削弱，在五里范围内断定政事的国家就强大。在家里断定政事，办事很迅速，时间就有富余，因此说：当天就办好政事的国家能够统治天下。由官府断定政事，时间就不够，因此说：当天晚上办完政事的国家还算强大。都由国君断定政事，国君就忙乱不堪，因此说：耽搁一夜才办理政事的国家就一定削弱。因此，推行法治的国家，治理用不着等候国君的命令，民众用不着依赖官吏的督促，自己就能把问题消灭在萌芽状态。

青云说

商鞅把治国水平分为了三个等级。违法犯罪行为刚露出苗头，还不

·第五章·说民

等实施就被家人亲友制止了，这是第一等。犯罪行为已经实施，经过官员的审判让犯罪分子受到了应有的惩罚，这是第二等。犯罪行为普遍发生，但是官员制止不住，社会治安普遍恶化，需要君主亲自出马解决问题，这是第三等。这就是"国治：断家王，断官强，断君弱"。

商鞅在这里把"小事不出村，大事不出镇，矛盾不上交"列为依法治国的最高水平，就是因为实现了百姓的自我管理。接下来，商鞅用非常精练的一段话把他认为的依法治国必须遵守的几个原则讲清楚了。

依法治国第一步，立法。以轻罪重判的原则立法，结果就是重刑产生震慑力，杜绝了犯罪现象，也就是"重轻，刑去"。这样的立法原则，出发点是为了保护遵纪守法的善良百姓，严厉打击危害社会的犯罪分子。立法必须为民爱民护民，第一步错了下面就会全错。

依法治国第二步，普法。官员做好普法工作并带头守法。各级官员的职责是自己学法懂法守法护法，还要让自己管辖的所有的老百姓学法懂法守法护法，这样的话，国家才能治理得好，这就是"常官，则治"。商鞅甚至认为，如果因为普法工作没做好让老百姓犯了法，负责普法的官员要与民同罪。

依法治国第三步，执法。确立监督机制把犯罪消灭在萌芽状态，这个监督机制就是连坐制度，通过连坐压实每个人守法护法的责任。如果亲友有了犯罪的苗头或冲动，要及时予以制止；如果事不关己高高挂起充当冷漠看客，就要承担连带责任，接受与犯罪者相同的处罚。对勇于同身边的违法犯罪行为做斗争的人，要及时给予奖励不得食言。这就是"省刑，要保，赏不可倍也"。

依法治国第四步，更法。现实不是一成不变的，当现实条件改变时，就要与时俱进完善法律，及时把新出现的犯罪现象和相应的处罚措施写入法律，并及时传达给老百姓，这样的话，老百姓对上级的命令就知道该如何在法律框架内去执行。这就是"有奸必告之，则民断于心"。

依法治国第五步，成法。总结基层先进经验并推广到全国。法律是解决问题的工具，也就是"器"。老百姓都懂法守法，让法律在最基层发挥作用，把犯罪消灭在萌芽状态，这就是"上令而民知所以应，器成于家"。基层的先进经验要推广到全国，这就是"行于官"。最终实现所有问题都消灭在萌芽状态的目的,这就是"事断于家"。这时候,就实现了人民的自我管理。

商鞅告诉我们,实现自我管理才是真正的民主。以人民为中心,想人民之所想,急人民之所急。处罚什么,奖励什么,都要以人民的利益为出发点,从而建立维护人民利益的法律体系,这就是"刑赏断于民心"。

让法律简洁明了并宣传普及到每个老百姓的心里,让他们学法懂法用法护法,把违法犯罪消灭在萌芽状态,这就是"器用断于家"。法治严明,就会上下一心,这就是"治明,则同";法治不严明,就会上下离心,这就是"治暗,则异"。上下一心,法治就能得到贯彻,这就是"同则行";上下离心,法治就得不到贯彻,这就是"异则止"。

法治得到贯彻就会天下大治,这就是"行则治";法治得不到贯彻就会天下大乱,这就是"止则乱"。法治得到贯彻,老百姓就能把身边的犯罪消灭在萌芽状态,这就是"治,则家断";法治得不到贯彻,整个国家违法犯罪屡禁不止,大案要案层出不穷,需要君主亲自过问,这就是"乱,则君断"。

君主都希望在基层把违法犯罪行为消灭在萌芽状态,形不成大案要案,需要自己亲自过问,这就是"治国者贵下断"。所以说,解决问题的链条越短,说明国家治理得越好,这就是"以十里断者弱,以五里断者强。家断则有余"。

当天的问题,老百姓当天就自己解决了这是最好的,如果需要官员裁决就属于次一等了,这就是"日治者王。官断则不足"。如果官员当天能把问题解决了,也算比较不错了;如果官员解决不了,需要君主亲自过问,那就说明这个国家要乱了,这就是"夜治者强。君断则乱"。

所以说问题一定要及时解决在萌芽状态,吵架的时候及时劝止就是"日治";没劝止住动手了,需要官员裁决就是"夜治";官员没处理好,第二天矛盾继续升级,出了人命惊动君主了,就是"宿治"。宿治的国家一定削弱,所以说"宿治者削。故有道之国,治不听君,民不从官"。听谁从谁呢?当然是"法"了,这时候才算是实现了全面依法治国。

商鞅的法治思想在当时到底有多么先进,由此可见一斑。

第六章 算地

导读

《算地》这一章主要讲的是如何开发和利用土地，以农养战，保证军队的实力，从而达到强国的目的。很多人错误地认为打仗是看谁的武器先进，其实打仗打的是后勤。

商鞅在本章中提出，要以地养战，保证军队的力量。而要实现以地养战，最主要的方法就是提高民众从事农耕的积极性。商鞅具体是如何论述的，又制定了哪些政策，让我们一起来看看。

原文

凡世主之患：用兵者不量力，治草莱者不度地。故有地狭而民众者，民胜其地；地广而民少者，地胜其民。民胜其地，务开；地胜其民者，事徕。开，则行倍。民过地，则国功寡而兵力少；地过民，则山泽财物不为用。夫弃天物遂民淫者，世主之务过也。而上下事之，故民众而兵弱，地大而力小。

译文

一般国君犯的弊病是：用兵打仗不估量兵力，开拓荒地不计算土地。有的国家土地狭小而人口很多，这是人多地少；有的国家土地辽阔而人口稀少，这是地多人少。人多地少的，要努力开拓荒地；地多人少的，要设法招徕劳动力。开拓荒地招徕外民，生产将会成倍地增加。如果人多地少，国家的成就不大，兵力也会不够；如果地多人少，山泽财物就不能得到充分利用。抛弃自然资源，放纵民众游荡，这是国君治理上的过错。然而现在从上到下都这样办，因此民众虽然多而兵力弱，地尽管

第六章·算地

大而实力小。

青云说

国君最容易犯的毛病是发动战争的时候不衡量国力，开垦荒地的时候不计算土地的数量，也就是"世主之患：用兵者不量力，治草莱者不度地"。发动战争不衡量国力，要么有力量的时候用力不足，要么没力量的时候用力过猛，这都是打败仗的原因。

开垦荒地的时候不计算土地的数量，对土地利用就不会有一个合理的规划。要么地少人多，百姓没有足够的地可种，也就是"民胜其地"；要么地多人少，大量的土地闲置浪费，也就是"地胜其民"。如果"民胜其地"，就要想办法开垦更多的荒地，也就是"务开"。如果"地胜其民"，就要想办法增加更多的人口，也就是"事徕"。开垦出更多的土地，就能吸引来更多的人。

如果人多地少，不能积累足够的财富，就无法支撑国家建设和军队建设。国家的建设成就少，兵力也会不足。如果地多人少，那么自然资源就得不到合理利用。如果不开发闲置的自然资源，纵容游手好闲好吃懒做的民风，这是君主在做错误的事情。而上上下下都这么做，就会造成人口虽多却军力很弱，土地虽广却国力很小的情况。

当好逸恶劳成为普遍的社会风气，应该纵容还是制止？纵容相对简单，因为阻力很小；制止相对困难，因为阻力很大。这就是我们常说的"从善如登，从恶如崩"。但是不制止这种社会风气的蔓延，国家就要出问题，最后是覆巢之下无完卵。商鞅就是那个勇敢站出来制止的人，他也因此站在了斗争的最前沿去面对最猛烈的攻击。

原文

故为国任地者：山林居什一，薮泽居什一，溪谷流水居什一，都市蹊道居什一，恶田居什二，良田居什四，此先王之正律也。故为国分田数：小亩五百，足待一役，此地不任也。方土百里，出战卒万人者，数小也。此其垦田足以食其民，都邑遂路足以处其民，山林、薮泽、溪谷足以供其利，薮泽堤防足以畜。故兵出，粮给而财有余；兵休，民作而畜长足。

此所谓任地待役之律也。

译文

所以君主管理国家是这样利用土地的：山林占十分之一，湖泊沼泽湿地占十分之一，山谷河流占十分之一，城市和道路占十分之一，一般田地占十分之二，肥沃的土地占十分之四，这是前代帝王合乎均衡发展要求的规定。所以管理国家分配耕地的赋税数额也有学问：五百小亩地的税收，完全支撑一场战役，这是地力还不能胜任的。方圆百里的土地物产支撑兵士一万人，这个数目也小。所以，让国家开垦的土地足以养活那里的民众，城市和道路足以方便百姓的生活，山地、森林、湖泊、沼泽、山谷足够供应民众各种生活资料，湖泊、沼泽的堤坝足够积蓄水源。因此，军队出征作战，粮食的供应充足而财力有余；军队休息时，民众都从事农耕，而积蓄经常富足。这就是利用土地备战的规则。

青云说

"地不任"，指的是高估土地产出。"数小"，指的是低估土地产出。冒进高估土地产出和保守低估土地产出的规划都是不对的，必须实事求是进行均衡规划。最好的规划是什么呢？商鞅认为，合理的生态资源分布非常重要，山林湖泊、湿地沼泽、山谷河流、城市道路、良田瘠田都要有适当的比例，这样的规划保持了生态资源的多样性，满足了居住环境的舒适和生产发展的需要。足够的资源加上足够的人口，才会有足够的产出来满足军队的后勤保障。

原文

今世主有地方数千里，食不足以待役实仓，而兵为邻敌，臣故为世主患之。夫地大而不垦者，与无地同；民众而不用者，与无民同。故为国之数，务在垦草；用兵之道，务在壹赏。私利塞于外，则民务属于农；属于农，则朴；朴，则畏令。私赏禁于下，则民力抟于敌；抟于敌，则胜。

译文

现在君主拥有方圆几千里的土地，而粮食还不够用来装满粮仓备战，可是军队却与邻国为敌,所以我为君主担忧这件事。土地广大却不去开垦,和没有土地是一样的;人口众多却不发挥他们的作用,和没有人口是一样的。所以管理国家一定要做的事,就是要开垦荒地。用兵之道,在于实行统一的奖赏。杜绝民众从农战之外获得私利的途径,那么民众就一定会归属到农耕上;民众归属到农耕上,就一定淳朴;民众淳朴,那么就一定害怕法令。禁止臣子在下面私自搞奖赏,那么民众的力量就会凝聚在对敌国打仗上,如此就定能获胜。

青云说

商鞅很重视对自然资源和人力资源的开发利用,因为这是国家自保和对外扩张的基础。在商鞅看来,有土地但是开发不好和没有土地是一样的,有人口但是利用不好和没有人口是一样的。所以国家不能有荒芜未垦的土地,也不能有游手好闲的人。怎么做到呢?就是让农战成为得到功名利禄的唯一途径,杜绝各种投机取巧不劳而获思想的传播。

商鞅还提到禁止私赏,为什么要禁止私赏?因为私赏就是慷国家之慨,把正常的上下级关系搞成人身依附关系,这是官僚体系架空国君权力的主要手段。私赏是让人得到不该得到的,受益的是个人,损害的是国家,也就是我们常说的损公肥私。

原文

奚以知其然也?夫民之情,朴则生劳而易力,穷则生知而权利。易力则轻死而乐用,权利则畏罚而易苦。易苦则地力尽,乐用则兵力尽。夫治国者,能尽地力而致民死者,名与利交至。

译文

根据什么知道上面这些道理的呢?百姓的性情朴实就会劳作而不吝惜自己的力气,贫穷了就会产生智慧而衡量个人得失。肯出力奉献就不怕艰险而乐于被君主使用,权衡利弊就会畏惧刑罚而勤恳劳动。能干事不怕苦,勤恳劳动才能让土地产出最大化;想干事敢领任务才能让军队的战斗力最大化。管理国家的人,能让土地产出最大化,又能让百姓的战斗力最大化,发挥出自然资源和人力资源的双重优势,就会名利双收。

青云说

"乐用"就是想干事敢领任务,"易苦"就是能吃苦把事干成,但是好逸恶劳的人既不想干事领任务,也不可能吃苦干成事。幸福生活是干出来的,这是好逸恶劳的人不愿去理解的道理。

原文

民之性:饥而求食,劳而求佚,苦则索乐,辱则求荣,此民之情也。民之求利,失礼之法;求名,失性之常。奚以论其然也?今夫盗贼上犯君上之所禁,而下失臣民之礼,故名辱而身危,犹不止者,利也。其上世之士,衣不煖肤,食不满肠,苦其志意,劳其四肢,伤其五脏,而益裕广耳,非生之常也,而为之者,名也。故曰:名利之所凑,则民道之。

译文

百姓天生的本性是:饿了就寻找食物,劳累了就寻求安逸,痛苦了就寻找欢乐,屈辱了就追求荣耀,这是人之常情。人追求个人私利的时候,容易损人利己违背礼制的规定;追求名誉的时候,容易做出常人难以做出的举动。根据什么说他们这样呢?现在的盗贼,上违反君主的禁令,下丢失臣子的礼仪,他们因此声名狼藉还有生命危险,但是他们仍然不想住手,这是因为可以获得利益。那些古代的士人,穿的衣服不能温暖身体,吃的饭菜不能填饱肚子,磨练了自己的意志,辛劳了自己的四肢,伤害了自己的五脏,还认为对自己大有好处,这不是常人能够做到的,他们这样做的原因,是因为可以博得名声。所以说:名和利之所在,民众就会趋向它。

青云说

有名利的地方,人们就趋之若鹜。我们常说的淡泊名利,不是说自己该拿的也不拿,而是说不该拿的坚决不拿。该拿的也不让拿,百姓不会接受,我们要阻止。不该拿的也让拿,百姓能够接受,但是也要阻止。获取名利的根本原则就是多劳多得,少劳少得,不劳不得,反对劳而不得和不劳而得。

对民众的管理，要基于对人性的了解，就像对庄稼的管理，要基于对庄稼的了解一样，否则就不可能管理好。民众对名利的追求，需要国君正确的引导，引导好了，就能发挥出巨大的潜力。

原文

主操名利之柄而能致功名者，数也。圣人审权以操柄，审数以使民。数者，臣主之术，而国之要也。故万乘失数而不危，臣主失术而不乱者，未之有也。今世主欲辟地治民而不审数，臣欲尽其事而不立术，故国有不服之民，主有不令之臣。

译文

国君掌握着给人名利的权柄，而能给人以功名，这是必然之理。圣人仔细考察权势的利害来掌控权柄，认真考察必然之理来役使民众。所谓必然之理，就是让百姓臣服君主，让大臣服从君主的方法，也是治国的关键。因此，万乘之国违背必然之理而不危险，失去了让百姓臣服君主、让大臣服从君主的方法而不混乱，那是从来没有的。如今的国君想开辟土地、治理民众，却不考察治国的必然之理；臣子想尽力把政事办好，君主却不能确定驾驭臣下的方法。因此，国家就有不听从统治的民众，国君就有不服从命令的臣子。

青云说

君主掌握着分配名利的权柄，能够让人功成名就，这是必然的道理。圣明的君主弄清楚权力的机制而掌控权柄，弄明白必然的道理以驱使百姓。"臣主"，就是臣于主，服从君主的命令的意思。以名利为抓手可以组织发动百姓，这个必然的道理，是君主治国的关键。国家要有法，君主还要有让百姓必定守法的方法，这就是"术"。

为什么有的领导布置任务，下面的人都积极执行，有的领导布置任务，下面的人却消极懈怠呢？区别就在于有"术"还是无"术"。这个"术"是固定的准则，所以说是"数"，一是一，二是二，不能随意搞变通。胡来就会出问题，所以说"万乘失数而不危，臣主失术而不乱者，未之有也"。

现在君主想要开疆拓土治理百姓，必须明白百姓内心渴望名利，这叫"审数"。臣下想要鞠躬尽瘁为国效力，君主必须明白怎么给予他们想要的名利，这叫"立术"。如果不能让百姓得到名利，百姓就会不服管理；如果分配名利的方法不公平不合理，大臣就会不服从命令。

君主也要学习，也要奋斗，他学的是帝王之术，学不好就会成为傀儡，不奋斗就会被取代。创造财富需要"审数"，分配财富需要"立术"。蛋糕做不大，或者做了之后分不好，都会出问题。

原文

故圣人之为国也，入令民以属农，出令民以计战。夫农，民之所苦；而战，民之所危也。犯其所苦，行其所危者，计也。故民生则计利，死则虑名。名利之所出，不可不审也。利出于地，则民尽力；名出于战，则民致死。入使民尽力，则草不荒；出使民致死，则胜敌。胜敌而草不荒，富强之功可坐而致也。

译文

所以圣人治国，对内能让百姓安心农耕，对外能让百姓奋勇作战。从事农耕，是百姓认为辛苦的事；而打仗，是百姓认为最危险的事。百姓做自己认为辛苦的事，干自己认为危险的事，是出于利害的衡量。所以百姓活着的时候考虑的是利益，死的时候也会考虑自己的名声。对百姓所追求的名利的来源，不能不考察。利益来源于土地，那么百姓就会竭力耕地；名誉来源于对外作战，那么百姓就会拼死打仗。对内让民众竭力种地，那么土地就不会荒芜；对外让民众拼死作战，就能战胜敌国。能战胜敌国而土地又不荒芜，富强之功就唾手可得了。

青云说

一个国家的百姓是勤劳还是懒惰，是淳朴还是奸诈，是怯懦还是勇敢，取决于这个国家倡导什么。人是趋利避害的，懒惰有好处他就不会勤劳，奸诈有好处他就不会淳朴，勇敢没好处他就会怯懦。所以如果一个国家得到名利的人不是辛勤劳动创造财富的人和拼死作战保卫财富的人，而是那些巧取豪夺坑蒙拐骗的人，有谁还会辛勤劳动拼死作战呢？

第六章·算地

如果一个国家没有辛勤劳动创造财富的人,也没有拼死作战保卫财富的人,这样的国家怎么可能富,又怎么可能强呢?

原文

今则不然。世主之所以加务者,皆非国之急也。身有尧、舜之行,而功不及汤、武之略者,此执柄之罪也。臣请语其过:夫治国舍势而任谈说,则身劳而功寡。故事《诗》《书》谈说之士,则民游而轻其上;事处士,则民远而非其上;事勇士,则民竞而轻其禁;技艺之士用,则民剽而易徙;商贾之士佚且利,则民缘而议其上。

译文

现在则不是这样。国君在卖力做的,都不是国家当务之急的事情。他们身上有尧、舜一样的品德,但建立的功绩却赶不上商汤和周武王,这是因为他们掌握权柄的时候犯下了过错。请让臣说说他们的过错:治理国家,假如放弃以立功为条件的统治方法而任用喜欢空谈的人,那么君主就会身体劳累,能取得的功绩却很少。任用读《诗》《书》的空谈之士,那么百姓就会四处游荡而轻视君主;任用有德才但隐居不愿做官只为博取清高之名的人,那么百姓就会疏远并且非议君主;任用勇士,百姓就会争强好胜不重视君主的禁令;技艺之士被任用,那么百姓就轻浮好动而喜欢迁移;有钱的商人生活安逸而且获利丰厚,那么百姓就会依附他们而议论君主。

青云说

"舍势而任谈说",这里说的"势",是指君主让臣民不得不服从的统治方法,也就是依法治国。定好了规矩,做出什么贡献就能获得什么等级的财富和地位,一切以实际表现为准则。如果舍弃了这个"势",只凭一些人的空谈就给予财富地位,必然会让实干家心生不满,也会给其他人一个不好的榜样,让百姓放弃实干而追求空谈。

"身劳而功寡"是说君主任用一群只会夸夸其谈的人,国家治理必定会出现问题。那些夸夸其谈的人又解决不了问题,君主就会沦为"救火队长",天天忙得不可开交。但是个人能力再强大的君主,时间精力都是有限的,能做的事也是有限的,所以结果就是"功寡"。

夸夸其谈的人是只会画饼不会做饼的人,他们说的每一句话也许都对,但是他们只说做成什么样子才是最好的,从来不说怎么做才能把事情做成。脱离现实条件,空有美好愿景,总想一步到位,面临现实问题又没有解决方案,难免寸步难行,这就是他们的特色。任用这样的人,百姓怎么可能不失望,怎么可能不轻视君主?这就是"事《诗》《书》谈说之士,则民游而轻其上"。

自称有德才的人却不愿做官发挥自己的德才为国立功造福百姓,到底是真有德才还是假有德才?商鞅认为这些人或许只是为了博取清高之名,寄希望于君主慕名而来三顾茅庐从而一步登天。如果君主尊崇这样的人,真心为国效力的人又怎能不心寒,百姓又怎么可能不疏远和非议君主。这就是"事处士,则民远而非其上"。

炫耀暴力有勇无谋的人被尊崇,百姓会以此为榜样,会变得争强好胜好勇斗狠,从而漠视禁令。这些人的特点就是漠视法规,之所以这样的人也会被尊崇,是为了利用他们达到一些正规途径达不到的目的。这就是"事勇士,则民竞而轻其禁"。

我们前面讲过"技艺之士",就是那些玩花活的人,靠发明各种奇淫技巧,给有钱人锦上添花满足过分的欲望来赚钱,结果是助长了奢侈享乐之风。这种人的特点是居无定所,哪里赚钱去哪里,如果成了百姓的榜样就会让民风变得浮躁,急功近利,不愿从事生产。这就是"技艺之士用,则民剽而易徙"。

商鞅认为,商人如果不加以节制,而是被当作榜样去宣传,当商人做大之后,他们就会用钱来收买人心掌控社会资源。只要他们的体量发展到足够庞大,就会形成一国两主的局面,百姓会为了钱去依附这些人,到那时百姓就会帮商人说话非议君主。非议什么呢?凡是挡商人财路的措施都会被非议,哪怕这些措施是有利于老百姓的。这就是"商贾之士佚且利,则民缘而议其上"。

原文

故五民加于国用,则田荒而兵弱。谈说之士资在于口,处士资在于意,勇士资在于气,技艺之士资在于手,商贾之士资在于身。故天下一宅,而圜身资。民资重于身，而偏托势于外。挟重资，归偏家，尧、舜之所难也。故汤、武禁之，则功立而名成。

译文

如果这五种人被国家选用，那田地就会荒芜，而且军队的战斗力会削弱。空谈之人的资本在于巧言善辩的嘴巴，隐士的资本在于他的心志高洁，勇士的资本在于好勇斗狠的勇气，技艺者的资本在于一双巧夺天工的双手，商人的资本在于他腰缠万贯的身家。所以，这些人四海为家，以自己的这些资本收买人心。这些人依仗自己身上的这些资本，以此为条件勾结外敌扩大自己的势力。如果人有一身的本事，但是都不用在为国效力上，而是服务于国家的敌对方，就算是尧、舜这样贤明的君主也难以将国家治理好。因此商汤和周武王下令禁止这种情况，结果建立了伟大的功业，成就了千古美名。

青云说

这五种人属于没有根的人，他们追求的是个人的富贵，而个人的富贵却不是来自于对国家的贡献，因此对国家也就没有感情。他们往往在国家有难的时候选择离开。他们到哪里都可以不愁生存，如果无法让他们把自己的资本用在为本国效力上的话，就是再贤明的君主也无法将国家治理好。

原文

圣人非能以世之所易胜其所难也，必以其所难胜其所易。故民愚，则知可以胜之；世知，则力可以胜之。臣愚，则易力而难巧；世巧，则易知而难力。故神农教耕而王天下，师其知也；汤、武致强而征诸侯，服其力也。今世巧而民淫，方倣汤、武之时，而行神农之事，以随世禁。故千乘惑乱，此其所加务者，过也。

译文

圣明的君主不是能以空谈战胜实干，而是能以实干战胜空谈。如果百姓愚昧，那么智慧就能胜过他们。如果世上的人都有智慧，那么武力就能胜过他们。由于人们愚昧，他们就以出力为易而以技巧为难；世人有技巧，则以智慧为易而以出力为难。所以神农氏教会人们耕田而成为天下帝王，这是因为人们要学习他的智慧；商汤和周武王建立了强大的军队而征服天下诸侯，这是因为诸侯们屈服于他们的武力。现在世人多机巧而民众多放荡，正是仿效商汤和周武王的时候，可是君主们却做神农当年做的事，放纵应该禁止的事情。所以拥有千辆兵车的大国也迷惑混乱，这是因为他们在努力做的事情都是错的啊。

青云说

伏羲、神农、尧、舜、禹这些人显然是极为聪明的人，因为他们知道聪明应该怎么用，那就是用来造福百姓。这时候聪明的人管理淳朴的人是最好管理的，能够让正确的方案得到彻底地贯彻，达到的效率是最高的。当民智开启时，很多人却不知道聪明应该怎么正确使用，结果就是被滥用，出现了坑蒙拐骗损人利己的泛滥。

管理这些假聪明的人是最难的，因为他们各有各的算计，只看得见眼前利益，看不见长远利益；只看得见个人利益，看不见集体利益。因此，所有的事都会在执行过程中受到掣肘，产生各种矛盾冲突。这时候就需要使用武力，因为假聪明的人也懂得权衡利弊趋利避害，武力威慑才能让他们服从命令接受管理。在一个假聪明的人占据主流的社会，不能像神农那样用管理淳朴的人的方法来管理狡诈的人，否则就是越努力越失败。

原文

民之生：度而取长，称而取重，权而索利。明君慎观三者，则国治可立，而民能可得。国之所以求民者少，而民之所以避求者多。入使民属于农，出使民壹于战，故圣人之治也，多禁以止能，任力以穷诈。两者偏用，则境内之民壹；民壹，则农；农则朴；朴则安居而恶出。

译文

百姓的性情是：用尺量东西的时候就会选择要长的，用秤来称东西的时候就会选择要重的，衡量个人得失的时候就会选择对自己有利的。

第六章·算地

英明的君主认真观察这三种情况，那么治理国家的原则就能确立，而民众的才能就可以得到利用了。国家要求百姓做的事不多，可百姓逃避做这些事的办法却很多。国家希望内能让百姓安心农耕，外能让百姓专心作战。所以圣明的君主治理国家，会制定很多禁令让百姓没办法逃避做事，只任用肯出力的人来杜绝投机取巧。不出力的受责罚，肯出力的受重用，这两个办法同时使用，那国内的百姓就不再有投机取巧的心思；没有了投机取巧的心思，就会专心务农；专心务农，就会淳朴；民众淳朴，就会安心住在家乡而讨厌外出了。

青云说

如果一个国家不劳而获的人比勤劳能干的人多，这个国家还有希望吗？所以商鞅主张"多禁以止能，任力以穷诈"。也就是设立各种禁令来打击不劳而获的人，让勤劳能干的人名利双收，消灭投机取巧不劳而获的社会风气。

趋利避害是人的本能，所以君主设立法治的目的就是要让百姓趋利避害。百姓从事农战是对国家有利的，但是人怕苦怕死也是一定的，怎么才能让百姓都喜欢从事农战呢？让他们从事农战就能得到利益，不从事农战就要受到处罚，这样的话百姓就会趋利避害选择从事农战。

商鞅的政策或许会让很多人感到太严苛，但这一切其实都来自于他重视农战的思想。只有通过法度让百姓自己乐于参与农战，土地才不会荒芜，兵力才能强大，国家才会富强。

原文

故圣人之为国也，民资藏于地，而偏托危于外。资藏于地则朴，托危于外则惑。民入则朴，出则惑，故其农勉而战戢也。民之农勉则资重，战戢则邻危。资重则不可负而逃，邻危则不归于无资。归危外托，狂夫之所不为也。故圣人之为国也，观俗立法则治，察国事本则宜。不观时俗，不察国本，则其法立而民乱，事剧而功寡。此臣之所谓过也。

青云说

所以圣明的君主治理国家，让民众将资本寄托到土地里，而很少把自己托身于其他危险之地。民众将资本寄托到土地里就会淳朴，托身于其他危险之地就会迷惑。民众在国内朴实，在外国迷惑，所以他们从事农业生产尽力而作战积极。民众努力从事农业生产资本就会增多，作战积极邻国就会危险。民众资本多就不容易带着出逃，邻国危险就不会去投靠。没有资本还投身外国危险之地，就是疯子也不会这么做。所以圣明的君主治理国家，观察风俗，确立法规，就能把国家治理好。弄清国家的根本在耕战，就能制定适当的国策。不观察当时的风俗，不考察国家的根本，那么国家的法令就是制定了民众也会混乱。政务繁忙而功绩少，这就是我所说的过失啊。

青云说

一个国家是否强大，取决于这个国家的民众有没有凝聚力；一个国家的民众有没有凝聚力，取决于这个国家的民众有没有恒产。孟子说："民之为道也，有恒产者有恒心，无恒产者无恒心。"什么是恒产呢？"民资藏于地"就叫作有恒产。土地和土地上的实物是无法带走的，也就是"资重则不可负而逃"。为了保卫自己的财产，民众才会有凝聚力。为什么钱不是恒产呢？因为钱是可以流动的，敌人入侵了，民众是可以带着钱财离开的，但土地和长在土地里的庄稼却无法带走。

原文

夫刑者，所以禁邪也；而赏者，所以助禁也。羞辱劳苦者，民之所恶也；显荣佚乐者，民之所务也。故其国刑不可恶，而爵禄不足务也，此亡国之兆也。刑人复漏，则小人辟淫而不苦刑，则徼幸于民上；徼于民上以利求，显荣之门不一，则君子事势以成名。

译文

刑罚，是制止奸邪的；奖赏，是助力制止奸邪的。羞愧、耻辱、劳累、痛苦，这是人们所讨厌的；显贵、荣耀、安逸、快乐，这是人们所追逐的。如果一个国家的刑罚不可怕而官爵俸禄不值得追逐，这就是亡国的预兆。应当受刑的人能够一次次漏网，那么小人就会肆意作恶而不畏惧刑罚，就会对国君抱有犯了法也不受处罚的侥幸心理。人们能对国君抱着侥幸心理去追逐私利，获得显贵、荣耀并非只靠农战这唯一的途径，那么君子也要依赖权势巧取功名了。

青云说

刑罚是用来禁止奸邪的，赏赐是用来辅助禁止奸邪的。也就是说禁止奸邪是目的，其他的都是手段。刑罚的结果应该是消灭了奸邪，赏赐的结果也应该是消灭了奸邪，否则就是背离了刑罚和赏赐的初衷。所以说不要看到商鞅的严刑峻法就害怕，他的初衷都是为了百姓安居乐业，富国强兵。

羞耻、侮辱、疲劳、痛苦是人民所厌恶的，显贵、荣耀、安逸、快乐是人民所追求的。所以国家的刑罚轻得不能让人惧怕，官爵俸禄少得不值得让人追求，这就是亡国的征兆。刑罚轻，就震慑不住坏人；赏赐少，就激励不了好人。那么结果会是什么呢？坏人会猖狂，好人会退缩，社会治安会恶化。

该受刑罚的人一次次漏网，就是"刑人复漏"，那么百姓就会走歪门邪道不务正业，不把刑罚放在眼里，对于君上存有侥幸的心理而去追求私利，这叫"徼于民上以利求"。这样的结果就是显赫荣耀的门路不只农战这一条，那么君子也会攀附权贵来帮助他们成就功名，此谓"显荣之门不一，则君子事势以成名"。

原文

小人不避其禁，故刑烦。君子不设其令，则罚行。刑烦而罚行者，国多奸。则富者不能守其财，而贫者不能事其业，田荒而国贫。田荒，则民诈生；国贫，则上匮赏。故圣人之为治也，刑人无国位，戮人无官任。刑人有列，则君子下其位；戮人衣锦食肉，则小人冀其利。君子下其位，则羞功；小人冀其利，则伐奸。

译文

小人不怕犯法，触犯刑罚的情况就会频繁；对君子不设立法令，刑罚就会普遍。刑罚频繁而又普遍，国家的奸人就会多起来。这样，富人就不能保有他们的财产，穷人就不得从事他们的职业，土地就会荒废，国家就会贫穷。土地荒废，百姓就要生出奸诈之心；国家贫穷，国君就缺少财物进行赏赐。所以圣人治国，受过刑的人在社会上没有地位，犯过罪的人在朝廷上没有官做。如果受过刑的人也能拥有爵位，君子就会看不起自己的爵位。如果犯过罪的人还锦衣玉食，百姓就会希望也通过犯罪得到好处。君子看不起自己的爵位，就会以自己忠于职守为可耻。百姓希望通过犯罪得到好处，就会夸赞自己的奸诈手段高明。

青云说

小人不怕法律对自己的限制，所以法律一定要严酷到让小人畏惧的程度。君子不喜欢法律对自己的限制，他们会认为这是把自己当作小人看待了，但是法律对君子也必须是有效的，要对他们进行普法，否则他们也会在无意中触犯法律，造成刑罚的普遍化。如果法律不够严酷，小人不怕犯法，对君子又不设立法令，法律就形同虚设了，奸人就会无所顾忌，越来越多。

法律没有震慑力，违法犯罪照样升官发财，那么整个社会就会被投机的氛围所笼罩，不择手段实现一本万利成为大多数人的追求。在这样的社会中，贤人君子是耻于和这些小人为伍的，那么君主赏赐的官爵也会被君子看不起。

人们都以暴富为荣，没人再去踏踏实实认真做事，甚至把踏踏实实做事视为耻辱，这叫作"君子下其位，则羞功"，此时这个国家距离危机的爆发就不远了。劳动致富只有一条路，不劳而获却有无数条路，人们不劳而获之后还不以为耻反以为荣，这叫作"小人冀其利，则伐奸"，"伐"是自夸的意思，此时社会就病入膏肓了。一个病入膏肓的社会，是所有人的灾难，无论贫富都会在一个风雨飘摇的乱世中朝不保夕。

原文

故刑戮者所以止奸也，而官爵者所以劝功也。今国立爵而民羞之，设刑而民乐之。此盖法术之患也。故君子操权一政以立术，立官贵爵以称之，论劳举功以任之。则是上下之称平。上下之称平，则臣得尽其力，而主得专其柄。

译文

所以，刑罚是禁止人们作奸的工具，官爵是鼓励人们立功的工具。现在国家设置官爵而人们耻于得到，制定刑罚而人们乐于违反。这就是法度方针上有错误了。因此，国君必须掌握大权，统一政策并制定方法，设立官爵来衡量才能，按照贡献和功勋来任命。这样，上下都是合适的人待在合适的位置上了。上下都是合适的人待在合适的位置上，臣民就能用尽他们的力量，国君也就能掌握自己的权力。

青云说

惩罚犯罪是手段不是目的，预防犯罪才是目的，如果法律的严酷不足以让犯罪分子心生畏惧，就不可能起到预防犯罪的目的。同样的，给人官爵是手段不是目的，让人去立功才是目的。如果刑罚很轻，那么犯罪分子就会不在乎犯罪，还会以犯罪为荣，把通过犯罪来发家致富当作本事来炫耀。如果官爵都给了没有立功的人，那么立功的人就会耻于去追求官爵。一旦发生了这两种情况，就是依法治国的灾难。

要想杜绝这一切，必须做到"操权一政以立术"，也就是说国君必须掌控权力，制定统一的治国方略，并保证能够推行下去。掌控权力是第一步，统一思想制定治国方略是第二步，确保治国方略能够切实得到落实是第三步，这三步哪一步做不好都不行。

设立官职，使爵位尊贵，让百姓根据自己的能力衡量可以得到什么爵位，然后根据贡献和军功来任用。这样的话，臣民就能竭尽全力去做事，得到自己应该得到的名利，因此也就会对国君忠诚爱戴，国君也就能独掌大权了。

第七章 开塞

导读

"开塞"的意思就是把堵住的地方疏通开,放在治国上,就是要把积压已久的问题解决掉。新问题不能用老方法,而要因时制宜、因地制宜、实事求是、通权达变,如果没有变通的能力,就不可能解决新问题。大部分人都存在思维惯性,又缺乏对现实的洞察力,所以做不到事前预防,也做不到事后解决。

这一章主要是讲人性的变化历程以及社会管理方式随之变化的过程,法家思想之所以成为秦国的社会主流思想,这不是商鞅拍脑门子做决策要这样搞的,而是被严重的现实问题倒逼的结果,不得不提出从根本上解决问题的对策。

商鞅之所以被妖魔化,《商君书》之所以被历代列为"天下第一禁书",原因就在于商鞅看到了秦国一系列社会问题产生的根源所在,他最终目的所指向的不是几个制造问题的人,而是破除掉产生一系列社会问题的根源——不劳而获的思想。这种斩草除根的猛药,从根本上动摇了权贵阶层的利益,自然被他们敌视。

原文

天地设而民生之。当此之时也,民知其母而不知其父,其道亲亲而爱私。亲亲则别,爱私则险。民众,而以别险为务,则民乱。当此时也,民务胜而力征。务胜则争,力征则讼,讼而无正,则莫得其性也。故贤者立中正,设无私,而民说仁。当此时也,亲亲废,上贤立矣。

译文

开天辟地之后人类诞生了。在这个时候，人们只知道自己的母亲却不知道自己的父亲，他们处世的原则是爱自己的亲人，喜欢私利。爱自己的亲人，就会区别亲疏；喜欢谋求私利，就会心存邪恶。人多，又都区别亲疏、心存邪恶为自己谋私利，那人类就会混乱。这个时期，民众都尽力制服对方来竭力争夺财物。尽力压服对方，就要争斗；尽力争夺财物，就要争吵。发生争吵又不能得到公正的解决，人们就不能依据自己的自然本性生活。因此，贤人制定公正无私的标准，这样人们就愿意讲仁爱了。这个时候，人们放下了爱自己亲人的思想，树立了推崇贤人的思想。

青云说

这一段，商鞅讲的是人类社会从自私自利走向推行仁爱的情况。

最初，人们是按照天性生活的，天地把人造成什么样子，人就是什么样子，但是后来因为物产减少，人口增多，食物不足造成的生存问题让人们开始脱离了自然天性，迈进了自私自利的人性时代。

天性是天地造人的时候给人的初始设定，人性是人为了适应环境变化人为产生的。商鞅讲的"当此时也，民务胜而力征"，说的就是物资匮乏时代的人性。

物资匮乏，引发生存危机，导致了人与人之间对生存物资的争夺。发生了争斗，没有一个正确的准则来解决，那社会就会陷入无休止的混乱，人们就没法过正常生活。所以有道德的贤人确立了公正的标准，设定了无私的导向。这时候人性的无私和当初天性的无私还是有区别的，天性无私是心里本来就没有私，人性无私是心里有私，但是都被社会规则压制住了。

人类是社会性群居，不可能没有规矩和准则来维持社会秩序，当天性的准则失效的时候，就要发明人性的准则来维护社会秩序不崩溃。发明人性的准则就是模拟天性的准则，物资匮乏时大家就要共渡难关，分配的时候先保证整体的生存，有能力的人要有无私奉献精神，不能为了自己私利不顾他人，而是要把自己的一部分食物分给需要的弱者。

这样的原则确立之后，社会秩序又稳定了下来，因此人们喜欢"仁爱"这一准则。此时只爱自己亲人的狭隘思想被废除了，崇尚有才德之人的思想被确立了。有才德的人把自身高于普通人的能力当作一种责任，把普通人组织起来发展生产，用集体的力量解决物资匮乏的问题。

在中国传统文化里，人文都是模拟天文的，父母天性本来就是爱护孩子的，所以人性的规矩也是父母要爱护孩子，孩子的天性本来就是孝顺父母的，所以人性的规矩也是孩子要孝顺父母。区别就是，天性是自然而为之，但人性则是刻意而为之。

原文

凡仁者以爱利为务，而贤者以相出为道。民众而无制，久而相出为道，则有乱。故圣人承之，作为土地、货财、男女之分。分定而无制，不可，故立禁；禁立而莫之司，不可，故立官；官设而莫之一，不可，故立君。既立君，则上贤废而贵贵立矣。

译文

凡是讲仁爱的人，都把爱护他人当作自己的本分，而贤德的人把推举贤人当作自己的处世原则。人口众多而没有制度，长期把推举贤人作为治理准则，就会发生混乱。所以，圣人按照这种情况，制定了关于土地、财货、男女等的归属权，按照贡献大小来分配多少。归属的名分确定了之后，不能制约不守规矩的人也不行，因此设立法令，规定哪些事不能做。设立法令没有人来主持管理也不行，因此又设立了官职；官吏有了而没有人统一领导也不行，所以设立了君主。君主确立了之后崇尚贤德的思想就废除了，而尊重权贵的思想又树立了起来。

青云说

怎么才能压制人性的自私，本质上也是一种斗争，这种斗争随着社会发展中出现的新事物新情况越来越多而变得越来越复杂，随之产生了庞大的君、臣、民三级管理体系。这个体系建立之后，又产生了权力斗争，权力意味着财富分配权，人们开始崇尚有权力的人。

原文

然则上世亲亲而爱私,中世上贤而说仁,下世贵贵而尊官。上贤者以道相出也,而立君者使贤无用也。亲亲者以私为道也,而中正者使私无行也。此三者非事相反也,民道弊而所重易也,世事变而行道异也。故曰:王道有绳。

译文

如此看来,远古时代人们爱自己的亲人而喜欢私利,中古时代人们推崇贤人而喜欢仁爱,近世人们的思想是推崇权贵而尊重官吏。崇尚贤德的人所遵循的原则是推举出最贤能的人,可是设立了君主的地位,崇尚贤人的准则就没有用了。亲近亲人,是以自私自利为原则,而奉行公平公正之道,使自私自利行不通了。这三个不同时代,并非做的事互相违背,而是人们原来遵循的规则不再适应新的现实条件,所以人们原来重视的东西也改变了,社会形势变了,人们做事的方法也就不一样了。所以说:君主治国是有固定准则的。

青云说

"从善如登,从恶如崩"。当人从天性中跳出来就再也回不去了,就好比水被污染很容易,要想把水恢复到污染前的清澈就很难了。治理思想污染比治理水污染还要困难千倍万倍,在这个过程中,只能不停地遇到新问题,解决新问题。这其中的关键就是要通权达变,顺应新变化,制定新方法。

原文

夫王道一端,而臣道亦一端,所道则异,而所绳则一也。故曰:民愚,则知可以王;世知,则力可以王。民愚,则力有余而知不足;世知,则巧有余而力不足。民之生:不知则学,力尽而服。故神农教耕而王天下,师其知也;汤、武致强而征诸侯,服其力也。夫民愚,不怀知而问;世知,无余力而服。故以知王天下者并刑,以力征诸侯者退德。

译文

国君治国的手段是一个方面,臣子治国的手段是另一个方面,他们使用的方法尽管不同,但所遵循的准则是相同的。因此说:民众愚昧,有智慧的人就能够统治天下;世上的人都有智慧,有实力的人就能够统治天下。民众愚昧,是力量有余而智慧不够;世人都有智慧,是灵巧有余而实力不够。人们的性情是:没有知识就要学习,力量用完了才肯屈服。因此神农教人们种田而统一了天下,这是因为人们要学他的智慧。商汤、周武使国家强盛从而征服了诸侯,是诸侯屈服于他们的力量。人们无知,没有知识,就要向别人求教;世人有智慧,但是没有足够的力量,就得屈服于别人。因此,靠智慧统一天下的人废除刑罚,凭实力征服诸侯的人丢弃德教。

青云说

君主和大臣治国时所遵循的同一准则是什么呢?就是让天下太平,让人民安居乐业。"民愚,则力有余而知不足;世知,则巧有余而力不足",这两句话讲的是公平与效率的问题,如果让老百姓都很淳朴,不让他们掌握取巧的方法,那么社会效率就无法提升;如果让老百姓都学会取巧提升社会效率了,他们又容易把取巧滥用做损人利己的事情,那么公平就下降了。

"物无美恶,过则为灾",什么东西都怕过度了。发明水车浇地属于投机取巧,用牛犁田属于投机取巧,这是发挥正面作用的。但是一旦放开投机取巧的智慧闸门,不是所有人都能正确运用智慧。为了提高生产效率解决人的生存问题,圣人教会了百姓使用智慧,结果却引发了错误使用智慧的问题。

就好比刀一样,可以用来切菜,也可以用来杀人,没有刀也就不会有用刀杀人这回事,但是也不会有切菜的方便,为了切菜的方便发明了刀,用刀杀人的现象也就出现了。所以老子说要"绝圣弃智",这是从源头上解决问题,但是人们那时候都想着用刀切菜很方便,眼光看不到会出现用刀杀人的后果。

老百姓活着，不懂的就会去学习，打不过的就会屈服，所以神农教会人们从事农业生产而称王天下，这是因为人们都要跟着他学习种地才能过好日子，所以都臣服神农。商汤和周武王发展了强大的实力而征服了诸侯，这是因为诸侯打不过他们，所以屈服于他们的实力。

民众愚笨，心中没有知识，就要向别人请教；世人聪明，可是力竭之时就会屈服。所以靠智慧称王天下的就会抛弃刑罚，用实力来征服诸侯的人就不用德政教化民众。在这里商鞅是说对狡诈之民不可用德，而不是对淳朴之民不可用德，不同的人要用不同的方法，不能一刀切。

原文

圣人不法古，不修今。法古则后于时，修今则塞于势。周不法商，夏不法虞。三代异势，而皆可以王。故兴王有道，而持之异理。武王逆取而贵顺，争天下而上让。其取之以力，持之以义。今世强国事兼并，弱国务力守，上不及虞、夏之时，而下不脩汤、武。汤、武之道塞，故万乘莫不战，千乘莫不守。此道之塞久矣，而世主莫之能废也，故三代不四。非明主莫有能听也，今日愿启之以效。

译文

圣人不效法古代，也不拘守现状。效法古代就会落后于时代，拘泥于现状就会被社会形势阻碍。周朝不效法商朝，夏朝不效法虞舜时代。三代统治方式不同，却都能够称王天下。所以建立王业有一定的方法原则，而守住王业的方法却不相同。周武王靠反叛的方法夺取政权，却又以推崇顺从君主的原则来治理国家，以武力夺取天下，又崇尚谦让的仁德思想。周武王夺取天下靠的是暴力，守天下靠的却是仁义。现在强国致力于用武力兼并别国，弱国则是尽力防守，往上说赶不上虞、夏两个时代，往下说不遵循商汤、周武王的治国原则。商汤、周武王统一天下的方法被抛弃了，所以万乘之国没有不打仗的，千乘之国没有不防守的。商汤、周武王统一天下的方法已经被堵塞很久了，可现在的君主没有谁能开启这些方法，因此，没有出现第四个像夏、商、周三代那样的朝代。不是英明的君主不能听进去我的这番话，今天我愿意用实际效果来说明这个道理。

> **青云说**

这一段就是本章的主旨，"开塞"，就是要重新开启统一天下的方法。法家思想的精髓就是通权达变，根据现实条件的变化因时制宜解决现实社会问题。如果说治国就是去强扶弱、维护社会公平正义的话，法家思想就是通过强力手段消灭坏人的存量，儒家思想就是通过礼制教育减少坏人的增量。也就是说，法家思想用于事后补救，让坏人消失；儒家思想用于事前预防，让坏人不要出现。如果儒家思想的说教没有阻止坏人出现，那么就要用法家思想消灭出现的坏人。两者没有好坏之分，只是在不同情况下当政者采用的不同理政方法。

> **原文**

古之民朴以厚，今之民巧以伪。故效于古者，先德而治；效于今者，前刑而法。此俗之所惑也。今世之所谓义者，将立民之所好，而废其所恶。此其所谓不义者，将立民之所恶，而废其所乐也。二者名贸实易，不可不察也。立民之所乐，则民伤其所恶；立民之所恶，则民安其所乐。

> **译文**

古代的民众淳朴而厚道，现在的人巧诈而虚伪。因此，在古代有效的方法，是把德教摆在首位，实行德治；如今有效的方法，则是把刑罚放在前面，推行法治。这一点是世俗之人不能理解的。如今人们所说的义，是指确立人们所喜欢的东西，废除人们所讨厌的东西。他们所说的不义，是指确立人们所讨厌的东西，废除人们所喜欢的东西。可见，义和不义，名称和本质都颠倒了，应当颠倒过来，这是不能不弄明白的。实际上，确立人们所喜欢的东西，结果人们要受害于他们所讨厌的东西；确立人们所讨厌的东西，结果人们却能享受到他们所喜欢的东西。

> **青云说**

现在秦国的百姓喜欢什么呢？喜欢投机取巧不劳而获。现在百姓厌恶什么呢？厌恶劳动生产为国作战。顺从民意的前提是民意正确，民意不正确就不能顺从，所以说一定得具体问题具体分析，不能不分对错没有原则。

那些不顺从错误风气的人，就成了社会上所说的不义之人，比如商鞅这样的。他们建立百姓厌恶的法治制度，废除百姓所喜欢的特权。只能通过劳动不怕苦、作战不怕死才能获得富贵，是百姓厌恶的；可以投机取巧不劳而获，是百姓喜欢的。但是只有建立百姓厌恶的，劳动不怕苦、作战不怕死，国家才能富强，百姓也才能真正过上好日子。

因此，确立民众所喜欢的不劳而获制度，那么民众就会被不劳而获的人伤害，结果是民众劳而无获；确立民众所讨厌的劳动才能致富制度，那民众就不会被投机取巧的人掠夺，结果就是劳有所获。也就是说，人们认为仁义的举动，结果带来的是更大的伤害。人们认为不仁义的举动，结果带来的是长久的公平。

所以说，仁义是有大仁义和小仁义的区别的，为了眼前利益牺牲长远利益就是小仁义，为了长远利益牺牲短期利益就是大仁义。溺爱孩子，孩子会喜欢，但这是小爱；严格管教孩子，孩子不喜欢，但这是大爱。损公肥私，亲友沾了光是小仁义；大公无私，亲友沾不到光才是大仁义。

原文

何以知其然也？夫民忧则思，思则出度；乐则淫，淫则生佚。故以刑治，则民威；民威，则无奸；无奸，则民安其所乐。以义教，则民纵；民纵，则乱；乱，则民伤其所恶。吾所谓刑者，义之本也；而世所谓义者，暴之道也。夫正民者，以其所恶，必终其所好；以其所好，必败其所恶。

译文

怎么知道是这样呢？人忧虑的时候就会思考，思考就产生了什么该做什么不该做的准则；人享乐的时候就会放纵，放纵了就会产生好逸恶劳的思想。因此用刑罚治理，百姓就会畏惧；百姓畏惧，就不会做犯法的事；没有人做犯法的事，民众就可以享受他们的安乐了。用仁义来教化，百姓就会放纵；百姓放纵就会作乱，百姓作乱就会受到刑罚；而刑罚恰恰是他们厌恶的。可见，我所说的刑罚，是义的实质；而世间所说的义，却是暴乱的来源。治理民众的人，如果用民众所讨厌的东西去治理，结果民众一定得到他们所喜好的东西；如果用民众喜欢的东西去治理，结果民众一定被他们所讨厌的东西伤害。

青云说

财富是百姓喜欢的东西，劳动是百姓不喜欢的东西，百姓喜欢不劳而获，但是大家都不劳动，财富从哪里来呢？所以说，严管才是厚爱，溺爱就是伤害。太多人的脑子绕不过这个弯来，为了虚伪的仁义犯下大错。什么是虚伪的仁义？就是对懒惰和投机取巧不劳而获的包容。

如果创造财富的人过的日子不如不劳而获的人过的日子好，社会就要乱了。真理之所以是真理，就在于它不以人的主观意志为转移，但是现在的人主观想法太多，总觉得人有自由意志，可以想怎么干就怎么干，结果就是事与愿违，不停地碰壁，屡屡头破血流，还是抱着各种偏见不放手。

商鞅所说的刑罚，就是仁义的根本，因为消灭不了坏人就不可能保护好人，保护不了好人谈何仁义？而当时的世人秉持的所谓仁义，带来的是坏人的变本加厉，因为对坏人宽容，就是助长坏人的嚣张气焰。治理民众，如果用他们所讨厌的刑罚去治理，最终民众一定能得到他们喜欢的仁义；如果用他们所喜欢的仁义来治理，民众一定受害于他们所讨厌的刑罚。

如果不事先申明立场就说商鞅冷酷无情是没有意义的，说商鞅冷酷无情的人必须先说明一下，商鞅到底是对谁冷酷无情。如果商鞅对所有人都冷酷无情，为什么他获得了秦国大多数人的支持，凝聚了秦国的力量，让秦国走向了强大？

原文

治国刑多而赏少。故王者刑九而赏一，削国赏九而刑一。夫过有厚薄，则刑有轻重；善有大小，则赏有多少。此二者，世之常用也。刑加于罪所终，则奸不去；赏施于民所义，则过不止。刑不能去奸而赏不能止过者，必乱。

译文

治理得好的国家，刑罚多而赏赐少。所以成就王业的国家，刑罚有九分，赏赐有一分。政治混乱削弱的国家，赏赐有九分，刑罚有一分。

人的罪过有大有小，所以朝廷的刑罚有重有轻；人的善行有大有小，所以朝廷的赏赐有多有少。这两项是世人常用的法则。但是刑罚只是事后惩罚，而不是事前预防，就无法彻底消灭奸邪。赏赐用在人民所认为的"义"上面，那么犯罪的事就不能杜绝。刑罚不能除去奸邪，赏赐不能遏止罪过，国家必乱。

青云说

也就是说，刑罚要面向容易犯错的大多数人，赏赐要面向能够立大功的极少数人。如果刑罚很轻，让犯罪的代价不足以震慑人心，肯定就会有人铤而走险。刑罚虽然很轻但是不停有人受到刑罚，这样刑罚就沦为了事后惩罚的工具。商鞅认为，事后惩罚不是刑罚的目的，刑罚的目的是杜绝犯罪，从而没有人受到刑罚。刑罚足够严酷，让犯罪的代价不可承受，人们才不敢铤而走险。这样的话，刑罚虽然严酷却没有人受到刑罚。

赏赐则不能滥用，如果是做了本来就该做的平常事还给赏赐，那么谁还会有动力去做重大贡献争相立功呢？做一些简单的事就能得到赏赐，犯错的惩罚又很轻，那么有些奸邪之徒就不会在乎多犯错了。如果刑罚不能除去奸邪，赏赐不能遏止犯错，国家必乱。

原文

故王者刑用于将过，则大邪不生；赏施于告奸，则细过不失。治民能使大邪不生，细过不失，则国治。国治必强。一国行之，境内独治。二国行之，兵则少寝。天下行之，至德复立。此吾以杀刑之反于德而义合于暴也。

译文

因此，成就王业的国君，把刑罚用在百姓将要犯罪的时候，所以大奸大恶者才不会产生；把赏赐用在告发犯罪方面，所以小的罪过也不会漏网。治理百姓能够使大的奸邪不产生，使小的罪过不漏网，国家就治理好了。国家治理好了，就必定强大。一个国家这样做，就会成为那个唯一治理好的国家。两个国家这样做，互不侵犯，战争就会减少或者平息。天下都这样做，最高的道德就会重新建立起来。所以我认为，杀戮、刑罚能够让社会归于道德，而仁义反倒会让社会陷于残暴。

青云说

要将犯罪消灭在萌芽状态。怎么才能将其消灭在萌芽状态呢？商鞅认为那就是设立举报制度，让所有人的眼睛都成为监控摄像头，第一时间发现犯罪苗头，及时予以制止。现在的人一看到"告密"两个字就感到不舒服，从来不具体问题具体分析，正确看待告密，一个遵纪守法的好人，会有什么罪行让人举报呢？

商鞅"告奸"两个字用得特别好，"告奸"是让人举报犯罪，不是让人出卖朋友。在商鞅看来，"告奸"和"连坐"制度是预防犯罪的两大法宝，这才是真正的群防群治，让群众的眼睛变得雪亮。一个人犯罪，家属会事前不知道吗？事前知道却不制止就是共犯，共犯被连坐有错吗？

很多人会说，坏人会利用这个连坐制度枉杀好人，那时候连坐就太惨了，所以要取消这个制度。这个不是制度的原因，这是人的原因，没有连坐制度坏人也会搞株连。

杀戮、刑罚的目的是把坏人消灭光，这样的话坏事就没有了发生的土壤，社会上全是好人了，道德社会就会重新建立起来。商鞅显然不是反对真的仁义，而是反对包庇坏人纵容坏事的假仁假义。

原文

古者民蒙生而群处，乱，故求有上也。然则天下之乐有上也，将以为治也。今有主而无法，其害与无主同；有法不胜其乱，与无法同。天下不安无君，而乐胜其法，则举世以为惑也。夫利天下之民者莫大于治，而治莫康于立君。立君之道莫广于胜法，胜法之务莫急于去奸，去奸之本莫深于严刑。故王者以赏禁，以刑劝。求过不求善，藉刑以去刑。

译文

古代人们聚集在一起群居，秩序混乱，所以要求有首领。如此看来，天下的人之所以愿意有首领，是为了追求天下安定。现在有君主而没有法规，它的危害程度和没有君主是一样的；有了法规却不能制止混乱，

第七章·开塞

和没有法规是一样的。天下的人都不希望没有国君，却又不遵守他制定的法规，天下人都为此感到疑惑。对天下百姓来说，没有什么比国家长治久安更有利了，要想实现国家长治久安，没有什么比确立一个英明的君主更重要了。君主治理国家，没有什么比推行法治更有意义了，推行法治要努力做到的，没有什么比消灭邪恶更紧迫了。消灭邪恶的根本，没有什么比严酷的刑罚更管用了。因此王者用奖赏来制止人们犯罪，用刑罚来劝导人们守法。宁可矫枉过正也不姑息放纵，依靠刑罚来消灭刑罚。

青云说

人类只要选择群居，就必须要有一个领导，否则就无法形成共识，没有共识就不可能有安定的社会秩序。这个领导只会在不同的历史阶段有不一样的称号，享受不一样的待遇，这都是变化的表象，但是这样一个领头人，是永远不可或缺的，这是不变的本质。

王者用奖赏举报的方法来杜绝犯罪，以严刑来震慑人的犯罪冲动，让人严格遵守法律。王者追求的是让法律足够严酷从而产生震慑力，不追求容忍犯罪分子的虚伪善良。严酷刑罚的震慑力要足以阻止人去犯罪，没人犯罪，也就没有人受到严酷刑罚的伤害了。

要实现这个目标，爱心泛滥的妇人之仁是不可以的，只有用严酷的刑罚才可以。矫枉必须过正，不过正不足以矫枉，说的也是这个道理。刑罚严酷是手段，不是目的，目的是阻止人去犯罪。宁可矫枉过正也不姑息放纵，压制人的犯罪念头，避免有人犯罪受到刑罚，这就叫"求过不求善，藉刑以去刑"。

在商鞅的顶层设计中，严酷的刑罚最终就是一个吓人的摆设，没人敢去以身试法，这才是法治要实现的目标。那些把刑罚搞得不痛不痒，甚至在法律里设置后门，故意诱导人去违法，然后钓鱼执法的，就是把法治玩成了害人的东西。

第八章

壹言

导读

做任何事都必须要先取得共识，政令统一，才能团结一致，把事情做成，这就是"壹言"。如果各有各的想法，令出多门各自为政，就会互相掣肘，事情就不可能干好。

说话做事，应该先分对错，错的要全部剔除，把意见都统一到对的上来，也就是走正道，禁邪道。不知道正道，就会把邪道当正道，这就是我们常说的"天下无道"。天下有道国必兴，因为走的是正道。天下无道国必亡，因为走的是邪道。

原文

凡将立国，制度不可不察也，治法不可不慎也，国务不可不谨也，事本不可不抟也。制度时，则国俗可化，而民从制；治法明，则官无邪；国务壹，则民应用；事本抟，则民喜农而乐战。夫圣人之立法化俗，而使民朝夕从事于农也，不可不知也。夫民之从事死制也，以上之设荣名、置赏罚之明也，不用辩说私门而功立矣。

译文

凡是要建立国家，制定法度的时候不能不仔细考虑，研究具体法律条款的时候一定要小心翼翼不可随意，依法处理国家政务的时候一定要郑重小心不可偏颇，鼓励发展作为国家根本之业的农战，一定要集中力量不可分散。国家制度顶层设计适应时代发展的要求，那么国家落后的风俗就可以改变，百姓就会服从制度。法律体系完善清明并且严格落实，官员就不会投机钻营腐化堕落。国家的政务统一，那么民众就服从国家

第八章·壹言

调用。集中力量鼓励发展农战，百姓就会喜欢农耕愿意为国作战。圣人要想通过建立法治而改变风俗，来让百姓从早到晚从事农耕，这是不能不搞清楚的。民众之所以肯为国家拼死效力，那是因为君主在朝中设立了荣誉和爵位，设置了明确的奖赏和惩罚的制度，民众不用靠空谈、请托私人门路便能建功立业。

青云说

社会秩序是从上往下传导的，国家的最高层制定了什么样的规则，社会风气就会在这个规则下呈现出什么面貌。为人民服务的规则就会塑造出一个风清气正的社会，为权贵服务的规则就会塑造出一个乌烟瘴气的社会。正因为顶层设计如此重要，商鞅才认为制定规则不可随意，一定要有前瞻性，并且谨慎为之。

所以说，如果国家顶层设计的取向不是严厉打击投机取巧，总有人不劳而获还能风光无限，那么所有人的私心都会蠢蠢欲动，就不会再有人专心研究怎么把事情做好，而是转而研究不做事还能发达的捷径。这种不劳而获的取向只要稍有放纵，就会有人钻空子，有人钻成了空子就会有人效尤，接下来就会蔓延泛滥形成不良的社会风气。

原文

故民之喜农而乐战也，见上之尊农战之士，而下辩说技艺之民，而贱游学之人也。故民壹务，其家必富，而身显于国。上开公利而塞私门，以致民力；私劳不显于国，私门不请于君。若此而功臣劝，则上令行而荒草辟，淫民止而奸无萌。治国能抟民力而壹民务者，强；能事本而禁末者，富。

译文

百姓之所以喜欢农耕乐于为国作战，是因为看到君主尊重农战之士，轻视辩说技艺之民，把游手好闲不务正业的人看作地位低下的人。百姓都专心从事农战，家庭必然富裕，自己在国家也有显贵的地位。君主打开百姓为国家出力的门路，而堵住为权贵效命的行私请托的门路，用这种办法让民众的力量全部发挥出来；为私人效力不能在国家中显达，私人也不能在君主面前请托。如果这样，为国家立功的人就会得到勉励，那么君主的命令就能得到推行而荒地就能得到开垦了，四处游荡的民众就会停止，邪恶的犯罪现象也就不会发生。治理国家能凝聚民众的力量专心从事农战，国家就会强大；能使民众从事农战，禁止商业和手工业，国家就会富足。

青云说

"末"即"末业"，主要指那些和投机取巧不劳而获相关的行业。这里讲的禁止末业，是说商业流通的权力要掌控在国家手里，禁止私人参与。所以私人从事商业的人相当于货物搬运工，只能赚到和劳动相关的收入，商品的差价属于国家收入，应取之于民用之于民。

手工业也限定在民生领域，不能搞花里胡哨的奢侈品。太过精巧无益于提升使用价值，只会让人萌生攀比之风，沉溺于奢靡享乐，这些东西就是我们现在常说的"糖衣炮弹"。商鞅禁止的不是做锄头镰刀的手工业，而是禁止奢侈品产业。

很多人可能会觉得凭啥不让人享受，这是侵犯他人的人权。因为这种享受是建立在不劳而获的基础上的。试想，一个靠劳动吃饭的人有可能买得起几十万的包吗？就算买得起，他会舍得去买吗？只有不劳而获的权贵阶层才有可能消费得起，也才有可能舍得去消费。

在商鞅看来，奢侈享乐之风从源头上就要杜绝。等到形成了这样的社会风气再去治理，成本和代价就会非常大。事后治理永远不如事前预防。所以，他提出"禁末"。

原文

夫圣人之治国也，能抟力，能杀力。制度察则民力抟，抟而不化则不行，行而无富则生乱。故治国者，其抟力也，以富国强兵也；其杀力也，以事敌劝民也。夫开而不塞，则知长；长而不攻，则有奸。塞而不开，则民浑；浑而不用，则力多；力多而不攻，则有虱。

译文

圣明的君主治国，能把百姓的力量凝聚起来，也能把百姓的力量用到正确的地方。法度制定得周密，百姓的力量就能凝聚起来，力量凝聚起来却不加以使用，农战制度就得不到推行。农战制度推行了却没有让百姓富裕起来，就会生乱。因此，治理国家，集中民众的力量，是用来富国强兵；使用民众的力量，是用来激励民众对外作战立功。如果国君只打开为国出力受赏的门路而不堵住为私人效力请托的门路，那么民众的想法就会增加；民众的想法多了而不攻打敌国，那么就会产生邪恶。堵住私人门路而不打开为国家出力受赏的门路，那么民众就会愚昧；民众愚昧又不被使用，那么民众的力量就会增长；民众的力量增长又不攻打敌国，那么就会产生虱害。

青云说

这就是我们俗话说的会赚钱还得会花钱，"抟力"就好比赚钱，"杀力"就好比花钱。"抟力"创造财富，是为了富国强兵；"杀力"使用财富，是为了抵抗外敌勉励百姓。但是，有些人"抟力"创造财富，是为了上富豪榜；"杀力"使用财富，是为了纵欲挥霍。如果一个社会不是崇尚富国强兵的英雄模范，而是崇尚穷奢极欲的超级富豪，对各种奢侈浪费、纵欲挥霍的现象不是深恶痛绝而是心生艳羡，说明这个社会已经病入膏肓了。

如果国君只打开为国出力受赏的门路，而不堵住为私人效力请托的门路，那么民众投机取巧的想法就会滋长，这就是"开而不塞，则知长"。民众投机取巧的想法滋长而不加以矫正，那么就会产生奸诈邪恶的人，这就是"长而不攻，则有奸"。

堵住为私人效力的门路而不打开国家出力受赏的门路，那么民众就会糊涂不明事理，这就是"塞而不开，则民浑"。民众糊涂，不明事理又不被使用，那么民众的力量就无处用，这就是"浑而不用，则力多"。民众的力量无处使用，又不去矫正这些错误做法，那么就会产生游手好闲不务正业的人，这就是"力多而不攻，则有虱"。

给社会治病和给人治病的道理是一样的，扶正和祛邪都得做。开公门就是扶正，塞私门就是祛邪。只扶正不祛邪，有了抵抗力也会不断受到疾病的攻击；只祛邪不扶正，对疾病的攻击就会没有抵抗力，这两种情况显然都不会让身体保持健康状态。正确的做法是扶正、祛邪两手都要抓，两手都要硬。

原文

故抟力以壹务也，杀力以攻敌也。治国者贵民壹，民壹则朴，朴则农，农则易勤，勤则富。富者废之以爵，不淫；淫者废之以刑，而务农。故能抟力而不能用者必乱，能杀力而不能抟者必亡。故明君知齐二者，其国强；不知齐二者，其国削。

译文

所以集中民众的力量用于专心务农，使用民众的力量用来攻击敌人。治理国家贵在使民众努力的方向一致，民众专一就会淳朴，淳朴就会务农，民众务农就会变得勤劳，勤劳就会富裕。让富人用钱买官爵，消耗他们的财产，他们就不会放纵欲望；放纵欲望的人就要对他们施以刑罚，让他们去务农。所以，能凝聚国力而不能使用国力的国家一定会乱，能使用国力而不能凝聚国力的国家一定灭亡。因此君主知道抟力和杀力这两个方面同等重要，国家就会强大；君主不知道两手都要抓而是偏于一方面，这个国家就会被削弱。

青云说

为什么一看到商鞅让人安心待在土地上务农就有人不高兴呢？因为他们把自己代入到那个场景中了，他们都不想务农，所以他们接受不了商鞅的这种政策。问题是，大家都不务农都不劳动，吃的喝的用的那些东西难道是从天上掉下来的吗？

一个人不劳动就有吃的喝的用的，说明他占有了别人的劳动果实，他生活的滋润都是以别人的生活变得艰难为代价换来的。商鞅不允许这种事情发生，所以商鞅强制规定了要么通过体力劳动去创造财富，要么通过脑力劳动帮助体力劳动者提高创造财富的效率，要么勇敢作战保卫财富。劳动致富的好处是大家不会挥霍乱花钱，因为都是用血汗换来的。

有人通过各种投机取巧的手段积累了巨额的财富怎么办？有钱不可怕，不会花钱才可怕，这样的钱来得又快又多又容易，又有几个人能够节制自己的欲望呢？所以挥霍起来毫无尺度，社会风气就会被败坏。因此，商鞅认为要想办法把多余的钱从富人手里收回来，让他们无从挥霍。

怎么收回呢？"富者废之以爵"，也就是让富者用钱买爵位，爵位只有虚名没有实权，通过提高他们的社会地位来收回他们多余的财富。为什么在中国古代很长一段时期里都把商人列为末等的阶层呢？一个原因是他们赚的大都是投机取巧的钱，另一个原因是只有他们的社会地位足够低，才肯花钱买官提高自己的社会地位。

商人牟取暴利，是利用信息差，既然是为了赚钱，就会在丰收的时候尽量压低价格，在饥荒的时候尽量抬高价格，搞的是两头通吃的买卖。如果是国家来做这件事，就是丰收的时候正常价收购，饥荒的时候正常价卖出，这样才能保证百姓的利益。两者的区别是一个把国家搞乱了，一个把国家搞好了。

收回商人投机得来的财富，同时也要学习商人利润最大化的头脑，爵位的成本是零，价格又昂贵，满足的是商人的精神需求，这种挥霍对社会风气的影响是正面的。如果是用物质的东西来回收财富，一个是成本高，再就是会滋生过分追求物质享受的歪风邪气。

原文

夫民之不治者，君道卑也；法之不明者，君长乱也。故明君不道卑、不长乱也。秉权而立，垂法而治，以得奸于上，而官无不；赏罚断，而器用有度。若此，则国制明而民力竭，上爵尊而伦徒举。今世主皆欲治民，而助之以乱。非乐以为乱也，安其故而不窥于时也。

译文

民众不服从统治，这是因为君主的治国方法不高明。国家的法规不能严格执行，那是因为君主助长了动乱。所以英明的君主不能采用平庸的统治措施，不能助长动乱。国君掌握大权主持朝政，根据法律治理国家，在朝堂上就能发现奸邪之人，官吏也就没有邪恶的行为。奖赏刑罚都能决断有据，做出的各种器物有一定的规矩。这样的话，国家的制度清晰明了，而民众也能够奉献全部力量，君主设置的爵位尊贵，而民众也都能被任用在合适的位置上。现在列国的君主都想要治理好民众，做的事却滋长了动乱。并不是他们乐于让民众乱，而是因为他们固守过去的陈规旧习，没有弄清楚当前的形势。

青云说

个人的力量永远低于组织的力量，要想干大事，必须先把人组织起来。只要有组织，就要有领导者，这不以人的主观意志为转移。领导者的能力决定了这个组织的能力，这也不以人的主观意志为转移。"火车跑得快，全凭车头带。""兵熊熊一个，将熊熊一窝。"这些俗语都是在说明这个道理。

一个国家之所以会乱，无非有两个原因，一是君主没有掌控权力，名为君主而事实上地位低下，正确的治国方略推行不下去，这是"君道卑"。二是君主掌控了权力，但是却使用错误的治国方略来管理国家，这是"君长乱"。只有君主掌控了权力，还能用正确的治国方略来管理国家，这个国家才会太平强盛。

国家长治久安，这是君主管理国家的水平高。很多人又要说了，这是封建独裁思想，不是民主思想。真正的民主是人民当家做主，也就是商鞅在《说民》那一章中所说的"器用断于家"。但是谁来保障群众能够当家做主呢？群众还是需要自己的领袖才行。领袖和群众是左腿和右腿的关系，没有谁更重要，少了谁都跑不起来。

那些把君主和百姓对立起来的人，是对社会组织运行缺乏最起码的认知，两者是互为依靠的关系。在古代，百姓不是不需要君主，而是需要好君主；君主不是不需要百姓，而是需要好百姓。即便是遇到坏君主百姓要造反，也得先给自己的组织选一个好带头人，否则就不可能成功。在古代，只有君道明，才能形成良好的社会秩序。

原文

是上法古而得其塞，下修今而不时移，而不明世俗之变，不察治民之情。故多赏以致刑，轻刑以去赏。夫上设刑而民不服，赏匮而奸益多。故民之于上也，先刑而后赏。故圣人之为国也，不法古不修今，因世而为之治，度俗而为之法。故法不察民之情而立之，则不成；治宜于时行之，则不干。故圣王之治也，慎法、察务，归心于壹而已矣。

译文

这样的话,他们向上效法古代却在今天行不通,向下拘泥于现状却赶不上时代的发展,不明白社会风俗的变化,不了解治理民众的实际情况,所以滥用奖赏反而让人无视规矩招致了刑罚,刑罚力度太小又使奖赏失去了效果。君主设立了刑罚,民众却不顺从,奖赏的钱用尽了,奸邪犯罪的事却越来越多。所以民众对于国君,都是先接受刑罚的约束而后受到奖赏。因此,圣明的君主治理国家,不效法古代,不拘守现状,而是根据社会发展的具体情况来制定适宜的政策,考察当下的社会风俗来制定法令。假如不考察民众的具体情况就制定法律,法治就不会成功;法律适应当时的形势再去推行,就不会被抵触。所以英明的君主治理国家,一定要慎重立法、考察时势,把精力都集中在农战上,如此而已罢了。

青云说

滥赏就是给不怕犯错的人提供资本,因为犯错的成本很容易就能通过君主的滥赏收回来。轻刑就是给不珍惜赏赐的人提供资本,因为通过犯罪获得的收入很容易就能多过君主的惩罚。

赏罚对于一个领导者来说,是掌控下属的有力抓手,能不能用好赏罚,直接决定了下属是不是能够做到令出必行。现在困扰很多领导者的问题,比如规章制度形同虚设,处罚最终因为法不责众而失去作用;比如物质奖励调动不起员工的积极性,奖励最终因为无人争取而失去效果。这都是因为对赏罚的错误运用造成的,而对赏罚的错误运用,则都是因为对赏罚的错误理解造成的。

能赏能不赏的都赏,能罚能不罚的都不罚,让赏和罚都失去了严肃性,很多人却错误地认为这是对员工的人性化,员工应该感激才对,这就是对赏罚的错误理解,结果就是商鞅说的"多赏以致刑,轻刑以去赏"。正确的做法应该是先刑而后赏,也就是必须让员工先做到不该做的坚决不做,然后再做到应该做的做到最好。做了不该做的要重罚,该做的做到最好了要重赏。

为什么一定要这样才可以呢?因为这是人性决定的。"法不察民之情而立之，则不成"，就是说制定规章制度要看当时人民的性情到底是什么样子的，认为犯了错不处罚，人民就会心存感激不再犯错，这就是脱离实际的不通人情，这样自觉的人太少了，制定规则的时候不能按照这种凤毛麟角的人的人性来设计。只有尊重现实，制定出来的规则才会把人民管理好。"治宜于时而行之，则不干"，这里的"干"，就是流于形式的意思。也就是说，不脱离现实的管理方式才不会流于形式。

·第八章·壹言

第九章 错法

导读

"错",通"措","错法"就是制定法律。社会之所以需要制定法律,目的是惩恶扬善,也就是用强制的手段禁止人们去做不该做的事,做了不该做的事情就要受到惩罚;用鼓励的手段让人们去做应该做的事,做了应该做的事情有了功劳就会获得奖赏。

商鞅认为,建立法度的根本出发点是奖罚分明,任用和赏赐一定根据其人的功劳,而不是出于私人的意志。君主应该用赏和罚来控制民众的思想行动,让他们甘心为国效力。

原文

臣闻:古之明君,错法而民无邪;举事而材自练;行赏而兵强。此三者治之本也。夫错法而民无邪者,法明而民利之也。举事而材自练者,功分明;功分明则民尽力,民尽力则材自练。行赏而兵强者,爵禄之谓也。爵禄者,兵之实也。是故人君之出爵禄也,道明。道明,则国日强;道幽,则国日削。

译文

臣听说:古时候的明君,制定了法律,民众就不会做违法乱纪的事情;施行政事,人才自然就干练;推行奖罚政策,军队就会勇敢作战变得强大。这三者,是把国家治理好的根本。君主建立法度民众没有邪恶的行为,是因为国家法律清晰明了,百姓知道法律是保护自己的,是对自己有利的。施行政事人才干练,是因为按功分配,有多大功劳就有多大回报。有多大功劳就有多大回报,百姓为了立大功就会竭尽全力,百姓竭尽全力人才自然干练。推行奖励政策军队就会强大,是指爵禄而言的。爵禄,是军队战斗力的真正来源。所以君主施行有多大功劳享受多大爵禄的政策,获取爵禄的途径公开公平公正。获取爵禄的途径公开公平公正,国家就会越来越强大。获取爵禄的途径不公开公平公正,国家就会越来越削弱。

青云说

为什么会"民无邪"呢?因为百姓知道违法了一定会受到惩罚;什么是"材自练"呢?就是自我学习,自我加压,自我成长。"材自练"是一种积极主动作为的状态,而不是由君主在后面推动着的被动作为。为什么会"兵强"呢?因为士兵知道杀敌立功了一定会得到奖赏。

百姓劳动的积极性,来自于多劳之后的多得;官吏立功的热情,来自于大功之后的显贵;士兵杀敌的勇猛,来自于胜利之后的奖赏。这就是君主管理臣民的总抓手。保障多劳多得、多功多贵,是帝王之术的精髓,做到了就会江山永固。很多人错误地认为,帝王可以任性妄为,让别人干了活还不给报酬,没干活的可以随便给钱,别人立功了还不给奖赏,没立功的人可以随便奖赏,这种认知太可笑了。

无原则地为所欲为,这不叫治国之术,这叫亡国之术。严厉打击投机取巧不劳而获,让有多大贡献的人就有多大回报,以此作为百姓做事立功的动力,这样的变法有什么可非议的吗?对商鞅变法的妖魔化,都是为了摆脱法律的限制,把投机取巧不劳而获合法化。

原文

故爵禄之所道,存亡之机也。夫削国亡主,非无爵禄也,其所道过也。三王五霸,其所道不过爵禄,而功相万者,其所道明也。是以明君之使其臣也,用必出于其劳,赏必加于其功。功赏明,则民竞于功。为国而能使其民尽力以竞于功,则兵必强矣。

译文

所以,臣民获取爵禄的途径是否公开公平公正,是国家生死存亡的关键。那些国家越来越弱甚至亡国的君主,不是没有爵禄可以赏赐给臣民，而是赏赐爵禄的原则是错误的。三王五霸，他们所运用的方法不过是授予爵位、奖赏俸禄，可是他们取得的成就比其他君主高万倍，原因是他们奖赏爵禄的原则是正确的。因此，英明的君主使用他的臣民时，重用他们一定是因为他们对国家的功劳，奖赏一定要加在他们的功绩上。论功行赏原则明确，那么民众就会争着立功。治理国家能让民众争着立功，那军队就会必然强大了。

青云说

重要的话说三遍，公平，公平，还是公平。为什么公平如此重要？因为只有合适的人待在合适的位置上，整个社会才能运转良好。如果一个愚蠢的人占据了国家的高位，那么这个国家就会被带向毁灭。

公平保障的是整体利益，只有整体利益得到保障，国家才能长治久安，个人利益也就得到了保障。那些只看重个人利益的人往往刻意去破坏公平，无德却觊觎高位，无能却贪图巨财，整个社会坠入到劣币驱逐良币的循环中，最终秩序崩溃推倒重来，没有人能独善其身。

原文

同列而相臣妾者，贫富之谓也；同实而相并兼者，强弱之谓也；有地而君或强或弱者，乱治之谓也。苟有道，里地足容身，士民可致也；苟容市井，财货可聚也。有土者不可以言贫，有民者不可以言弱。地诚任，不患无财；民诚用，不畏强暴。德明教行，则能以民之有为己用矣。故明主者，用非其有，使非其民。

译文

同等地位的人有了高低之分，这是因为贫富不同；土地人口规模相同的国家发生了兼并，这是因为强弱不同；拥有国土成为君主，有的强大有的弱小，这是国家治理的好坏不同。如果掌握了正确的治国原则，很小的土地也足以安身，有才能的民众也可以被吸引过来；如果置身于进行买卖交易的集市中，财富也可以聚敛起来。拥有土地就不能说自己穷，拥有民众就不能说自己弱。土地被实实在在开垦出来，就不愁没有财富；民众被实实在在使用，就不会惧怕强暴的敌人。君主的品德圣明，法令得以推行，那么就能使民众拥有的力量为自己所用。所以英明的君主，能利用不属于自己的东西，能驱使不属于自己的民众。

青云说

同样拥有广袤土地的秦国和楚国，为什么是秦国消灭了楚国呢？因为秦国的实力更强大。为什么同样拥有广袤的土地，强弱却如此不同呢？因为他们管理国家的方法不一样，秦国把国家治理好了，而楚国把国家治理坏了。

为什么有的国家很长命，有的国家很短命呢？就在于君主如何管理自己的国家。这就好比一个人是不是可以长寿，要看这个人如何管理自己的身体，天天喝酒蹦迪熬夜，显然不可能长寿。

有的人很健康，最后却病了；有的人病了，最后却恢复了健康。就像有的国家很强大，但是后来变弱了，有的国家很弱小，但是后来变强了。为什么会发生这种逆转呢？这就在于管理者是不是使用了正确的方法来进行管理。

为什么朱元璋乞讨出身，最后能够成为天下之主呢？因为他"有道"，有道之人必定聚人聚财，所以才能白手起家。用天下之人，聚天下之财，成天下之业，之所以能做到天下归心，就是因为掌握了让天下归心的方法。也就是上面讲的"用必出于其劳，赏必加于其功。功赏明，则民竞于功"。只要做到了这一点，就算是敌方阵营的人也会被吸引，结果就是"用非其有，使非其民"，敌方阵营的人纷纷弃暗投明。

原文

明主之所贵，惟爵其实而荣显之。不荣则民不急。列位不显，则民不事爵。爵易得也，则民不贵上爵。列爵禄赏不道其门，则民不以死争位矣。人生而有好恶，故民可治也。人君不可以不审好恶。好恶者，赏罚之本也。夫人情好爵禄而恶刑罚，人君设二者以御民之志，而立所欲焉。夫民力尽而爵随之；功立而赏随之。人君能使其民信于此明如日月，则兵无敌矣。

译文

英明的君主所看重的，是一定要把爵位赏赐给实际贡献和爵位相匹配的人。赏赐让民众没有感到光荣，百姓就不会急于得到爵位；得到爵位却不显贵，百姓就不会追求爵位。爵位如果太容易得到，百姓就不会认为上等的爵位尊贵。颁发爵位给予俸禄奖赏不遵循按功分配的方法，民众就不会拼死上进力求获得爵位了。君主应该知道人天生就有喜欢和讨厌的东西，所以能利用它治理好民众。因此君主不能不了解清楚民众爱好什么厌恶什么。民众的喜好和厌恶是使用奖赏和刑罚的根本。人之常情是喜欢爵位俸禄而讨厌刑罚，所以君主设置这两者来驾驭民众的志向，从而实现自己想要达到的目标。民众拼尽了全力，而爵位也随之得到；建立了功绩，奖赏也随之得到。君主如果能让他的民众相信这一点就像相信太阳月亮的存在一样坚定不移，那军队就会天下无敌了。

青云说

人有喜欢的东西也有厌恶的东西，人们喜欢什么呢？喜欢得到赏赐。人们厌恶什么呢？厌恶受到刑罚。通过人们厌恶的刑罚来阻止人去做不该做的事，通过人们喜欢的赏赐来促使人去做应该做的事，这就是赏罚对人的引导作用，所以商鞅说："好恶者，赏罚之本也。"

也就是说，赏罚要起到赏善罚恶的目的，让人放弃邪路，走正路。不但要制定这样的制度，还要严格遵守这个制度，真正的帝王之术，讲的是言而有信，而不是欺骗。但是做到言而有信是那么得艰难，所以英明的君主在历史上屈指可数。

原文

人君有爵行而兵弱者，有禄行而国贫者，有法立而治乱者，此三者，国之患也。故人君者先便请谒，而后功力，则爵行而兵弱矣。民不死犯难，而利禄可致也，则禄行而国贫矣。法无度数，而事日烦，则法立而治乱矣。是以明君之使其民也，使必尽力以规其功，功立而富贵随之，无私德也，故教化成。如此，则臣忠君明，治著而兵强矣。故凡明君之治也，任其力不任其德。是以不忧不劳而功可立也。

译文

　　君主有爵位颁发，军队的实力反而弱；有俸禄发放，可国家依然贫穷；国家法度确立了，而社会治理还是乱了，这三种情况是国家的灾难。如果君主先看重宠臣的求情请托，而把有功劳的人放在后面，那爵禄颁发了，军队的实力就削弱了。民众不拼死从事农战就能得到财利俸禄，俸禄发放了，国家就贫穷了。法令不按规定执行，国家的事务一天天增多，结果是法令确立了而社会治理却混乱了。所以，英明的君主役使他的民众，使用他们一定让他们用尽全力来建立相应的功绩，功绩建立了，富贵便随之而来，除此之外国家没有私下的奖赏，所以为国立功的社会风气就自然而然形成了。这样做，就会臣子忠诚君主英明，政绩显著而军队强大。所以英明的君主治理国家，是根据臣民做事的能力和贡献加以任用，而不是根据私人恩德加以任用。因此，不担忧不劳累便将功绩建立了起来。

青云说

　　如果做不到言而有信，奖赏就起不到正向激励的作用，还会起到负面引导的作用。奖赏发出去了，却没有发给真正为国家做出贡献的人，那么就没人愿意再为国家做贡献，这样的话，国家就会衰弱贫穷了。最根本的原因，还是没有建立正确的法治。

　　正确的法治是什么呢？是"任其力不任其德"。这里说的"任其力不任其德"，不是说只用有才的人不用有德的人，而是说一定要用能把事干成了的人，而不是用个人品德优秀但是干不成事的人。只有优秀的品德而没有干事的能力，是不能委以重任的。

　　通过联系上下文我们知道，在法治框架下，能把事干成的人，品德一定不会差，因为品德差的人已经被法律屏蔽在了可任用的范围之外了。在这里，商鞅说的"不任其德"，是指不用那些空有清高之名而无实际之能的人，因为这样的人只会夸夸其谈而不能解决实际问题。

　　德与才从来都不是对立的关系，而是相辅相成的关系，所以我们需要的是德才兼备的人。德，是任用的必要条件；才，是任用的充分条件。如果只有必要条件而没有充分条件，只代表有了被任用的入场券，还需要继续修炼充分条件。只有同时满足了必要条件和充分条件，才能够真正被任用。

原文

度数已立，而法可修。故人君者不可不慎己也。夫离朱见秋豪百步之外，而不能以明目易人；乌获举千钧之重，而不能以多力易人。夫圣人之存体性，不可以易人；然而功可得者，法之谓也。

译文

标准已经确立了，法律就可以编写了。所以君主不可不谨慎对待自身行事。离朱能见到百步之外鸟兽身上新长出的细毛，但不能以他的眼力好而提拔他替换别人；乌获能举起千钧的重物，但不能以他力气大而提拔他替代别人。圣人是把每个人的特长记在心里，而不以这些特长提拔替换别人，然而这些人通过特长建立功业就能够得到提拔，这就是法治。

青云说

社会是不停发展变化的，会不停地出现新事物新问题，法律要随着这些新事物新问题的出现进行修改，让法律和新的社会形势相适应。但是修改法律是有必须要遵循的原则的，这个原则就叫"度数"。按劳分配按功行赏对犯罪零容忍的原则就是"度数"，法律的制定和修改必须遵循这一原则，这就叫"度数已立，而法可修"。

既然君主有主持制定和修改法律的权力，所以君主不能不慎重地对待自身行事。如果君主不慎重对待，破坏按劳分配按功行赏的原则，按照自己的个人喜好随意修改，法治就会被破坏，社会也就要开始乱了。法律制定之后不能一成不变，制定和修改法律不能没有原则，也不能没有决策者，所以君主的存在是必须的，君主的责任也是巨大的。

为了说明法治的原则和君主的责任，商鞅举了两个例子：一个是离朱，一个是乌获。离朱是眼神非常好的一个人，可以看到百步之外鸟兽身上的细毛。乌获是力气非常大的一个人，可以举起上千斤的重物。但是能仅仅因为他们有这些特长就给他们高官厚禄吗？商鞅认为不可以。

商鞅认为，他们只有通过这些特长立了功才能获得高官厚禄。所以商鞅说:"夫离朱见秋豪百步之外,而不能以明目易人;乌获举千钧之重,而不能以多力易人。"也就是说不能因为他们有这些特长能力就提拔他们代替别人,这相当于无功而赏,这么做就是君主"不慎己"。

怎么做才是"慎己"呢?"夫圣人之存体性,不可以易人",这就是"慎己"。这句话的意思是说,圣人是把每个人的能力特长记在心里,而不是直接提拔他们代替别人。记在心里干什么呢?等到有了可以发挥他们能力的合适机会,就让他们去立功,立了功之后就可以根据功劳来升官加爵了,这才叫作法治。

第十章 战法

导读

商鞅不但会变法，还很会打仗，知道这一点的人就不太多了。其实，在早期中国历史上，文武是不分家的，出将入相是很寻常的事情。在基本完成新法令的实施工作后，为了验证变法的效果，商鞅亲自领兵收复了河西之地，这展现了商鞅非凡的军事才能。

领兵收复河西的是商鞅；劝说秦孝公达成会盟，归还河西的，也是商鞅。他所做的一切，都是为了服从变法强国这个最高目标。商鞅领兵攻取河西，其目的并不在于立即收复失地。他的真实目的有两个：一是检验变法的效果；二是用伐魏的军功，来夯实变法的基础。

大家都知道，商鞅在变法初期，曾在城门口"徙木立信"，使法令得以通畅。但这毕竟只是件小事，关系到千万军民切身利益的军功授勋制，当时仍停留在纸上文字阶段。只有等到第一批战士因为军功而得到爵位和土地时，军民才会放下最后一丝顾虑，毫无保留地投入到征服天下的大业中去。

收复河西之战，就是商鞅把军功授勋制度落到实处的试验场。通过此战，商鞅兑现了他对军民的承诺，使自己的威信空前提高。战争结束的第二年，他再次开启变法，完成了最后的制度改革。《战法》这一章简短精练，主要讲的是军事方面的几个大原则。

原文

凡战法必本于政胜，则其民不争。不争，则无以私意，以上为意。故王者之政，使民怯于邑斗，而勇于寇战。民习以力攻难，故轻死。

译文

　　一般来说，军事策略必须以政治为根本。只有国内政治清明，百姓才不会因为内部纷争而相互争斗。不相互争斗，就不会因为私利有私人意志，而是把国家意志当作个人意志，服从君主的命令。所以王者的政治，能够让百姓不敢参与乡里私斗，而勇于和外敌作战；百姓习惯于用力量攻打凶险的地方和强悍的敌军，所以不怕死。

青云说

　　军事强大的前提是政治清明，所以说"凡战法必本于政胜"。也就是说，要想对外作战，必须有一个良好稳定的内部政治环境。打仗打的是后勤，既需要源源不断的物资，也需要源源不断的兵员。很难想象一个内部政治问题不断的国家，可以对外发动战争还可以取胜。

　　"怯于邑斗"，是百姓敬畏法律遵守法律，避免力量用于对内消耗，这是国家稳定的基础。"勇于寇战"，是百姓不畏强敌拼死作战，促使力量用于对外输出，这是国家强大的基础。要实现这两点，必须让百姓在物质上有获得感，在精神上有归属感。

　　那些人云亦云，把商鞅脸谱化为对百姓残暴无情形象的人，缺乏最起码的政治常识。一个军事强大到可以横扫天下的强国，国内的政治环境必然是风清气正的。如果国内都民怨沸腾乱成了一锅粥，还怎么对外打仗？打仗的时候估计军民全都临阵倒戈了。

　　如果商鞅对待百姓残暴无情，那么他推行的变法就不可能让秦国国富民强。既然秦国通过变法变得国富民强，一统天下，那么就可以推断出商鞅对待百姓残暴无情这一论断是站不住脚的。但是很多人就是在这道最简单的逻辑判断题面前犯了糊涂。

原文

　　见敌如溃，溃而不止，则免。故兵法："大战胜，逐北无过十里。小战胜，逐北无过五里。"

译文

看见敌兵像决堤的水一样溃败,不停地玩命逃跑,那么就要停止追击。兵法曾说:"大战打胜了,追赶败兵,不要超过十里。小战打胜了,追赶败兵,不要超过五里。"

青云说

我们有一个非常熟悉的成语,叫作"穷寇莫追",说的就是这个道理。影响战争胜负的因素有很多,其中一个就是士气。士气不好的军队,其士兵往往把保命视为第一要务,因此打起仗来很容易就会一触即溃,结果被胜利方围追堵截,形成"穷寇"局面。"穷寇莫追",这个"穷"字,应该当"穷戚"讲,也就是狼狈而绝望的意思。

但若被四面围死,那么其最初的保命意愿便无法达成,在绝望之下,他们必然会转而拼个鱼死网破。在这种心态下,即使是最窝囊的人也会变成不畏死的热血汉子。

相比之下,胜方在开战之初士气高涨,人人效死,才会获得胜利。但是其后士气却会有一段低潮期,因为士兵们清楚,最艰苦的战争都已经挺过来了,活下来很不容易,谁也不愿意在追击穷寇这种小规模收尾性战斗里死掉,要不也太不值得了!

因此,若敌军的残兵突然拼命一般地掉头杀来,惊恐之下,常会让胜方付出较大的伤亡,甚至比在开战之初时伤亡还大!所以说,"大战胜,逐北无过十里。小战胜,逐北无过五里。"这时候对胜利一方来说,最重要的事情是巩固已经打下来的胜利果实,而不是去冒着各种未知风险节外生枝。

原文

兵起而程敌。政不若者,勿与战;食不若者,勿与久;敌众勿为客;敌尽不如,击之勿疑。故曰:兵大律在谨,论敌察众,则胜负可先知也。

译文

发起战争之前,先要衡量敌国的力量。政治上不如敌国,就不要和它作战；粮食不如敌国多，就不要和它打持久战；敌兵的数量多于我方，就不要主动袭击敌人；敌国一切都赶不上我方，我方就可以毫不犹豫地向它发起进攻。所以说：用兵最重要的原则在于谨慎，研究敌情、考察双方兵力的多寡，那么胜负就可以预先知道了。

青云说

"知彼知己，百战不殆"。打仗的时候情报是第一重要的。我方对敌人了如指掌，敌人对我方毫不知情，这样打起仗来，胜利就是板上钉钉的事。我方对敌人毫不知情，敌人对我方了如指掌，这个仗就没法打了。所以打仗之前要先获取情报并仔细分析，有了胜算才可以进行接下来的行动。

作为局外人，我们分析决策的时候，总是会问决策者为什么不这样，为什么不那样，为什么受着窝囊气就是不动手呢。其实原因很简单，就是没有胜算。局外人不如局内人的情报完整，所以局外人基于不完整的情报觉得事情很容易，但是局内人有完整的情报，可能就会觉得事情很难。而且这个难处基本都是内部问题没有搞定，被政治掣肘而不是军事，"兵大律在谨"，不对外动手肯定是因为解决内部问题的胜算还不够。

原文

王者之兵，胜而不骄，败而不怨。胜而不骄者，术明也；败而不怨者，知所失也。

译文

王者之兵，打了胜仗不骄傲，打了败仗不抱怨。打了胜仗不骄傲，是因为策略战术清楚明白。打了败仗不相互抱怨，是因为知道了打败仗的原因。

青云说

胜利了，知道这是集体的胜利，不是某一个人的功劳，所以就不会骄傲。失败了，找到了具体的责任人，所以就不会相互抱怨。中国文化里，从来不赞成搞个人英雄主义，如果一场战争的胜利归功于某一人，而忘记了战争需要每一个人都发挥作用才可以取得胜利，就会滋生骄气。

不服管，离失败就不远了。同样的，失败了也要及时总结原因，把责任落实到人，避免所有人互相埋怨影响士气。

原文

若兵敌强弱，将贤则胜，将不如则败。若其政出庙算者，将贤亦胜，将不如亦胜。政久持胜术者，必强至王。若民服而听上，则国富而兵胜，行是，必久王。

译文

如果敌我兵力强弱一样，将领善于用兵就会胜利，将领比不上敌方就要失败。假如决策出自朝廷的精心谋划，那么将领善于用兵会胜利，将领比不上敌方也能胜利。在政治上能够长久掌握正确方法的国家，一定能够强盛以至于统一天下。如果民众服从法制而又听从国君，国家就会富裕，战争就会胜利，照这样做下去，就一定长久统一天下。

青云说

这里说的"庙算"，就是从政治、经济到军事全方面对两国的实力进行对比分析。开战是因为全方位超过敌人，那么就算将领这一个因素不如对方，也必然会打胜仗。"庙算"始见于《孙子·计》："夫未战而庙算胜者，得算多也；未战而庙算不胜者，得算少也。""庙算"的基本内容就是《孙子》提出的从道、天、地、将、法等基本条件出发，对敌我双方进行比较分析，制定克敌制胜的方案。《尉缭子·战威》也提到"兵未接，而所以夺敌者"有五个条件，其首要的是"庙胜之论"。

战争是综合实力的较量，一定要进行全方位分析，单独拿出一项来进行对比是没有太大意义的。所以很多迷信西方经济实力和先进武器的人，无法理解抗美援朝战争的胜利。抗美援朝战争的胜利就是前面说的"本于政胜"，出兵抗美，不是赌博，而是"庙算"的结果。

所以在政治上长期采取获胜的策略，国家就一定能强大直到称王天下。政治清明，百姓就会万众一心，这时候在纸面上排兵布阵的规划才能在现实中得到百分百的贯彻落实。所以，如果民众服从并听信君主的治理，那么国家就会富强，而且军队能打胜仗，执行这一原则，就一定能长期称王天下。

原文

其过失，无敌深入，偝险绝塞。民倦且饥渴，而复遇疾，此败道也。故将使民者，若乘良马者，不可不齐也。

译文

用兵常犯的错误是，没有敌人就冒险深入险地，渡过边塞，使众人疲倦而饥渴交加，再加上遇到疾病流行，这是败军之道。所以将领役使民众，就像驾驭好马一样，不可以不一致啊。

青云说

上面说的这些情况，都是不顾及后勤能否跟上的冒险之举。我们反复说过，打仗打的是后勤，后勤断了就什么都完了。用人和骑良马本质上是一回事，所以说"不可不齐也"。"齐"，就是一致，意思是珍惜人才要和珍惜良马一样，吃好喝好才有力气干活。因此，任何有可能造成后勤断绝的风险都必须坚决予以规避。

第十一章 立本

导读

"立本",就是确立根本,这里指的是确立强军的根本。要想成为一个强大的国家,必须要有一支强大的军队。军队的强大不在于武器有多么先进,而在于士气有多么高涨。我们常说的"气多钢少"的军队能打败"钢多气少"的军队就是这个意思,"气"的多少和政治建设的好坏有关。

既然是讲根本,就要直击要害,"知其要者,一言而终,不知其要,流散无穷",所以本章只有短短的一段话。在根本上犯了错误,却希望通过修理枝干来解决问题,这就是舍本逐末了。

原文

凡用兵,胜有三等:若兵未起而错法;错法而俗成;俗成而用具。此三者必行于境内,而后兵可出也。行三者,有二势:一曰辅法而法行,二曰举必得而法立。故恃其众者,谓之葺;恃其备饰者,谓之巧;恃誉目者,谓之诈。此三者恃一,因其兵可禽也。故曰:强者必刚斗其意,斗则力尽,力尽则备,是故无敌于海内。治行则货积;货积则赏能重矣。赏壹则爵尊;爵尊则赏能利矣。故曰:兵生于治而异;俗生于法而万转;过势本于心而饰于备势。三者有论。故强可立也。是以强者必治,治者必强;富者必治,治者必富;强者必富,富者必强。故曰:治强之道三,论其本也。

译文

一般来说,用兵要获得胜利,有三个步骤:兴兵作战之前,要实行法制;实行法制,就能形成积极从事农战的风气;形成这种风气,就能使战争的器用准备齐全。这三个步骤一定要在国内实行，然后才能够出兵打仗。推行这三个步骤，要有两个条件：第一是国君辅助法令，从而使法治得到推行；第二是国君严格依法办事，从而使法治得到落实。如果光是依靠兵士多，那就是用茅草盖房子，再多也不结实。如果光是依靠作战的装备好看而不实用，那就是华而不实的取巧；如果光是依靠虚张声势遮人耳目，那就是自欺欺人的诈骗。这三者，国君只要依靠其中之一，打起仗来士兵就要被敌人俘虏。因此说：强国一定要坚定民众的斗志，民众有斗志就会全力以赴地作战，全力以赴地战斗就具有必胜的条件，这样就无敌于天下了。国家实行法治，财富就积累得多；财富积累得多，赏赐才能丰厚；赏赐只给立战功的人，爵位就显得高贵；爵位高贵，奖赏才能起作用。因此说：兵力产生于政治，伴随政治的好坏而有强弱的区别；风俗产生于法制，伴随法制的改变而有多种变化；压倒敌人的形势扎根于民心，好装备起到的是锦上添花的作用。对这三方面都有深刻的了解，就能够建立强大的军事力量了。因此，强兵必须推行法治，推行法治就能强兵；富国必须推行法治，推行法治就能富国；强兵必能富国，富国必能强兵。因此说：治国和强兵的道理，全是要从政治这个根本上来考虑的。

青云说

凡是用兵作战，要想获胜，需要完成三件事：军队还没有出征就建立法度；建立法度使民众形成专心从事农战的社会风气；专心从事农战积累起战争所需要的人、财、物等资源。这三件事一定要在国内实行好了，然后军队才能出征。我们经常说"兵马未动，粮草先行"，粮草哪里来的呢？农耕而来。为什么百姓安于农耕呢？法度而来。

要实现这三点，有两个条件：一是君主真心认同，全力辅助，让法治得以推行；二是举措得当，严格依法办事，让法治得以确立。这就告诉我们，要想实现依法治国，首先得想，其次得干。只有想，才会顶住压力、消除阻力。只有干，才会带头落实、严格执行。君主往往难以做到这两点，因为触动既得利益集团需要直面风险，约束自己的不当欲望需要自我革命。

很多君主认为人多、武器先进、名气大，就可以成为强国。但是商鞅认为，仗着人多势众就想打败敌人，那叫茅草盖房，多却不实。仗着武器装备先进就想打败敌人，那叫投机取巧，华而不实。仗着别人的吹捧夸赞就想打败敌人，那叫自欺欺人，虚而不实。这三个方面，君主依赖其中一条，那他的军队就一定被对方战胜。

上面这些话的意思是：人再多，如果没有具有法度的组织就是乌合之众，不可能具备强大的力量；武器再先进，如果没有顽强的战斗意志，武器就会沦为摆设；名头再响亮，如果没有和名头相匹配的真实实力，就是自我欺骗。政治决定经济，经济决定军事，军事决定结果。

"恃其众者""恃其备饰者""恃誉目者"，这三种人都是只重视外在表面的东西，而忽略练好内功的人，特点就是务虚名而得实祸，"恃誉目者，谓之诈"里的这个"诈"，意思是自我欺骗，假装给敌人看的，真刀真枪开干的时候必然会露馅。

所以强大的国家一定要使军队具备勇敢顽强的战斗意志，有了斗志就能尽全力打仗，就会有无穷的潜力，这样的军队才能无敌于天下。军队顽强的战斗意志不是靠暴力逼迫出来的，也不是靠钱财收买出来的，而是公正的法治激励出来的。

国家的法治得到推行，投机取巧不劳而获的人没有存身之地，勤劳能干的人才能有一个创造财富的好环境，财富就会积累起来，财富积累起来之后，国家才有财力去奖赏为建设和保卫国家做出贡献的人。奖赏专门发给有功劳的人，投机取巧的人无法得到，君主颁发的爵位才会尊贵。爵位尊贵，国家的奖赏才会产生强大的激励效果，人人争相立功就是对国家有利的效果。

所以说军队的战斗力来源于政治的正确性，战斗力会因政治水平的不同而不同，这就叫"兵生于治而异"。社会风气是法治的结果，好的法治就会有好的社会风气，坏的法治就会有坏的社会风气，社会风气会随法治的变化不断发生变化，这叫"俗生于法而万转"。能对敌人取得压倒性优势的根本在于民心，装备的优势只能够起到锦上添花的作用，这叫"过势本于心而饰于备势"。

这三个方面搞清楚了，一个强大的国家就可以确立了。所以说，强大的国家一定是建立在社会安定的基础上，社会安定的国家一定强大；社会安定建立在百姓富裕的基础上，百姓安居乐业的社会一定安定；这就是国家强大、社会安定、百姓富裕三者之间的关系。

军队的战斗力来自于保家卫国的使命感，保家卫国的使命感来自于政治清明的归属感。国家爱护百姓，让百姓过上了幸福美好的生活，当有人要来破坏这种幸福美好生活的时候，就可以进行思想动员和组织动员了，这就是"政治建军、思想建军"的基础之所在。

"兵未起则错法；错法而俗成；俗成而用具"，简简单单一句话就把军队强大的根本说清楚了。没有政治清明的社会环境，没有公平公正的法治环境，没有幸福美好的生活环境，就不会有军队强大的战斗力，也就不可能有强大的军队。

兵守

第十二章

第十二章·兵守

导读

战争不只是进攻,还要有防守。最好的防守是什么呢?就是全民皆兵,众志成城。所以防守的时候更能说明"凡战法必本于政胜"是多么得正确。如果政治搞不好,百姓对国家没有向心力和凝聚力,怎么可能在敌人进攻的时候拼死防守呢?所以说,外敌入侵而无法击败多是因为内政没有搞好。

只要内政出了问题,就算外敌没有入侵的想法,内部的奸贼也会勾结外敌,许以利益,里应外合,引诱外敌来入侵。事物发展的根本原因,不是在事物的外部而是在事物的内部,在于事物内部的矛盾性。外因是变化的条件,内因是变化的根据,外因通过内因而起作用。正所谓,没有内忧,何来外患?

原文

四战之国贵守战,负海之国贵攻战。四战之国,好举兴兵,以距四邻者,国危。四邻之国一兴事,而己四兴军,故曰国危。四战之国,不能以万室之邑舍钜万之军者,其国危。故曰:四战之国务在守战。

译文

四面受敌的国家要重视防御战,背靠大海的国家要重视进攻战。假如四面受敌的国家喜欢发动战争,主动攻击邻国,那国家就危险了。因为四周邻国有一个挑起事端,自己就要四处派兵防备,所以说国家就危险了。四面与他国接壤的国家,如果不能有上万户的城邑,驻守数以万计的军队,这个国家就危险了。所以说:四面与他国接壤的国家要把主要精力放在防御战上。

青云说

四面树敌的国家，不要主动挑起战争，不然就会非常危险，因为只要和任何一个邻国起了冲突，别的国家都会虎视眈眈找机会落井下石，可以说牵一发而动全身，很容易被动地从小战斗演变成大战争。所以必须把防御战研究好、琢磨透，避免顾此失彼，否则就会陷入腹背受敌的局面。

原文

守有城之邑，不如以死人之力与客生力战。其城难拔者，死人之力也；客不尽夷城，客无从入，此谓以死人之力与客生力战。城尽夷，客若有从入，则客必罢，中人必佚矣。以佚力与罢力战，此谓以生人力与客死力战。皆曰围城之患，患无不尽死。而亡此二者非患不足，将之过也。

译文

守卫有城墙的城镇，最好是以民众全力拼死一战的决心与敌人奋力作战。城池之所以难以被攻下，是因为守军有拼死作战的决心和力量。敌军不将城墙全部攻破，就无法进入城内，这叫以民众全力拼死一战的决心与敌人奋力作战。城墙全部被攻破，敌人有了可以进城的入口，但是他们肯定极为疲劳，而城内的人以逸待劳。用以逸待劳的兵力同疲惫的敌军作战，这就叫用精力旺盛的有生力量同敌人疲惫殆尽的力量作战。都说被围攻的城池的灾难，是忧虑守军不拼死守卫城池。如果忽略了这两种情况，消除隐患的工作做得不够，这是将领的过错。

青云说

"亡此二者非患不足，将之过也"。此二者是哪二者呢？一是守城的士兵要有誓死捍卫城池的决心和力量，守城的人比攻城的人更拼命，让敌人在攻城的时候付出惨重的代价。二是城中以逸待劳的士兵也要有拼命的决心和敌人死战。守城的将领要及时排查隐患，否则就是过失。

只有做到这两点，城池才能守住。如果做不到这两点，说明将领不懂怎么守城，这是将领的失误。如果在城墙上守城的士兵不拼命作战，没有让敌军付出惨重的代价，后方的士兵就会军心浮动。万一城墙被攻破，城中以逸待劳的兵力没有拼死作战的决心，城池依然是保不住的。

原文

守城之道，盛力也。故曰客治簿檄，三军之多，分以客之候车之数。三军：壮男为一军，壮女为一军，男女之老弱者为一军，此之谓三军也。壮男之军，使盛食、厉兵，陈而待敌。壮女之军，使盛食、负垒，陈而待令。客至而作土以为险阻及柞格阱陷。发梁撤屋，给徙，徙之；不给而燫之，使客无得以助攻备。

译文

守城的原则是壮大奋勇作战的力量。因此，一旦敌人入侵，就要仔细整理人员财物名册，发布征召军队的文书，招募尽可能多的人组成三军，按照敌军侦察战车的数量编队。这三军是：壮年男子为一军，壮年女子为一军，其他老弱的男女为一军。壮年男子组成的军队，让他们吃饱饭，磨好武器，列好队形等待敌人的到来。壮年女子组成的军队，让她们吃饱饭，背上装土用的笼子，排列开来等待上级的命令。敌军到了，就让她们用土堆成难以通过的障碍，挖好陷阱，毁坏桥梁，拆除房屋。自己能用得上而且能运走的东西，就运走。自己用不上的东西就烧掉，使敌人无法得到这些东西，避免他们用来攻城。

青云说

守城军队分为三军：壮男为一军，负责前线作战；壮女为一军，负责坚壁清野；老弱为一军，负责后勤保障。这是根据这三类人的体力来划分的。在这里有必要解释一下"给徙，徙之；不给而燫之"这句话的意思，因为很多人看不明白。这里"给徙"的"给"，是"供给"的"给"，指能供应前方守城的东西。"徙"，是"迁徙"的"徙"，就是运走的意思。"给徙，徙之"，就是前线需要而且能够运走的东西就要运走。"不给而燫之"的"不给"，就是前方守城不需要的东西，不需要的东西就要烧掉。这其实就是坚壁清野。

原文

老弱之军，使牧牛马羊彘，草木之可食者收而食之，以获其壮男女之食。而慎使三军无相过。壮男过壮女之军，则男贵女，而奸民有从谋，而国亡；喜与，其恐有早闻，勇民不战。壮男壮女过老弱之军，则老使壮悲，弱使强怜；悲怜在心则使勇民更虑，而怯民不战。故曰：慎使三军无相过。此盛力之道。

译文

年老体弱的一军，让他们去放牧牛、马、羊、猪，将草木中它们能吃的收集到一起喂养它们，以便获得壮年男女军队的食物。要谨慎地让三支军队不要互相往来。壮年男子到壮年女子的军队中，那男子就会爱上女子，其中的坏人就会因为女色勾结敌人帮助敌人实施计谋，那国家就会灭亡；男女喜欢在一起，害怕早日发生战争，这样勇敢的人也都不愿意作战了。壮男壮女到年老体弱的军中去，老人会让他们感到悲伤，体弱的人会让他们怜悯；有悲伤、怜悯之情埋在心里，就会让勇敢的人改变主意，而胆小的人就不敢作战了。所以说：注意让三支军队不要互相往来，这是增强防守力量的方法。

青云说

战争是意志的较量，容不得任何儿女私情和怜悯来动摇军心，所以在守城之战中一定要避免男女老弱相互来往的事情发生。很多人会觉得这未免也太无情了，直接投降不好吗？这种想法是认为投降了就可以过上好日子，但现实不是童话。投降就代表着任人宰割，彻底失去了命运的自主权。

战争是残酷的，所以当今世界流行一股反战思潮。但是战争有侵略战争和反侵略战争的区分，侵略他国的一方，当然要反战，一是其本国的民众不愿当炮灰，需要安抚情绪；二是可以消磨被侵略国家民众的反侵略意志。以反战为名，利用本国民众的情绪站在道德制高点上，消解被侵略国家民众的反抗决心，才是他们的真实目的。

战争有侵略和反侵略之分，仁义也有小仁义和大仁义之分。春秋战国时期的大乱世持续了几百年，分裂造成的纷争无休无止。发动统一战争会死很多人，但是不统一就会死更多的人，这就是小仁义和大仁义的关系。商鞅所施行的能够快速结束分裂的大仁义措施在当时被很多迂腐的儒生视为了暴政，而那些维持现状的小仁义措施却被他们所推崇。站在商鞅的角度上来看，这两者之间是胸怀的区别，格局的区别，眼光的区别。胸怀广、格局高、眼光远的人，不看眼前的蝇头小利，而是看重长期利益。胸怀小、格局低、眼光短的人，看不到巨大的长远利益，只会局限于眼前的蝇头小利而蝇营狗苟。

·第十二章· 兵守

靳令

第十三章

第十三章·靳令

导读

"靳令",这个"靳"指确定,是严格执行法令的意思。制定一部公平公正的法律很难,贯彻落实公平公正的法律更难。《靳令》这一章,主要讲的就是严格执行法令,让公平公正的法律得到全面地贯彻执行。为什么会有人不严格执行法令,想着破坏公平公正呢?公平公正难道不好吗?对于劳而不得的人来说,公平公正当然好,但是对于不劳而获的人来说,公平公正就不好了。

不劳而获是快感最为强烈的精神毒品,让很多人上瘾,欲罢不能。更可怕的是,这种毒瘾具有强大的传染性,所以它从出现的那一天开始就像超级瘟疫一样扩散。有机会不劳而获的人会迅速沉沦,没机会不劳而获的人会伺机而动。人类社会的很多问题都是由不劳而获这个精神瘟疫引发的,所以只消灭病人,不消灭传染源,是根治不了问题的。

商鞅之所以被骂了几千年还很少有人为他平反,就是因为商鞅推行的一些措施是为了消灭"不劳而获",这让已经沉沦的人和伺机而动的人都有了痛苦的脱瘾反应。所以正在不劳而获的人和正在劳而不得但是向往不劳而获的人,都对他推行的措施产生了抵触,他们痛恨的不是公平公正被践踏,他们痛恨的是践踏公平公正的人不是自己。

这种精神上的瘟疫影响了社会秩序的平稳运行,要想保持安定的社会秩序,就要杜绝法度被破坏、被滥用。立法环节要杜绝,执法环节更要杜绝。

原文

靳令,则治不留;法平,则吏无奸。法已定矣,不以善言害法。任功,则民少言；任善，则民多言。行治曲断，以五里断者王，以十里断者强，宿治者削。

译文

严格执行法令，办理政事就不会耽搁时间；法令公正，官吏就不敢为非作歹。法令已经制定了，就不要信任伪善的说教去破坏它。使用在农战中有功的人，人们就轻视儒家的言论而不尚空谈；使用伪善的儒生，人们就热衷于儒家的言论而崇尚空谈。处置政事，各个方面都要做出快速的决断，在五里范围内做出决断的就能称王，在十里范围内做出决断的就能强大，而拖了一夜才办理的就要衰弱。

青云说

"门难进、脸难看、事难办"，是老百姓对政府一些部门的看法，其实政务拖延的现象古代就存在。杜绝政务拖延的现象，不能靠官员的个人自觉，而是要通过法治来制约。拖延政务就要受到处罚并严格执行，那么政务就不会拖延。法律公正执行没有空子可钻，那么官吏就不会枉法。政务拖延的原因要么是有法不依，要么是无法可依。之所以当天可以办完的事拖着不办，是为了借此谋取私利。

法律公正，对这些不严格执行法令的官吏不姑息、不包庇，而是依法严惩，那么就不会有这些徇私枉法的事情了。法度已经确定，就不应该用那些所谓仁义道德的空谈来破坏法度。

任用那些在农战中有功劳的人，那么民众就少说空话去认真做事；任用那些寸功未立、只会空谈的人，那么民众就会崇尚空谈而不再认真做事。推行法治，关键是在基层把问题消灭在萌芽状态，不能等到小问题变成大问题了再去亡羊补牢。

古代五家为邻，五邻为里。商鞅反复强调，法治的最终目标是实现百姓的自我管理，在基层就把问题都消灭在萌芽状态，这和中医"不治已病治未病"的思想是一致的。不能等到问题恶化，天下大乱了再解决问题，而是要在问题刚露头的时候就予以解决。要完成这一目标，实现基层百姓自治是基础。

第十三章·靳令

原文

以刑治，以赏战，求过不求善。故法立而不革，则显。民变诛，计变诛止。贵齐殊使，百都之尊爵厚禄以自伐。国无奸民，则都无奸市。物多末众，农弛奸胜，则国必削。民有余粮，使民以粟出官爵，官爵必以其力，则农不怠。四寸之管无当，必不满也。授官、予爵、出禄不以功，是无当也。

译文

国君要用刑罚进行统治，用奖赏激励人们从事农战，求的是矫枉过正而不是包容放纵。制定了法令就不随意改变，才能彰显严肃性。民众不遵守法律就会受到法律的惩罚，民众就会计算违法成本而变得守法，也就不会受到法律的惩罚。贵族也自觉守法，不同才能的人都可以得到重用。各地都重视爵禄，人们激励自己通过立功去得到爵位。国家没有奸诈的人，各地就没有非法交易市场。物质丰富之后，从事商业手工业的人就多，慢慢农业就会荒芜，奸民就会成为主流，这样的国家一定削弱。民众有余粮，就让他们拿粮食交换官爵。官爵必须靠努力务农才能获得，这样农民就不会懒惰。四寸长的管子如果没有底，必定是装不满的。国家授官职、封爵位、给俸禄，假如不按照功绩大小来分配，也就跟管子没有底一样了，给再多人们也不会满足。

青云说

用刑罚来治理国家，用奖赏激励民众去作战，追求的是用严刑峻法阻止人犯罪，而不是做了应该做的事情就奖励。做了本职工作范围内该做的事，会得到工资，奖赏是工资之外的收入，是给做出了突出贡献的人的，这叫"求过不求善"。

如果法治确立了而不被破坏，那么违法一定会受到惩罚，百姓就会考虑自己违法的后果，就会终止自己违法犯罪的念头，这就是"民变诛，计变诛止"。结果就是贵族也遵纪守法，能力突出的人都得到重用，这叫"贵齐殊使"。

上面这些内容，说的依然是法律严苛有震慑力就不会有人受到刑罚，赏赐公平公正才能起到激励作用的道理。那些让法律宽容罪犯的人只是表面善良，其实是助长了犯罪。让每一个做出贡献的人都能得到应有的赏赐，才能激励人民去立功。

既然是人们通过立功才能显贵，那么所有的人都会追求尊贵的爵位和丰厚的俸禄来互相攀比，这就是"自伐"。"自伐"就是自己夸自己，以此为荣的意思。夸自己什么呢？夸自己立了多少功，获得了什么爵位和俸禄。做到了上面说的，国家就没有犯法的民众，各地也就没有违法的交易市场。

如果产出的东西很多，从事商业的人就会很多，农业生产就会松懈，不劳而获的思想就会抬头，那么国家就会被削弱。商鞅为什么要重农抑商？他认为商业活动是追求利润的，对金钱的追逐最容易让人丧失道德良知。商业过于发达就会滋生奢靡之风，败坏社会风气。所以商品流通的大动脉一定要掌控在国家手里，个人只能从事毛细血管层面的商品流通。

怎么鼓励农民多产出粮食呢？让农民可以用粮食换官爵就是最好的方法。保卫财富去勇敢作战可以立功受爵，创造财富去努力生产也可以立功受爵。那些说商鞅对百姓残酷的人，怎么解释种粮大户可以得到官爵的政策？这难道是对百姓的残酷吗？

四寸长的竹管没有底，无论倒多少水，一定装不满。授给官职、爵位，如果不靠功绩，就像没底的竹管装不满水一样，无论授予多少，国家也不会强大起来。授予官爵，应该是激励人民做出更大的贡献，如果官爵都给了投机取巧的人，那么就没有人去为国家做贡献了。

如果一个国家的高官厚禄都给了投机取巧、不劳而获的人，勤勤恳恳、真抓实干、做贡献的人反而没有了位置，那么人才外流的现象就会必然产生。

原文

国贫而务战，毒生于敌，无六虱，必强；国富而不战，偷生于内，有六虱，必弱。国以功授官予爵，此谓以盛知谋，以盛勇战。以盛知谋，以盛勇战，其国必无敌。

译文

国家贫穷但是专心致力于作战,那么对国家有危害的事就会在敌国发生,国内就没有六种虱害,国家就一定强大;国家富足却不致力于征战,苟且敷衍的事就会在国内发生,国内就有了六种虱害,国家就会被削弱。国家根据战功授予官职,给予爵位,这就叫用官爵来激发谋略的智慧,用官爵激发作战的勇气。用官爵激发出谋略的智慧,用官爵激发出作战的勇气,这样的国家一定会无敌于天下。

青云说

为什么有的国家从穷弱变得富强了?为什么有的国家从强大变得穷弱了?空谈误国、实干兴邦,这就是原因。用官爵激发民众的智慧,用官爵激发民众作战的勇气,这就是正面的引导作用,如果让投机取巧、不劳而获的人获得了官爵,就是负面的引导作用了。

原文

国以功授官予爵,则治省言寡,此谓以治去治,以言去言。国以六虱授官予爵,则治烦言生,此谓以治致治,以言致言。则君务于说言,官乱于治邪,邪臣有得志,有功者日退,此谓失。

译文

国家根据功绩授予官爵,那么就会政务简明空谈极少,这就叫用治理实现无需治理,用空谈去杜绝空谈。国家按照空谈理论授予官职和爵位,那么就会政务繁多,空谈就会产生,这就叫用治理招致更多的治理,用空谈招致更多的空谈。君主致力于空谈,官吏为了治理各种层出不穷的问题手忙脚乱。奸臣一再得志,功臣一天天被排挤出去,这就是治理国家中所犯的错误。

青云说

按劳分配、按功行赏,让空谈的人一无所获,所有人都会争相劳动、争相立功。他们驱动自己做应该做的事情,不做不该做的事情,这样的话就不会有问题需要处理了,也就不会有空谈的人了,这就是优胜劣汰的正循环。否则的话,就是奸臣当道,贤能的人遭到排挤,这就是劣币驱逐良币的负循环。

原文

守十者乱,守壹者治。法已定矣,而好用六虱者亡。民毕农,则国富。六虱不用,则兵民毕竞劝而乐为主用,其竟内之民争以为荣,莫以为辱。其次,为赏劝罚沮。其下,民恶之、忧之、羞之。修容而以言,耻贫以上交,以避农战,外交以备,国之危也。有饥寒死亡,不为利禄之故战,此亡国之俗也。

译文

君主按照儒家空谈的那一套治理国家,国家就会混乱;君主坚持农战立国,国家就会安定。法令已经制定了,国家却重用吹嘘"六虱"的人,那就要覆灭。百姓都选择去务农,国家就富裕。国家不用"六虱",兵民就都会彼此鼓励,乐意为国君效劳。最好的情形是:国内的人都以争着从事农战为荣,没有人认为这样做是可耻的。其次的情况是:国君能够用奖赏鼓励人们立功,用刑罚禁止人们犯法。最坏的情况是:人们对从事农战感到讨厌,感到忧虑,感到不光彩。他们装模作样靠空谈混饭吃,耻于贫穷就去结交上层贵族,以此来逃避农战,并且还勾结别的诸侯国来危害国家,这样,国家就危险了。有人宁愿饿死冻死,也不愿意为了利禄去作战,这是亡国的风气啊。

青云说

商鞅认为,当儒家思想已经不符合时代要求,解决不了现实问题的时候还去墨守它,国家就会因为失控陷入混乱;当法家思想成为国家的主导思想,坚持农战立国来治理国家,国家就会太平安定。法治建立起来只是开始,还要一以贯之,坚决贯彻落实才行,如果法律都建立起来了,国君却不带头遵守,依然喜欢任用那些空谈误国的人,国家就会灭亡。这告诉我们,建立法律不难,贯彻法律很难,这和"打天下容易,坐天下难"是一样的道理。

治国水平分为三个等级，最高的水平是什么呢？最高的水平是用好政治手段，让农战立国的法治得到坚决地贯彻落实，整个国家没有投机取巧、不劳而获的人，民众都通过劳动生产去创造财富。那些空谈误国的人不被任用，民众就会放弃通过空谈得到升迁的幻想，无论是士兵还是民众都会互相鼓励、争相立功，甘愿被君主驱使任用，百姓都会辛勤工作、奋勇作战，以为国家做贡献为荣。一个国家的风气开始堕落的表现是什么呢？就是百姓都不辛勤工作、奋勇作战了，因为别人会说他傻，人们只认为投机取巧、不劳而获才是聪明。

中等的水平是什么呢？中等的水平是用好经济手段，就是用物质刺激来鼓励民众做应该做的事，用刑罚震慑来阻止民众做不该做的事。两者虽然都是致力于农战，但是有一点区别，一个是完全认同的主动为之，一个是赏赐诱惑、刑罚震慑下的被动为之。完全认同按劳分配、按功行赏的人是一个国家的脊梁，因为社会不好的时候他们依然会坚持，他们认的是法，注重的是国家整体上的公平正义，钱只是努力的结果。而被动认同的人认的是钱，注重的是个人的利益得失，有人给钱，他们不在乎什么公平正义，他们会随着社会环境的变化而改变。

最差的水平是什么呢？最差的水平是彻底失去了民心，民众讨厌从事农战，他们怕苦怕死，以从事农战为耻辱。他们注重修饰自己的外表而凭人设四处游说，耻于贫穷却不愿走正道致富，而是喜欢勾结权贵、投机取巧、不劳而获，以此来躲避农战，同时为了个人利益不惜出卖国家利益，暗中和外国势力交往，为自己准备后路，如果这样，国家就危险了。

这就是我们常说的，放着正道不走，偏要走邪道。就因为邪道是投机取巧、不劳而获的道，如果君主坚持走正道，那么这些人就会放弃效忠君主，转而结交可以让他们逃避农战的权贵。这样的人也必定会里通外国，为自己准备后路，这是一群坚定走不劳而获的道路的人。

还有一种人，宁肯挨饿受冻甚至死亡，也不愿意为了利禄从事农战，商鞅说这是亡国的风气。这是一群博取清高之名的人，他们把名看得比利重。当然了，这里的"名"是个人的清高之名，不是利国利民的功勋之名。人容易走两个极端，一个是不择手段获取利禄，一个是宁可冻死饿死也不要利禄，这都是不对的。干坏事或者不干事，都是亡国的风气。

国家需要的是既干事还干好事的人。

原文

六虱：曰礼、乐，曰《诗》《书》，曰修善，曰孝弟；曰诚信，曰贞廉，曰仁、义，曰非兵，曰羞战。国有十二者，上无使农战，必贫至削。十二者成群，此谓君之治不胜其臣，官之治不胜其民，此谓六虱胜其政也。十二者成朴，必削。

译文

所谓"六虱"：是礼、乐，是《诗》《书》，是修善，是孝悌，是诚信，是贞廉，是仁、义，是非兵，是羞战。国家有了这些思想，国君就无法让人们从事农战，因而一定会贫困以至削弱。有这些思想的人成了群，就是国君统治不了臣民，官吏治理不了百姓。这就是"六虱"的力量败坏了国家的政事。这些思想在百姓心里扎了根，国家一定会被削弱。

青云说

上面讲的"六虱"，我们以空谈误国之人称之，那么"六虱"是什么呢？商鞅认为，"六虱"是礼、乐，《诗》《书》，修善，孝悌，诚信，贞廉，仁、义，非兵，羞战。这些理论都是建立在人的自觉性的基础上的，更多的是对个人修养的要求，但是当时的人已经没有了自觉性，也对这种个人修养不再看重。在当时，天下大乱，人们普遍不再遵守儒家伦理的新的社会形势下，儒家思想不能适应社会的新变化，依然固执地坚持继续说教，但是这种说教没有任何强制力，所以不可能改变当时的人，更不可能解决当时的社会问题。

商鞅不是反对儒家的理论，而是反对儒家把理论用在不适合这个理论的人身上。对君子当然可以讲那些道理，但是当时的社会大乱，已经没有滋养儒家思想的土壤了，还进行空洞的说教，就失去意义了。如果管理国家的都是这样的人，君主就没办法让民众从事农战，国家就会穷弱。

这样的人成群结队，君主的治理就不能让臣下服从，官吏的治理也不能让百姓服从，这是空谈的理论胜过了国家的政策法规造成的。崇尚空谈的思想在人们的脑子里扎了根，国家就会削弱。说教只对有自觉性的人有效，通过讲道理就能让别人服从。但是讲道理别人都不听，怎么办呢？

在商鞅看来，办法只有一个，那就是对不听道理，光干坏事的人实施严厉的刑罚，这样百姓就都不敢做坏事了，这就是法家思想的治国思路。

原文

是故，兴国不用十二者，故其国多力，而天下莫能犯也。兵出，必取；取，必能有之。按兵而不攻，必富。朝廷之吏，少者不毁也，多者不损也。效功而取官爵，虽有辩言，不能以相先也，此谓以数治。以力攻者，出一取十；以言攻者，出十亡百。国好力，此谓以难攻；国好言，此谓以易攻。

译文

因此，兴盛的国家不用这些思想治国，因此实力雄厚，天下的诸侯国都不敢冒犯。它如果出兵，一定取得战果，取得的战果一定能保持住；如果按兵不动，不去攻打别国，一定富足。朝廷的官吏，受到别人诽谤的，不会破坏法制排斥他们，得到别人吹捧的，也不会损害法制提升他们。人们为国家效力立功才得到官爵，尽管有的人能说会道，也不能因此受到优待。这就称为治国有定数。靠实力攻击别国，能够得到十倍的利益；靠空谈攻击别国，就会出十分力却付出百倍的代价。国家注重实力，这就称为用困难的方法进攻敌人；国家喜欢儒家的空谈，这就称为用容易的方法进攻敌人。

青云说

兴盛的国家不用空谈的说教来统治国家，所以国家的实力雄厚，天下各诸侯国没有敢侵犯的。军队出战，就一定能夺取土地；夺取了土地，就一定能占有它。如果按兵不动，就一定能富足。夺取土地不难，靠军事就可以，但是要想长期拥有，就必须靠政治，让百姓都过上好日子，才能做到。

朝廷的官吏，不会因为有人说他的坏话就不给奖赏，也不会因为有人说他的好话就多给奖励，这就是"少者不毁，多者不损"，因为这都是破坏法治的行为,这里的"毁"和"损",对象都是指法律。应该怎么做呢?要根据官吏做出的功劳给予相应的官爵。虽然有能言善辩的口才,也不能在没有立功的情况下先行受赏,这就叫"虽有辩言,不能以相先也"。

嘴巴上的空谈不能作为受赏的依据,那么就要用固定的法治准则来治理,这就是"以数治",也就是白纸黑字规定法律条文来按功行赏。如果有人功劳少得到的却多,有人功劳多得到的却少,这就是失去了固定的准则,没"数"了就不能"以数治"了,也就乱套了。

原文

重刑少赏,上爱民,民死上。重赏轻刑,上不爱民,民不死上。利出一空者其国无敌,利出二空者其国半利,利出十空者其国不守。重刑,明大制;不明者,六虱也。六虱成群,则民不用。

译文

小错就罚,大功才赏,这是国君爱护民众,民众也肯为获得奖赏不惜生命;小功就赏,大错才罚,这是国君不爱护民众,民众也就不会为得到奖赏而拼命。利禄来自农战这个唯一的方式,这样的国家就会无敌于天下;利禄来自两个途径,这样的国家只能获得一半的好处;利禄出自多个途径,这样的国家就不能保住了。对犯罪施以重刑,保持零容忍,严明国家的根本大法;法制不严明,是由于有"六虱"的影响。"六虱"成群,民众就不为国家效力。

青云说

"重刑少赏",就是很小的错就罚,很大的功才赏,这是君主爱护民众,百姓就会拼死效命君主。为什么很小的错就罚,是一种爱护呢?因为这是事前预防,阻止你犯更大的错误。为什么很大的功才赏,是一种爱护呢?因为这是激励你取得更大的成就。

"重赏轻刑",就是很小的功就赏,很大的罪才罚,这是君主不爱护百姓,百姓就不会拼死效命君主。为什么很小的功就赏,是一种不爱护呢?因为这是在消解人的进取心,让人不思进取。为什么很大的罪才罚，是一种不爱护呢？因为这是事后惩罚，事前纵容了百姓不停地犯错。

爵位利禄出自一个途径，那么国家就会无敌于天下；爵位利禄出自两个途径，国家只能得到一半的好处；爵位利禄出自多个途径，那么国家的安全就难保了。这个唯一的途径，就是通过农战立功，其他的途径都是投机取巧、不劳而获，对国家来说都是非常大的祸患。

加重刑罚，树立底线思维，"大制"就是国家大法，是不可触碰的底线，是每个人都必须明白并遵守的，对敢触碰的人，就要施以严刑。连不可触碰的底线都弄不明白，是因为有空谈误国的人。放弃刑罚的震慑，空谈的人没办法阻止别人触碰底线，因此空谈误国的人成群，民众就不会为国效劳。

原文

是故，兴国罚行则民亲；赏行则民利。行罚，重其轻者，轻者不至，重者不来。此谓以刑去刑，刑去事成。罪重刑轻，刑至事生，此谓以刑致刑，其国必削。

译文

因此，兴旺的国家执行刑罚，民众就亲附国君；实行奖赏，民众就获得利益。执行刑罚，如果罪行轻而刑罚重，那么轻罪就不会产生，重罪也不会出现，这就称为用刑罚来消除刑罚，不用刑罚，政事也能够办成功。假如罪行重而刑罚轻，那么尽管用了刑罚，犯法的事还会不断出现，这就称为用了刑罚反而带来更多的刑罚，这样的国家一定削弱。

青云说

把法律的惩罚条款制定得细之又细，在商鞅看来，这就是把简单问题复杂化的愚蠢之举。问大家一个问题，贪污一元钱和贪污一亿元，哪一个更恶劣呢？很多人可能会说，当然是贪污一亿元更恶劣，因为数额更大嘛。其实贪污一亿元可以归咎为诱惑太大让人没有把持住，那么贪污一元钱的理由是什么呢？只能说人性本贪。有贪念的人如果有机会贪污更大的数额，只会更加肆无忌惮，所以贪污一元钱并不比贪污一亿元受到的刑罚害处小。

第十三章·靳令

千里之堤，溃于蚁穴。所有的大问题都是因为小问题没有及时解决造成的。在商鞅看来，只有贪污和没有贪污的区别，而没有贪污数额多少的区别，也就是只看性质不看数量。贪污一元钱和贪污一亿元受到的刑罚一样重，那么贪污一元钱的人就没有了，更不可能有贪污一亿元的事情发生。

商鞅认为，要想杜绝犯罪，轻罪重判才是正确的选择。重罪轻判不但不能杜绝犯罪，还会助长犯罪分子的嚣张气焰。

原文

圣君知物之要，故其治民有至要，故执赏罚以壹辅仁者，心之续也。圣君之治人也，必得其心，故能用力。力生强，强生威，威生德，德生于力。圣君独有之，故能述仁义于天下。

译文

圣明的国君知道事物的关键，因此他治理民众有一个最关键的东西。执行赏罚推行农战来辅助施行仁政，这是爱民之心的延续。圣明的国君治理民众，必定获得民心，这样才能使用民众的力量。实力能使国家强大，国家强盛就有威势，威势产生恩德，因此恩德来自实力。上面说的这些，只有圣明的国君才有，因此他能够把仁义推行于天下。

青云说

圣明的君主懂得事物的关键所在，所以他治理民众能掌握最关键的东西。这个最关键的东西是什么呢？就是"行罚，重其轻者，轻者不至，重者不来。此谓以刑去刑，刑去事成"。仁政是什么？就是保护民众，让他们安居乐业。施行仁政的前提是什么？是通过严刑峻法消灭产生坏人的土壤，民众才能够在太平的环境里安居乐业，这才是完整全面的仁政。

得民心是把国家治理好了的结果，而不是把国家治理好了的原因。得民心这个结果出现之前，有很多重要的事情需要完成。重要的事情不但包括消灭坏人，还包括消灭产生坏人的土壤。

无原则地迎合人民是为了短期利益而牺牲长期利益，当不良后果显现的时候，就会长久地失去民心。治国理政是有必须遵循的法则的，这些法则不以人的意志为转移，遵循了，国家就一定治理得好，不遵循，国家就一定治理不好。

给百姓创造一个安居乐业的环境，百姓才会为国效力，百姓都为国效力了，国家才能强大，国家强大了，才能拥有威势向天下输出自己的意志。向天下输出什么意志呢？输出太平安定的秩序，安居乐业的环境，幸福美好的生活，这就是德。让多数民众安居乐业的德，来自于让少数不良分子恐惧战栗的刑，是让好人舒服还是让坏人舒服，这是君主施行仁政之前要做的一道选择题。

所以说，这种造福天下的德，是圣明的君主独有的，只有圣明的君主才有能力向天下输出仁义。这样的仁义不是空谈的仁义，而是真正实现了天下太平的仁义。

第十四章 修权

第十四章·修权

导读

很多人错误地认为，权力意味着任性和索取，这不是中国传统的正确权力观，而是异化了的权力观。中国传统的权力观认为，权力意味着责任和奉献。先秦典籍大部分都是在讲有能力的人肩负维护天下太平、守护百姓安乐的责任。

在一个只相信实力为尊的社会里，实现任何目标都需要经过艰苦的斗争，胜利意味着获取了发号施令的权力。但是权力是一把双刃剑，可以用来消灭坏人造福百姓，也可以用来保护坏人祸害百姓。所以在中国传统文化里，给权力划定了严格的适用范围，《修权》这一章就是讲应该怎么使用权力。

原文

国之所以治者三：一曰法，二曰信，三曰权。法者，君臣之所共操也；信者，君臣之所共立也；权者，君之所独制也。人主失守则危。君臣释法任私，必乱。故立法明分，而不以私害法，则治。权制独断于君则威。民信其赏，则事功成；信其刑，则奸无端。惟明主爱权重信，而不以私害法。

译文

国家之所以管理得好，有三个因素：一是法令，二是信用，三是权力。法令，是君臣一起执行的；信用，是君臣一起树立的；权力，是国君独自掌控的。国君如果失去权力，国家就很危险。君臣如果丢弃法令，凭私情办事，国家就必定混乱。因此制定法令，明确是非界限，不以私情危害法令，国家就管理得好。大权由国君独揽，就有威望。民众相信国君一定会对立功的人进行奖赏，事业就能成功；相信犯罪的人一定会受到国君的刑罚，奸邪就无法产生。只有英明的国君才珍惜权力，注重信用，而不以私情损害法令。

青云说

国家之所以治理得好，有三个因素：一是法，也就是有法可依；二是信，也就是有法必依；三是权，也就是得保证上面两点得到切实贯彻。法，需要君臣共同推行，任何一方做不好都无法推行；信，需要君臣共同建立，任何一方做不好都会影响信用；权，需要君主独自掌控，如果被大臣窃取，君主就会陷入危险之中，随时会被权臣取而代之。

制定法律和维护法律尊严都需要一个一言九鼎的人，如果没有君主统一意见做决策，法律就建立不起来，如果没有君主保驾护航，法律建立起来也不会得到执行。法律明明白白写在那里，供所有人规范自己的行为，因此可以作为全社会固定的准绳。

人的私人意志深藏在心里，是变化莫测的，所以君臣抛弃法治，以私人意志管理国家一定会混乱。设立法律的目的是明确做事的界限和考核标准，不允许私人意志任性妄为。君主之所以有威严，是因为说话有人听，君主的话之所以有人听，是因为权力牢牢掌控在君主手中。如果君主失去了权力，那么君主的地位就不保。这就是说，下级权力服从上级权力，最高权力一定要掌控在君主手里。

原文

故上多惠言而不克其赏，则下不用；数加严令而不致其刑，则民傲罪。凡赏者，文也；刑者，武也。文武者，法之约也。故明主慎法。明主不蔽之谓明，不欺之谓察。故赏厚而信，刑重而必，不失疏远，不私亲近。故臣不蔽主，而下不欺上。

译文

所以国君如果光说封官许愿的话而不真正兑现奖赏，臣民就不愿效力；如果一再发布严格的禁令而不对违反禁令的人施以刑罚，民众对犯罪就毫不在意。奖赏，是文治；刑罚，是武治；这一文一武，是法律以文字订立的应共同遵守的条件。因此，英明的国君对法治非常谨慎。国君不受人蒙蔽，这称为明辨事非；不被人欺骗，这称为了解下情。因此奖赏要厚而且一定兑现，刑罚要重而且一定执行；推行奖赏时不遗漏疏远的人，执行刑罚时也不包庇亲近的人。这样，臣子就不敢欺骗国君，下级也就不敢欺瞒上级了。

青云说

君主许诺了很多恩惠但是不予兑现，那么臣下就不会效力。这就是我们常说的"口惠而实不至"，如果君主这样做，那么许诺得再多也不会有人当回事了。屡次发布严厉的法令却从来没有处理过那些违反法令的人，那么百姓就不会拿犯罪当回事了。这就是我们常说的"板子高高举起，轻轻落下"，这样的话，法令再严格也不会有人遵守了。

"赏"是文治，"刑"是武治。"赏刑"就是法律对人的约束，规定什么该做什么不该做，做好了该做的事就"赏"，做了不该做的事就"刑"。所以明主对法治很慎重，也就是既不拍脑门子随意制定法律，也不会在法律制定后带头违反法律。要想做到"慎法"，首先要做到不被"弊"，不被"欺"。"弊"，是让君主得不到信息；"欺"，是让君主得到虚假的信息。

"明主不蔽之谓明，不欺之谓察"，什么是"不蔽"呢？就是君主能获取所有需要的信息，这样才能做到"明"，确保对一切信息都了如指掌。什么是"不欺"呢？就是能识破所有虚假的信息，这样才能做到"察"，确保一切信息都是真实的。

臣下欺骗君主的方式归根结底就这么两种，要么让君主看不见，要么让君主看见的都是假的。君主怎么才能看见所有信息而且看见的信息还都是真实的呢？就是"以天下之目视""以天下之耳听""以天下之心虑"。怎么把天下人的能力都为自己所用呢？通过赏罚。而要保障赏罚有效果，君主就要权制独断。

权制独断的情况下，赏赐丰厚而且有功必赏，刑罚严酷而且有罪必罚，即便是和自己关系非常疏远的人，立功了也要赏，即便是和自己关系非常亲近的人，犯罪了也要罚。做到了这两点，臣下对君主就会没有任何保留，君主看不见的事情都会有人告诉君主，有人告诉君主虚假的信息也会有人揭穿他，这就是"臣不蔽主，而下不欺上"。

做不到这两点的话，臣下不能通过为君主效力获取功名利禄，就会走各种歪门邪道谋取私利。枉法谋私之后就要想办法逃避惩罚，要么阻断信息的上传下达，把君主变成"瞎子"，要么灌输各种歪理邪说，把君主变成"傻子"。这样的事，在历史上反复上演。

原文

世之为治者，多释法而任私议，此国之所以乱也。先王县权衡，立尺寸，而至今法之，其分明也。夫释权衡而断轻重，废尺寸而意长短，虽察，商贾不用，为其不必也。故法者，国之权衡也。夫倍法度而任私议，皆不知类者也。不以法论知能贤不肖者，惟尧，而世不尽为尧。是故先王知自议誉私之不可任也，故立法明分，中程者赏之，毁公者诛之。

译文

世间的统治者，大多放弃法制而相信私人议论，这是国家混乱的根源。古代的帝王制定秤和尺，流传到现在还在使用，是由于它们的标准明确。如果不用秤而判断轻重，不用尺而测量长短，虽然也能够分辨，但是商人不使用这种办法，因为它不精确。法制就是国家的秤和尺。背离法制而听信私人议论，都是和不知道两者的道理是类似的。不用法令制度作为标准就能判断人们的智慧、才能、贤与不贤的，只有尧，但是世上的人不可能全是尧。所以先王知道靠自我评价和私人吹捧的人，是不能任用的，必须设置法令制度，分清界限，符合规章的就奖赏，危害公利的就惩罚。

青云说

秤和尺是分辨重量和长度的工具，如果没有秤和尺，重量和长度就只能靠个人猜测，个人猜测和用秤尺的区别在哪里呢？用秤和尺去量每次都准，但是个人猜测不是每次都准。即使有每次都能猜对的人，那也是千年不遇的个例，不具备普遍性。同样的道理，我们怎么分辨一个人有没有智慧才能呢？靠法，法律是分辨智慧和才能的工具。也就是给智慧和才能设立一个标准，立多大功就是有多大的智慧和才能。没有立功的时候虽然也可以猜测一个人有没有智慧和才能，但不可能做到每次都准确。所以必须要依靠法来判别，而不是依靠当事人的自我吹嘘和别人的吹捧、推荐来判别。

原文

赏诛之法不失其义，故民不争。授官予爵不以其劳，则忠臣不进；行赏赋禄不称其功，则战士不用。凡人臣之事君也，多以主所好事君。君好法，则臣以法事君；君好言，则臣以言事君。君好法，则端直之士在前；君好言，则毁誉之臣在侧。

译文

奖赏和惩罚的办法，不背离合理的制度，因此民众没有争辩。如果授官职和爵位不依照尽力的多少，忠臣就得不到激励了；如果给予爵禄与战功的大小不相符，士兵就不愿效力了。一般地说，臣子侍奉国君，大多是根据国君的爱好。国君爱好法制，臣子就以法制侍奉他；国君喜欢言谈，臣子就以美言侍奉他。国君喜欢法制，正直的人就会聚集在他面前；国君喜欢言谈，搬弄是非彼此吹捧的人就围着他转。

青云说

身边亲近的人不立功也得不到爵禄，效力的臣下就不会有怨言；山高皇帝远的人犯法了也逃脱不了刑罚，臣下就会亲近君主。只要君主带头守法，就会人才济济；如果君主带头违法，就会奸臣当道。正所谓，"上有所好，下必甚焉"，说的就是这个道理。

原文

公私之分明，则小人不疾贤，而不肖者不妒功。故尧、舜之位天下也，非私天下之利也，为天下位天下也。论贤举能而传焉，非疏父子亲越人也，明于治乱之道也。

译文

公私界限明确，小人就不忌妒贤人，没才能的人也不忌妒有功的人。尧、舜居天子之位，并非为了把天下的利益据为己有，而是为了天下人的利益而治理天下。选拔贤能的人，并把天下传给他，并不是远离自己的儿子、亲近远方的外人，而是懂得治和乱的道理。

青云说

公私分明，小人就不会憎恨贤能的人，不肖者也不会忌妒有功劳的人。"小人"是不想干事还见不得别人干事的人，"不肖者"是想干事却什么也干不成的人。只要公私分明，"小人"和"不肖者"就没有机会上位，因为他们一个不想干事，一个干不成事，不可能立什么功劳。

在公私不分明的情况下，不能严格遵守法律，而是凭君主个人喜好授予爵禄，那么小人和不肖者就有机会上位，这些人要是掌控了权力，就会憎恨贤能的人，忌妒有功劳的人，因为这些人会衬托出他们的无能。公私分明让他们没有了上位的机会，他们也就不憎恨贤能的人、忌妒有功劳的人了。

所以尧、舜治理天下，不是把天下的利益据为己有，而是为了天下的利益管理天下。选拔贤能的人把天下传给他，不是疏远亲生儿子亲近外人，而是明白天下为什么会治、为什么会乱的道理。很多人幻想当了皇帝就可以为所欲为，这就是奔着身死国灭的路子走了。历史上，有多少亡国之君，这都是他们不"明于治乱之道"的结果。

原文

故三王以义亲天下，五霸以法正诸侯，皆非私天下之利也，为天下治天下。是故擅其名而有其功，天下乐其政，而莫之能伤也。今乱世之君臣，区区然皆擅一国之利而管一官之重，以便其私，此国之所以危也。故公私之交，存亡之本也。

译文

三王用道义爱护天下的人，五霸靠法制管控诸侯，也都不是为了霸占天下的利益，而是为了天下的人而治理天下。所以他们独得明君的美誉，而且建立了功绩，天下的人都喜欢他们掌政，而没有人能够危害他们。如今乱世的君臣，都很得意地满足于霸占一个国家的利益，掌管一个官职的权力，从而实现自己的私利，这是国家危亡的原因。因此公私的界限，是国家存亡的根本。

青云说

也就是说，名副其实的贤能君主，百姓都喜欢，百姓不喜欢的是名不副实的君主。国家兴亡的本质，就看公权掌握在谁的手里。为公的人掌控了权力，国家就有了向心力，就会走向兴盛。为私的人掌控了权力，国家就有了离心力，就会走向衰亡。

历史看似跌宕起伏曲折复杂，其实本质上都是公私之争，不要看那些历史人物说了什么，而要看他们做了什么，看清楚他们做的事是为了公还是为了私，很多历史之谜就不再是谜了。就像那些打着为公的名义反对商鞅变法的人，当看到变法让秦国走向强大的时候，他们为什么依然痛恨商鞅呢？

原文

夫废法度而好私议，则奸臣鬻权以约禄，秩官之吏隐下而渔民。谚曰："蠹众而木析；隙大而墙坏。"故大臣争于私而不顾其民，则下离上。下离上者，国之隙也。秩官之吏隐下以渔百姓，此民之蠹也。故有隙、蠹而不亡者，天下鲜矣。是故明王任法去私，而国无隙、蠹矣。

译文

国君废除法制而喜爱私人议论，奸臣就会出卖国君的权力来贪求贿赂，一般的官吏就会掩盖下情、残害百姓。谚语说："蛀虫多了树木就会折断；裂缝大了墙壁就会坍塌。"所以大臣只顾夺取私利而不顾百姓，百姓对国君就会离心离德。百姓对国君离心离德，就是国家的"裂缝"。平常的官吏掩盖下情、残害百姓，就是民众的"蛀虫"。国家有了"裂缝"和"蛀虫"而不覆灭的，天下少见。因此，英明的国君要认真实行法令，抛开私人议论，这样国家就没有"裂缝"和"蛀虫"了。

青云说

君、臣、民三者之间的关系有这么两种：一是君民一条心共同压制官僚集团，让官僚集团不敢腐败；二是君臣一条心共同压榨天下百姓，让天下百姓不得翻身。也就是说，如果没有力量去制衡，官僚集团必然会腐败变质走向百姓的对立面。

治国就是治吏，君明才能臣贤，关键就是一个"公"字。如果君主心里只装着自己而没有天下，只管自己荣华富贵、穷奢极欲，不管百姓死活，那么必然会失去天下。如果君主心里装着天下而没有个人的私利，一切为了天下太平，为了让百姓过上好日子，那么必然会长久地拥有天下。

我们可以以此为模型去分析历史上任何一个君主的成败得失。凡是心系百姓的君主，必然都是官僚集团不喜欢的君主，因为和这样的君主一起共事不轻松，既要勤勤恳恳工作，还不能搜刮百姓来致富。这样的君主在官僚集团的笔杆子下经常以残暴无情、滥杀功臣的形象出现，其实大多数情况下，是大臣们忘了初心使命，祸国殃民才引来杀身之祸。

心系老百姓的君主如果斗赢官僚集团，那么国家就会风清气正、太平安定。如果斗不赢官僚集团，国家就会被逐渐掏空，最终王朝覆灭。

再好的皇帝，如果下面是一群阳奉阴违的官员在做事，国家依然会走向灭亡。为什么会滋生这样的官僚集团呢？因为君主失去了对官僚集团的掌控。毛主席说过"治国就是治吏"，如果不能压制官僚集团的私心，他们可以为了满足贪欲而无视国家的灭亡。

第十五章 徕民

> **导读**

人是最宝贵的，有了人就有了一切，没有了人，一切都是空谈。《徕民》这一章讲的就是怎么招徕民众。

一个国家内部有人代表向心力，导向的是国家长治久安的太平秩序；有人代表离心力，导向的是国家分崩离析的战乱秩序。当向心力主导国家秩序的时候，外部侵略就会收敛；当离心力主导国家秩序的时候，外部侵略就会频繁。招揽民众，显然是要招揽能创造财富的民众，而不是贪图享乐、希望不劳而获的民众。

秦国由于崇尚艰苦奋斗，鼓励劳动致富，所以招揽六国民众的时候遇到了无人愿来的局面。当时秦国是如何解决这个问题的呢？

> **原文**

地方百里者，山陵处什一，薮泽处什一，溪谷流水处什一，都邑蹊道处什一，恶田处什二，良田处什四，以此食作夫五万。其山陵、薮泽、溪谷可以给其材，都邑蹊道足以处其民，先王制土分民之律也。

> **译文**

方圆百里的地方，高山、丘陵占国土面积的十分之一，湖泊、沼泽占国土面积的十分之一，山谷、河流占国土面积的十分之一，城镇、道路占国土面积的十分之一，薄田占国土面积的十分之二，良田占国土面积的十分之四。可以用这些土地养活约五万个从事农业生产的农民。其中的高山、丘陵、湖泊、沼泽、山谷、河流可以供给各种原料，城镇、道路足够民众居住使用，这就是先古帝王制定的划分土地、分配人口的原则。

> **青云说**

从这一段的内容可知，那时候每座城池大概就是5万人口，从城池数就可以大概知道一个国家的人口数。公元前284年，燕昭王拜乐毅为上将军，联合秦、韩、赵、魏四国共同伐齐，五国联军在济西大败齐国军队。之后乐毅独率燕军连破齐国72座城池，齐国仅剩下莒城、即墨在坚守。也就是说，当时齐国有74座城池，如果按照每座城池5万人口计算的话，就是370万人，加上临淄这样的10万人口以上的大城，估算齐国总人口数会是400万以上。如此看来，战国七雄总人口数肯定有2000万以上了。

一个国家养活多少人，需要多少耕地，需要什么配套资源，这都是硬性条件，必须遵循这些基本规律，才能国富民强。

> **原文**

今秦之地方千里者五，而谷土不能处二，田数不满百万，其薮泽、溪谷、名山、大川之材物货宝又不尽为用，此人不称土也。

> **译文**

现在秦国拥有方圆五千里的土地，可是能种庄稼的田地还不能占到国土面积的十分之二，田数不到一百万，国土中的湖泊、沼泽、山谷、溪流、大山、大河中出产的原材料、财宝又不能全部被利用，这就是人口与广阔的土地不相称啊。

> **青云说**

商鞅变法前，秦国属于蛮荒之地，人少地多。要想让国家强大起来，就必须创造出巨大的财富，要想创造出巨大的财富，就必须把广袤的土地都开垦出来，要想把广袤的土地都开垦出来，就需要数量庞大的人口。靠自我繁衍来增加人口，时间太过漫长，最好的方法就是把别国的民众招揽到自己的国家。

原文

秦之所与邻者三晋也；所欲用兵者，韩、魏也。彼土狭而民众，其宅参居而并处，其寡萌贾息民。民上无通名，下无田宅，而恃奸务末作以处。人之复阴阳泽水者过半。

译文

秦国的邻居，是从晋国分出来的韩、赵、魏三国；秦国用兵的对手，是韩国和魏国。这两个国家土地面积很小而人口众多，住所杂乱而拥挤，民众要么游手好闲要么经商求利。民众上没有升迁的门路，下没有土地和住所，全靠耍奸欺诈从事工商业来谋生，有一半以上的民众是在山前山后和湖泽河流边上潮湿的地方穴居。

青云说

韩、赵、魏三国的情况和秦国正好相反，属于地少人多，由于对人口没有有效的管理，所以游手好闲投机取巧的人比较多，参与劳动创造财富的人少，那么生活环境和生活水平必然就很差。没有劳动致富的制度和氛围，那么服务少数富人的投机商人和游士就会增多，更进一步带坏社会风气，形成恶性循环，最终带来的是严重的贫富差距，而严重的贫富差距正是一个国家走向动乱解体的导火索。

原文

此其土之不足以生其民也，似有过秦民之不足以实其土也。意民之情，其所欲者田宅也，而晋之无有也信，秦之有余也必。如此而民不西者，秦士戚而民苦也。

译文

这些国家的土地不够供养它的民众生存的情况，似乎比秦国民众不够用来住满国土的情况还严重。猜测一下民众的心理，他们所想要的东西是田地、房屋。韩、赵、魏没有这些是肯定的，秦国多而有余也是肯定的。像这种情况，韩、赵、魏三国的民众也不向西进入秦国，原因是秦的士阶层忧愁而民众辛苦。

青云说

韩、赵、魏三国对百姓管理宽松，秦国对百姓管理严格，韩、赵、魏三国的很多百姓宁可在本国游手好闲过穷日子，也不想到秦国勤劳实干去致富，当时堕落的社会风气可见一斑。在很多人看来，"秦士戚而民苦"，也就是在秦国当官和当百姓都不轻松，不但不能混日子，还得每天琢磨工作去立功才行。

原文

臣窃以王吏之明为过见，此其所以不夺三晋民者，爱爵而重复也。其说曰："三晋之所以弱者，其民务乐而复爵轻也。秦之所以强者，其民务苦而复爵重也。今多爵而久复，是释秦之所以强，而为三晋之所以弱也。"此王吏重爵、爱复之说也，而臣窃以为不然。夫所以为苦民而强兵者，将以攻敌而成所欲也。兵法曰："敌弱而兵强。"此言不失吾所以攻，而敌失其所守也。

译文

我个人以为，国君的官吏认为正确的道理其实是错误的见解，这是秦国不能将三晋的民众夺取过来的原因，正是由于吝惜爵位和舍不得免租免役。他们说："三晋所以弱的原因，是由于民众追逐享乐，国家又随便给民众免租免役，随便给人爵位。秦国所以强的原因，是由于民众可以吃苦，国家又不随便给人免租免役，不随便给人爵位。如果我们现在也多给人民爵位，延长免租免役的时间，就是放弃秦国所以强大的措施，而采用三晋所以弱的措施了。"这就是大王的官吏重视爵位、舍不得免租免役的说法。臣认为这种话不对。我们之所以叫人民吃苦来让军队强大，是为了攻打敌国，实现自己的愿望。兵法说："敌国兵力弱了，我们兵力就强了。"这是说我们没有失去进攻的力量，而敌人失去了守卫的力量。

> **青云说**

爵位舍不得给，税赋舍不得免，也就是我们现在说的招商政策不够优惠。上面这些话的意思是说，给三晋前来归附的百姓一个超国民待遇，让三晋的百姓离开自己的国家到秦国来，这样的话力量就会此消彼长。秦国进攻的力量即便没有增加，但是三晋防守的力量减少了，也相当于获得了胜利取得了优势。看到这里，你会不会觉得这话不像是商鞅说的呢？事实上，这话确实不是商鞅说的。为什么这么说呢？我们接着往下看。

> **原文**

今三晋不胜秦，四世矣。自魏襄以来，野战不胜，守城必拔，小大之战，三晋之所亡于秦者，不可胜数也。若此而不服，秦能取其地，而不能夺其民也。

> **译文**

现在三晋战不胜秦国，已经四代了。自魏襄王以来，他们野战打不过秦国，守城必定被秦国攻下，大小战争，三晋割给秦国的土地及其他损失，是数不过来的。像这样，他们还不屈服，是因为秦国仅能取得他们的土地，而不能夺得他们的人民。

> **青云说**

上面这段话是公元前260年，长平之战时期一位秦国大臣进谏秦王的话，而文中提到的魏襄王是公元前318年继位的，距离商鞅被车裂也已经过去20年了。《徕民》这一章的很多观点是和商鞅的观点背道而驰的，这是对现实的一种妥协，眼前利益是有的，长远损害也是有的。

妥协不是不可以有，但只可以作为权宜之计，不可以作为长期坚持的政策。就像我们以前对外商的很多超国民待遇已经取消了，因为短期利益已经透支完毕，长期损害正在凸显，再坚持下去就是赔本的买卖了，到了不能不取消的时候了。所以，《徕民》这一章中的很多观点，需要我们辩证地去看。

原文

今王发明惠，诸侯之士来归义者，今使复之三世，无知军事。秦四境之内陵阪丘隰，不起十年征，著于律也。足以食作夫百万。曩者臣言曰："意民之情，其所欲者田宅也，晋之无有也信，秦之有余也必。若此而民不西者，秦士戚而民苦也。"

译文

现在大王发布明确的优惠政策，凡是各诸侯国来归附的人，就让他们三代都免去徭役，不用参与战争。秦国境内，凡是丘陵、山坡、潮湿的土地，十年不收赋税，并把这些规则都写在法律上。这就足以召集上百万从事劳动的人了。前面我讲过："揣摩民众的心理，他们想要的是土地和房屋，这些东西，从三晋来说，的确是没有的，从秦来说，又一定是有余的。即使这样，三晋的民众还是不愿向西来秦国，是因为秦国的士阶层太忧心而民众又太辛苦。"

青云说

这一段话要表达的意思是，秦国闲置的土地很多，但是没有足够的人去开垦，出台的优惠政策是鼓励开垦荒地的，那些荒地本来就没有税赋可收，既然这样，闲着也是闲着，不如免税赋吸引三晋的人来开垦，减少三晋人口的目的也就达到了。

原文

今利其田宅，而复之三世，此必与其所欲而不使行其所恶也。然则山东之民无不西者矣。且直言之谓也，不然，夫实圹虚，出天宝，而百万事本，其所益多也，岂徒不失其所以攻乎？

译文

现在，给他们好的土地和住宅，让他们三代免租免役，这就是给他们想要获得的东西，而不让他们去做讨厌的事情。这样，崤山以东的民众，就没有不到西面向秦而来的了。这些全是向国君说的真话，其实，事情还不只是这样。因为充实了田野上空虚的地方，开发了自然的物资，增加了百万从事农业生产的劳动力，这样做的益处很多，难道仅仅是不会丧失进攻的力量这一点吗？

青云说

很多人可能会问，免除三代的徭役赋税，国家有什么好处呢？好处就是产业链放在了国内，不会被敌人卡脖子了。虽然收不到税赋，但是土地产出的物资都在国内，可以随时用钱买到，这对国家安全来说就是很大的保障，同时还能让外国的产业空心化。

原文

夫秦之所患者，兴兵而伐，则国家贫；安居而农，则敌得休息。此王所不能两成也，故三世战胜，而天下不服。今以故秦事敌，而使新民作本，兵虽百宿于外，竟内不失须臾之时，此富强两成之效也。臣之所谓兵者，非谓悉兴尽起也，论境内所能给军卒车骑。令故秦民事兵，新民给刍食。天下有不服之国，则王以此春违其农，夏食其食，秋取其刈，冬冻其葆，以《大武》摇其本，以《广文》安其嗣。王行此，十年之内，诸侯将无异民，而王何为爱爵而重复乎？

译文

秦国所忧虑的，是兴兵攻打敌人，国家就穷；安居而务农，敌人就获得休息。这是国君不能两个方面都获得成功的事。因此，从前三代国君都打胜仗，还是无法使天下屈服。现在用秦国原来的民众对付敌人，用新招来的民众专门务农，军队即使在外边驻扎上百天，国内也一点不误农时，这就取得富和强的双重成效。我所说的用兵，并非说把一切人力全部动用起来，而是依照国内力所能及的情况，提供士兵、车辆和马匹。让秦国原来的民众当兵，让新招来的民众供给粮草。天下如果有不听从的诸侯国，国君就在春天出兵去扰乱他们的农耕，夏天去吃他们的食物，秋天去夺占他们收割的庄稼，冬天使他们藏的粮食上冻。用《大武》篇所言去动摇他们的基础，用《广文》篇所言，去抚慰他们的后代。国君只要这样做下去，十年之内，诸侯各国的民众就没有一个不作为秦国的民众了。既然如此,国君为何还要吝惜官爵而舍不得免除徭役呢!

青云说

《大武》和《广文》指的是《逸周书》中的两个篇章,《广文》也称《允文》篇。《大武》篇讲的是如何打仗;《允文》篇,讲的是如何用文德作为纲纪,巩固胜利、保持安定。

秦国百姓适应新法,感受到新法带来的成效,尚且经过了很长的时间和艰难的斗争,更何况是六国的百姓对新法毫无了解,脑子里只存在秦国被妖魔化了的表象呢。

原文

周军之胜,华军之胜,秦斩首而东之。东之无益,亦明矣,而吏犹以为大功,为其损敌也。今以草茅之地,徕三晋之民而使之事本,此其损敌也,与战胜同实。而秦得以之为粟,此反行两登之计也。

译文

伊阙之战和华阳之战的胜利,秦国都是斩敌人的头颅而向东进军的。这样向东进军没有好处已经是很显然的了,然而官吏们还认为这是大功,因为危害了敌国。现在,我们利用长荒草的土地,招徕三晋的民众,让他们从事农耕,这样做对于敌人的危害和打胜仗对敌人的损害一样。而秦国得到他们的民众让他们生产粮食,这是军事和生产两个方面都能成就的妙计。

青云说

"周军之胜"指的是伊阙之战,发生在周赧王二十二年(公元前293年),地点是石窟开凿前的洛阳龙门。秦国为打开东进中原的通道,由大将白起率秦军在伊阙龙门大破韩魏24万联军,攻占伊阙,夺取魏城数座以及韩国安邑以东大部分地区。魏、韩两国割地求和。此战令韩国精锐损失殆尽,秦国则以不可抗拒之势向东进击。

"华军之胜"指的是华阳之战,发生在秦昭襄王三十四年(公元前273年),秦国名将白起、魏冉率军在韩国的华阳一带,今河南省新郑市区周围，同魏国、赵国的军队发生的战争。魏、赵两国最终战败，秦国获胜并占领魏国大片城池，此战共斩杀魏、赵联军十五万。战后，魏国元气大伤，无力再战。魏国献南阳之地向秦国求和，秦国将南阳连同过去攻占的楚国上庸之地合并起来，设置南阳郡。

伊阙之战和华阳之战的胜利，秦国斩获颇多。这时候就面临两个选择，是继续向东进攻，还是先稳固已经打下来的地盘。对于秦国将领来说，有可能为了贪功继续进攻，但是成本和收益比会越来越低。也就是说，我们做任何事，不能只看收入，还要看支出。

支出不但要考虑当下的支出，还要考虑未来的支出，如果战争不是盈利行为，而是沦为了纯粹的消耗战，就会让国家不堪重负，造成形势的逆转。消耗敌国的力量不止打仗这一个方法，还可以让敌国的民众都离开他们的国家，投奔我们的国家，对削弱敌国实力来说，两种方法取得的效果是一样的，但是后者的成本更低。

秦国用没有开垦过的荒地招徕韩、赵、魏三国的民众，再让他们从事农业生产，不但减少了韩、赵、魏三国的人口，秦国还获得了韩、赵、魏三国民众种出来的粮食。这告诉我们的道理是，既然要拼消耗，那就应该用更好的方法拼消耗，用最低的投入获得更好的效果。

原文

且周军之胜、华军之胜、长平之胜，秦所亡民者几何？民客之兵不得事本者几何？臣窃以为不可数矣。假使王之群臣，有能用之，费此之半，弱晋强秦，若三战之胜者，王必加大赏焉。今臣之所言，民无一日之繇，官无数钱之费，其弱晋强秦，有过三战之胜，而王犹以为不可，则臣愚不能知已。

译文

况且秦国在伊阙之战、华阳之战、长平之战中损失了多少人啊？秦国百姓因为当兵在外作战而不能从事农业生产的又有多少啊？我个人认为多得没有办法计算了。假如大王的臣子当中，有人运用这些兵力，只耗费一半的资源来削弱韩、赵、魏三国的实力，使秦国强大，取得如同三次战役一样的胜利，大王一定会大加赏赐。现在我所说的方法，是让民众不服一天的徭役,官府不浪费多少钱,可是却能削弱韩、赵、魏三国的实力,使秦国强大,效果远胜那三次战役,大王却还是认为不可行,那么我就真的愚昧到了不能明白的程度了。

青云说

伊阙之战、华阳之战和长平之战虽然取得了胜利,但是秦国也付出了惨重的代价。伊阙之战和华阳之战中秦军伤亡均超过数万人,长平之战中秦军伤亡甚至超过二十万人。如果有办法削弱敌国的力量,而秦国却不需要付出巨大的战争代价,是不是更好呢?也就是说,能够达到相同的战果,却只用付出更低的成本代价,何乐而不为呢?

原文

齐人有东郭敞者,犹多愿,愿有万金。其徒请赒焉,不与,曰:"吾将以求封也。"其徒怒而去之宋。曰:"此爱于无也,故不如以先与之有也。"今晋有民,而秦爱其复,此爱非其有以失其有也,岂异东郭敞之爱非其有以亡其徒乎?

译文

齐国有个叫东郭敞的人,他抱有太多的愿望,希望自己能有万镒黄金。他的徒弟向他请求救助,他不给。他说:"我打算拿这些钱去换取官爵呢!"他的徒弟气冲冲地离开他到宋国去了。人们说:"他这样吝惜还没得到的东西,还不如把已经有的钱先给徒弟呢。"如今三晋有的是民众,而秦国却舍不得免租免役,这正是爱惜自己还没有的,以至丧失自己所拥有的。这和东郭敞爱惜他还没有的东西而失去了徒弟,有何不同呢?

青云说

这个故事是比喻不能为了还没有到手的东西而失去现有的东西,这就好比你问一个人如果中了彩票会不会救济朋友,这个人却说舍不得分给有困难的朋友一样,这种把没得到的东西在口头上都舍不得送人的人是不明智的。与这个情况类似的是,秦国无人开垦的土地本来就没有税赋可得，所以给六国来归附的百姓开垦，而不收取税赋其实没有什么损失。为了不想免除本来就不存在的税赋，而把人拒之门外，就相当于讨论如果中了彩票要不要分给朋友的时候，说坚决不给朋友，把朋友给得罪了一样愚蠢。

原文

且古有尧、舜，当时而见称；中世有汤、武，在位而民服。此四王者万世之所称也，以为圣王也，然其道犹不能取用于后。今复之三世，而三晋之民可尽也。是非王贤立今时，而使后世为王用乎？然则非圣别说，而听圣人难也。

译文

上古的时候有尧、舜，当时就被人称颂；中古时候有商汤、周武王，在位的时候民众都信服。这四位帝王，世世代代受到人们的称赞，但他们治理国家的方法却不能被以后的统治者拿来使用。现在如果免除三代的徭役赋税，那么韩、赵、魏三国民众就能全被招来了。这不就是依靠大王今天的贤明确立新方法，而让三晋百姓的后代为大王所用吗？那么看来不是圣人的说法特别，而是听从圣人的教导很难啊！

青云说

我们经常说，历史最大的教训是后来者从来不吸取教训，说的也是同样的道理。我们现在遇到的问题，历史上都发生过，也都有现成的方法可以解决，但是人们都不去采用。放着现成的桥不走，说到底，还是放不下一颗私心啊。

应该说，《徕民》这一章中出现了最早的超国民待遇，最早的招商引资，后世的各种方法只是让内容更加丰富了，但本质上是一回事。这一章并非原汁原味的商君思想，有后世之人夹带的个人发挥，这一点务必要仔细区分。

第十六章 刑约（佚）

导读

本篇亡佚。

第十六章·刑约（佚）

第十七章 赏刑

第十七章·赏刑

导读

治国就像治病一样，扶正气，去邪气。扶正气需要用赏，鼓励人们去做正确的事。去邪气需要用刑，阻止人们去做错误的事。当人们都自觉做正确的事，不做错误的事的时候，就实现了教化，得到的是一个健康的社会风气。《赏刑》这一章讲的就是具体怎么用赏和刑来实现教化。

如果社会的规则是让不劳而获的人活得更好，那么必然要出乱子。为什么一定会乱呢？因为有人可以不劳而获，那么必然有人是劳而无获。不劳而获的人，财富几辈子都花不完，辛苦劳动的人，反而衣不蔽体、食不果腹，这种人为制造出来的巨大反差，不但不能让不劳而获的人心存感激，反而会更加嚣张跋扈，最终把劳而不得的人逼上反抗的道路。

原文

圣人之为国也，壹赏，壹刑，壹教。壹赏，则兵无敌；壹刑，则令行；壹教，则下听上。夫明赏不费，明刑不戮，明教不变，而民知于民务，国无异俗。明赏之犹至于无赏也，明刑之犹至于无刑也，明教之犹至于无教也。

译文

圣人管理国家，要统一奖赏、统一刑罚、统一教化。奖赏统一，军队就天下无敌；刑罚统一，政令就能实行；教化统一，臣民就听从国君。奖赏明确，不会浪费财物；刑罚明确，不会造成杀戮；教化明确，不会有人善变。这样，民众就懂得自己该做的事情，国家就没有不良的风俗。奖赏明确，就能够达到不用奖赏的境界；刑罚十分明确，就能够达到不用刑罚的境界；教化非常明确，就能够达到不用教化的境界。

青云说

"明"，就是白纸黑字规定好，也就是我们常说的公开、公平、公正。奖赏如果做到公开、公平、公正就不会浪费钱财，因为受赏的人做出了远超赏赐的巨大贡献。刑罚如果公开、公平、公正就不会造成杀戮，因为人们都不敢犯法也就不会有人受到惩罚。教化如果公开、公平、公正就不用改变风俗，因为国家没有异端邪说造成的不良风俗。

奖赏是因为有人解决了问题，如果没有问题，那么也就不存在解决问题，一个没有问题出现的国家是不需要奖赏的。刑罚是为了惩罚犯罪的人，如果没人犯罪，那么也就不存在刑罚，一个没有人犯罪的国家是不需要刑罚的。教化是为了抵制不良社会风气的侵染，如果没有不良风气，那么就不存在教化，一个没有歪风邪气的国家是不需要教化的。

没有"异俗"，是因为没有二心，没有二心，是因为做到了统一，把所有人都统一到正确的答案上来，消灭了冲突产生的土壤，让国家始终行进在正确的道路上，这就是治国的目的。

"赏""罚""教"，之所以存在，是因为人们不知道该做什么、不该做什么，所以要用这三个手段让人们只做该做的事，不做不该做的事。当这个目的实现了，手段也就成为了摆设。这其中的辩证关系，商鞅接下来进行了具体的讲解。

原文

所谓壹赏者，利禄官爵抟出于兵，无有异施也。夫固知愚、贵贱、勇怯、贤不肖，皆尽其胸臆之知，竭其股肱之力，出死而为上用也。天下豪杰贤良从之如流水。是故兵无敌而令行于天下。万乘之国不敢苏其兵中原，千乘之国不敢捍城。

译文

所说的统一奖赏，就是指利禄官爵都集中出自军功，没有其他获取的途径。因此原本聪慧、愚昧、富贵、低贱、勇敢、胆怯、贤德、不贤德的人，都用尽自己的智慧、竭尽自己的力量，拼死为君主效命。天下的英雄豪杰像流水一样追随君主，所以军队就天下无敌而政令得以在天下贯彻实行。万乘之国不敢同它在野外作战，千乘之国不敢在它进攻的时候守卫城池。

青云说

这里的"壹赏"，就是指统一获取奖赏的途径，奖赏只能是通过军功获得。获得奖赏是百姓所喜欢的，也是百姓所追求的，当获取奖赏的途径只有通过立军功的时候，所有人的智慧和力量就都会集中到勇猛作战获取军功上来。这样的国家必然强大，也必然有能力统一天下。

原文

万乘之国，若有苏其兵中原者，战将覆其军；千乘之国，若有捍城者，攻将凌其城。战必覆人之军，攻必凌人之城，尽城而有之，尽宾而致之。虽厚庆赏，何费匮之有矣？昔汤封于赞茅，文王封于岐周，方百里。汤与桀战于鸣条之野，武王与纣战于牧野之中，大破九军，卒裂土封诸侯，士卒坐陈者，里有书社。车休息不乘，纵马华山之阳，纵牛于农泽，纵之老而不收，此汤、武之赏也。

译文

如果有万乘之国同它在野外作战，只要战争打起来就会让万乘之国全军覆没；千乘之国如果防守城池，只要发起进攻就会攻破。打仗就一定能消灭别人的军队，进攻就一定能占领别人的城池。那么所有的城池都能占领，所有的诸侯都来朝贡。这样即使对立功的军队多加奖赏，财富怎么会耗费殆尽呢？从前商汤封于赞茅，周文王封于岐周，方圆也只有百里。商汤与夏桀在鸣条开战，周武王与商纣王在牧野交战，他们都大败夏桀和商纣王的强大军队，最后商汤和周武王都划分土地，分封诸侯。凡是坚守阵地的士兵，回到家乡后都按社里登记入册的人口拥有土地。战车放在那里不再乘坐，将马放到华山的南坡，将牛放到农田里，一直到老死也不收回来。这就是商汤和周武王的奖赏啊。

青云说

奖赏，在于激励人们创造财富，获得的是外部增量收益，而不是内部存量争夺。对待战争，我们应该辩证地来看，统一战争是为了实现天下太平，百姓安居乐业。侵略战争是为了奴役和掠夺，带来的是无休止的冲突和动乱，百姓不可能安居乐业。战争分正义和非正义，战争的目的决定了战争的性质。

原文

故曰：赞茅、岐周之粟，以赏天下之人，不人得一升；以其钱赏天下之人，不人得一钱。故曰：百里之君而封侯其臣，大其旧；自士卒坐陈者，里有书社。赏之所加，宽于牛马者，何也？善因天下之货，以赏天下之人。故曰：明赏不费。汤、武既破桀、纣，海内无害，天下大定。筑五库，藏五兵，偃武事，行文教，倒载干戈，搢笏，作为乐以申其德。当此时也，赏禄不行，而民整齐。故曰：明赏之犹至于无赏也。

译文

因此说：赞茅、岐周的粮食，如果用来奖赏天下的人，每个人还得不到一升；如果用赞茅、岐周的钱奖赏天下的人，每个人还不能得到一文钱。所以说：本来只拥有方圆百里土地的君主，却封自己的大臣为诸侯，这些诸侯的封地比他们原来的国土都大；阵前英勇作战的士兵，回到家乡后都按社里户籍登记的人口分得土地。他们的奖赏所及，甚至包括了牛和马，这是什么原因呢？是因为英明的君主善于使用天下的财物，来奖赏天下的百姓。所以说：高明的奖赏并不浪费财物。商汤、周武王已经攻破了夏桀、商纣王，国内没有什么祸害，天下十分安定。他们修建了五种仓库，收藏起来各种兵器，停止了征战之事，实行文化教育。将兵器倒着放好，不再征伐打仗，大臣们都穿着朝服，将朝笏插在腰间，又创制了音乐，用来彰明君主的功德。到了这个时候，奖赏和利禄都不实行，可是民众依然都遵守规矩。所以说：高明的奖赏的最高境界，就是不用奖赏。

青云说

伟大的君主之所以伟大，是因为他能够凝聚天下的正义力量，用百姓创造出来的财富来奖赏百姓，按军功来奖赏军队，代表扶正力量的百姓和代表祛邪力量的军队都能发挥出来最大的作用。国家也由小到大、由弱到强，最终统一天下，这是君主善于组织人民的结果。

奖赏，就是鼓励劳动，鼓励创造，获得奖赏的人得到的都是自己通过劳动创造出来的财富，这样的话，无论奖赏多少，财富都不会匮乏，而且是奖励得越多，国家的财富增长得就越多。

当用手段实现了目的，手段就可以停止使用了，因为使用手段的社会环境不存在了。用奖赏激励作战，实现天下统一，天下统一之后就不用再作战了，不用作战也就不再需要用奖赏激励作战了。

原文

所谓壹刑者，刑无等级，自卿相、将军以至大夫、庶人，有不从王令、犯国禁、乱上制者，罪死不赦。有功于前，有败于后，不为损刑。有善于前，有过于后，不为亏法。忠臣孝子有过，必以其数断。

译文

所说的统一刑罚，是指使用刑罚没有等级限制，从卿相、将军直到大夫和平民百姓，有不服从君主法令，违反国家禁令，破坏君主制定的法律的，其罪当死，不可赦免。从前打胜仗立过战功，但后来打了败仗，也不因以前的功劳而减轻刑罚。从前做过好事，后来又犯了错误，也不因前面做的好事而减少处罚。忠臣、孝子犯了罪，也一定根据他们罪过的大小来定罪。

青云说

这就是我们常说的"法律面前人人平等""天子犯法与庶民同罪"。法律不能看人下菜，不能让个别人享受特权。功是功，过是过，不能因为以前有功，就在有过的时候法外开恩。以前的功已经赏过了，就等于两清了，现在有过就一定要罚，两者不能混淆。但是，很多时候人们是做不到这一点的,总会用以前的立功经历来为现在的犯罪开脱罪责。法治被破坏,很多时候是因为在这种事情上犯了糊涂。

原文

守法守职之吏有不行王法者,罪死不赦,刑及三族。同官之人,知而讦之上者,自免于罪,无贵贱,尸袭其官长之官爵田禄。故曰:重刑,连其罪,则民不敢试。民不敢试,故无刑也。夫先王之禁,刺杀,断人之足,黥人之面,非求伤民也,以禁奸止过也。故禁奸止过,莫若重刑。刑重而必得,则民不敢试,故国无刑民。国无刑民,故曰:明刑不戮。

译文

管理法令、担任职务的官吏,有不执行国君法令的,判处死刑,决不赦免,他的三族也要一起受刑。周围的人,如果告发那个官吏的过错,不但自己能够免罪,而且不分贵贱,都能够接替那个官吏的官爵、土地和俸禄。因此说:使用重刑和推行连坐法,人们就不敢犯法了。人们不敢犯法,就能够不用刑罚了。之前的国君的刑罚,或者杀头,或者砍腿,或者在脸上刺字,并非为了伤害人,而是为了制止奸邪防止犯罪。所以制止奸邪防止犯罪,没有比重刑更有效的了。刑罚重并且坚决执行,人们就不敢犯法,这样,国内就没有受刑的人了。国内没有受刑的人,因此说:刑罚严明,就不用杀人。

青云说

作为官员,如果知法犯法,就要受到严厉处罚,因为这是直接把法治架空的行为。官员有法不依、有令不行是对法治最大的破坏,这样的罪过怎么处罚都不过分。

怎么才能知道下面的官吏徇私枉法呢?让周围的人监督官吏,官吏四周的人,知道官吏的罪过并能向君主揭发检举的,自己不仅能免受刑罚,而且不分贵贱,都能继承那位官吏的官爵、土地和俸禄。

商鞅认为,法律不是为了事后处罚,而是为了事前预防,所以处罚必须要重。因为刑罚非常重,所以才不敢犯罪,因为没人敢犯罪,所以才没人受到刑罚,这才是法治的逻辑链条。

原文

晋文公将欲明刑以亲百姓，于是合诸卿大夫于侍千宫，颠颉后至，吏请其罪，君曰："用事焉。"吏遂断颠颉之脊以殉。晋国之士，稽焉皆惧，曰："颠颉之有宠也，断以殉，况于我乎！"举兵伐曹及五鹿，反郑之埤，东卫之亩，胜荆人于城濮。三军之士，止之如斩足，行之如流水。三军之士，无敢犯禁者。故一假道重轻于颠颉之脊，而晋国治。

译文

晋文公想要施行公开、公平、公正的刑罚以亲近百姓，于是在侍千宫招集所有的诸侯大夫，颠颉来晚了，官吏请晋文公治罪，晋文公说："按法规办吧。"于是执法官腰斩了颠颉来示众。晋国的民众，叩首至地都害怕了，说："颠颉是国君宠爱的大臣，触犯了刑律都腰斩来示众，何况是我们呢！"后来，晋文公发兵进攻曹国及卫国的五鹿，回军时又攻打了郑国，命令卫国的田垄一律改为东西方向，还在城濮战胜了楚国。晋国的三军将士，下令他们停止前进的时候，他们就像被砍断了脚一样停止；命令他们进攻的时候，他们就像流水一样迅速。三军将士没有谁敢于违反命令。因此晋文公只是借用颠颉犯轻罪而处以重刑腰斩的办法，就让晋国实现了大治。

青云说

为什么现在很多人在管理企业的时候，制定的规矩总是施行不下去呢？很大的原因都是在亲近的人违反规定的时候舍不得罚，总把有过不罚当作一种赏赐。这么做会让真正的奖赏也失去作用，所有人都会认为制度是虚设的，所以起不到激励立功、震慑犯错的作用。

原文

昔者，周公旦杀管叔、流霍叔，曰："犯禁者也。"天下众皆曰："亲昆弟有过不违，而况疏远乎！"故天下知用刀锯于周庭，而海内治。故曰：明刑之犹至于无刑也。

译文

过去周公旦杀了管叔，流放了霍叔，说："他们是犯了法令的人。"天下的人都说："亲兄弟犯了罪都不能免除制裁，更何况我们这些疏远的人呢？"从此天下人都知道周公将刑罚用在了朝廷内，国境内的秩序得到了治理。因此说：公正严明的刑罚用到了极致，就是没有刑罚。

青云说

这段说的是"三监之乱"的故事。武王灭商后，听取周公旦的意见采取了"以殷治殷"的政策，分封纣王之子武庚于殷，利用他统治殷民。同时武王派遣其兄弟管叔、蔡叔、霍叔在殷都附近建立邶、鄘、卫三国以监视武庚，史称"三监"。武王灭商后不久即病逝，周公旦摄政，引起管叔、蔡叔及其群弟的疑忌，武庚见机拉拢，发动叛乱。周王朝面临严峻的形势，周公东征，诛杀武庚，杀管叔而放蔡叔，废霍叔为庶民，平定了"三监之乱"。

犯罪的人都希望自己能够免予刑罚，如果能够逃脱刑罚，他们就不会在乎犯罪，所以让犯罪的人都受到应有的惩罚，法律才有了震慑意义，犯罪企图才能得到遏止。而世人却大都是反着做，给自己和亲友开后门，"只许州官放火，不许百姓点灯"，这样的话，国家不乱才怪。

原文

所谓壹教者，博闻、辩慧、信廉、礼乐、修行、群党、任誉、请谒，不可以富贵，不可以辟刑，不可独立私议以陈其上。坚者被，锐者挫。虽曰圣知、巧佞、厚朴，则不能以非功罔上利。然富贵之门，要存战而已矣。

译文

统一教化，就是对于那些炫耀博闻、辩慧、吹嘘信廉、礼乐、修行的人，对于那些结党营私，彼此包庇、吹捧，搬弄是非的人，不可以给他们富贵，不可以让他们逃避刑罚，不准他们创立私人的学说凌驾于国家法律之上。对顽固的人要打击他，对嚣张的人要挫伤他。即使是所谓非常聪明、能说会道、忠厚淳朴的人，也不能没有功业而骗取国君的利禄。富贵之门，只为参战立功的人打开。

青云说

从《商君书》的思想主旨来说，言论是不能自由的，而是只允许说对国家和人民有利的话，比如推崇劳动致富、按劳分配、按功行赏的言论就可以说，推崇不劳而获、按资分配、按权行赏的言论就不可以说。言论是有正确和错误之分的，必须先确立正确的标准，然后在这个正确的标准之下畅所欲言，而不是没有标准是非地胡言乱语。

如果允许没有标准是非地胡言乱语，社会很容易被各种有害的思想撕裂。各种异端邪说相互攻讦会把整个社会搞得乌烟瘴气，人们的思想也会因此混乱，变得黑白不分是非不明，社会风气就会越来越败坏。进而给了坏人浑水摸鱼的机会，蒙蔽一部分人，裹挟着他们谋取私利，国家就变乱了。

原文

彼能战者，践富贵之门。强梗者，有常刑而不赦。是父兄、昆弟、知识、婚姻、合同者，皆曰："务之所加，存战而已矣。"夫故当壮者务于战，老弱者务于守，死者不悔，生者务劝，此臣之所谓壹教也。民之欲富贵也，共阖棺而后止。而富贵之门必出于兵，是故民闻战而相贺也，起居饮食所歌谣者，战也。此臣之所谓明教之犹至于无教也。

译文

只有那些能打仗的人，才能踏进富贵的大门。那些骄横跋扈的人，就会受到刑罚的惩处而不能得到赦免。这样父子、兄弟、朋友、亲戚、志同道合的人，都说："我们务必要加倍努力做的，只能是在战场上奋勇作战罢了。"因此，那些正当年富力强的人都努力作战，年老体弱的人努力从事防守，那些死在战场的人不后悔，活着的人互相鼓励，这就是我所说的统一教化。老百姓对富贵的追求，都是到死后盖上棺材才会停止。可富贵之门只为立了军功的人打开，所以民众听说要打仗就互相庆贺。民众起居饮食时所唱的歌谣，全是打仗的事。这就是臣所说的公开、公平、公正的教化到了极致就不需要教化了。

青云说

当所有人的思想都统一到正确的道路上来,就形成了一个风清气正的社会氛围,孩子从这样的社会环境中长大,就会自然受到这种社会风气的熏陶,这种教化是自然而然发生的,而不是强制教育来实现的,从被动接受变成自觉接受,这才是最好的教化。

原文

此臣所谓叁教也。圣人非能通,知万物之要也。故其治国举要以致万物,故寡教而多功。圣人治国也,易知而难行也。是故圣人不必加,凡主不必废;杀人不为暴,赏人不为仁者,国法明也。圣人以功授官予爵,故贤者不忧。圣人不宥过,不赦刑,故奸无起。圣人治国也,审壹而已矣。

译文

上面就是我所说的三教。圣人并不是能够知道一切事物,而是能掌握一切事物的要旨。因此,他治理国家,是抓住要旨来掌握一切事物,所以就能教化简单而功绩卓越。圣人治国的方法,道理是容易的,推行起来就困难了。因此,圣人不必在三教之外另有增加,平凡的国君也不要对三教有所废止。杀人不算残暴,赏人也不算仁爱,这是因为国家的法制有明了的规定。圣人按照人们的战功给予官职和爵位,因此有才能的人不用担忧。圣人不宽容人们的过错,不免除人们应受的刑罚,所以奸邪的人不会出现。由此可见,圣人治理国家,只要认真考虑如何推行统一赏赐、统一刑罚、统一教化就行了。

青云说

统一赏赐、统一刑罚、统一教化,这三件事就是君主治国的关键,也是每一个组织的领导者管理组织的关键。这些道理很容易明白,但是做起来很难。

有人受到了刑罚,是因为他们违反了相关的法律,所以才受到了刑罚;有人获得了奖赏,是因为他们立下了相应的功劳,所以才获得了奖赏。刑罚和奖赏都不是君主凭个人主观意愿去决定的。大家可以认真体会这一章中运用赏罚的具体方法,对提升领导水平会大有裨益。

第十八章 画策

第十八章·画策

导读

《商君书》讲的都是秦国变法、推行法治的顶层设计问题，其中最重要的几个环节就是立法、普法、执法。这几个环节事关律法为谁的利益服务的问题，事关怎么保证律法简洁易懂深入人心的问题，事关怎么让违法犯罪及时被发现和惩处的问题。

如果顶层设计违背了必须遵循的大原则，那么法治的大网就会漏洞百出，沦为无用的摆设。《画策》这一章就是具体地讲顶层设计中需要注意的重大原则问题，并且一针见血地解释了为什么法治会在很多时候落实不下去，以及在当时儒生单纯用儒家思想治国的局限性。

原文

昔者昊英之世，以伐木杀兽，人民少而木兽多。黄帝之世，不麛不卵，官无供备之民，死不得用椁。事不同皆王者，时异也。神农之世，男耕而食，妇织而衣，刑政不用而治，甲兵不起而王。

译文

过去昊英氏统治的时代，允许民众砍伐树木、捕杀野兽，那是因为当时民众少而树木、野兽多。黄帝执政的时候，不让民众捕杀幼小的野兽、不让民众吃鸟蛋，官吏没有供自己使唤的奴仆，死了不能用棺材埋葬。昊英、黄帝做的事不一样，却都称王于天下，这是因为时代不同。神农时，男人耕种让人们有饭吃，女人织布让人们有衣裳穿，不使用刑罚和政令而天下安定，不用军队就能称王天下。

青云说

昊英是中国传说中的古代部落首领,昊英氏是大伏羲氏族的一个重要支脉。当时的社会性质是公有制,帝王和普通的平民一样,没有奢华的宫殿,也没有王妃宫女,更没有私人财产,他们和普通的平民一样,死后也是极为简陋的坟墓。

那时候的人很淳朴,思想都是高度统一的,也不会有矛盾冲突,安居乐业是常态,社会不用刑罚也能管理得很好,不需要暴力也能称王。

原文

神农既没,以强胜弱,以众暴寡。故黄帝作为君臣上下之义、父子兄弟之礼、夫妇妃匹之合。内行刀锯,外用甲兵,故时变也。由此观之,神农非高于黄帝也,然其名尊者,以适于时也。故以战去战,虽战可也;以杀去杀,虽杀可也;以刑去刑,虽重刑可也。

译文

神农死后,人们开始以强凌弱,以多欺少。因此黄帝制定了关于君臣和上下级之间的准则,父子、兄弟间的礼仪,夫妻之间的婚配原则。对内使用刑罚,对外用军队征伐,这是因为时代变了。从这一点来看,神农并非比黄帝高明,可是他的名声却更尊贵,这是因为他顺应了时代的变化。因此用战争消灭战争,即使发动战争也是可行的;用杀戮消除杀戮,即使杀了人也是可行的;用刑罚消灭刑罚,即使加重刑罚也是可行的。

青云说

神农之所以能够做到"刑政不用而治,甲兵不起而王",是当时百姓淳朴的时势使然,不是个人能力决定的。同样的,黄帝"内行刀锯,外用甲兵",也是当时百姓不再淳朴的时势使然,不是他的个人能力不如神农造成的。他们的共同点就是因时制宜,顺应现实条件制定出了最好的治理方法。

神农死后出现了以强凌弱、以多欺少的现象,霸占和反霸占的斗争形成了，于是刑罚和战争也就出现了。

战争、杀戮、刑罚，对坏人来说就是侵略的工具，对好人来说，就是自卫的工具，这个工具是发挥好的作用还是坏的作用，要看这个工具掌握在谁的手里。这个工具本身是没有好与坏之分，只有使用这个工具的人有好坏之分，人的好坏赋予了工具的好坏属性，这一点一定要理解透彻。一个高效的体制，做好事会高效，做坏事也会高效，做好事还是做坏事，不是体制决定的，而是人决定的。不去追究相关人的责任，而是追究体制的责任，这就是转移矛盾，混淆斗争对象。

原文

昔之能制天下者，必先制其民者也；能胜强敌者，必先胜其民者也。故胜民之本在制民，若冶于金，陶于土也。本不坚，则民如飞鸟禽兽，其孰能制之？民本，法也。故善治者，塞民以法，而名地作矣。

译文

从前能管理好天下的人，一定是先管理好他的民众；能战胜强敌的人，也一定是先战胜他的民众。战胜民众的根本，在于可以管理好民众，这就像冶金的人能够控制金属，做陶器的人能够揉捏泥土一样。如果这个基础不牢固，民众就会像飞禽走兽一样，又有谁能控制得住呢？统治民众的根本，是法治。因此善于治国的人，是用法律来限制民众，这样，名声和土地就全都有了。

青云说

什么是管理呢？就是上级爱护下级，下级服从上级。管理国家，本质上就是让百姓服从统治。百姓为什么要服从统治呢？因为这个国家是为百姓的利益服务的。百姓臣服，国家才有凝聚力，然后才有可能让敌人臣服，所以让敌人臣服的前提是让百姓臣服，让百姓臣服的前提是全心全意为人民服务。

百姓臣服是一种什么样的状态呢？就像铁匠手里的铁，陶工手里的泥一样。通过什么来管理百姓呢？通过法治。因此善于治理国家的人，就是用法律来堵塞民众的不服从，百姓都服从法令，有了组织性和纪律性，那么国家就治理好了。

原文

名尊地广以至王者，何故？战胜者也。名卑地削以至于亡者，何故？战罢者也。不胜而王，不败而亡者，自古及今，未尝有也。民勇者，战胜；民不勇者，战败。能壹民于战者，民勇；不能壹民于战者，民不勇，圣王见王之致于兵也，故举国而责之于兵。

译文

君主的名声尊贵、土地广阔，最后称王天下，是什么缘故呢？是因为总打胜仗。名望低微，土地面积减少，甚至最后灭亡，又是什么原因呢？是因为总打败仗。打仗不胜而称王天下，打仗失败而不灭亡的国家，自古至今也未曾有过。民众作战勇敢，打仗就会获胜；民众作战不勇敢，就会失败。能让民众专心作战的君主，民众打仗就勇敢；不能使民众专心作战的君主，民众打仗就不勇敢。圣明的君主发现称王天下的功业只能在打仗中获得，所以要求全国的民众都当兵。

青云说

这告诉我们一个道理，当侵略战争打响的时候，反侵略战争也就同时打响了。当社会的现实条件是只有暴力取胜了之后才能输出自己的意志，那么无论是想侵略别人还是想反抗别人的侵略，都要打赢了战争才能实现。要想不再看到战争，不是反战，而是要通过正义的战争把发动侵略战争的战争贩子消灭掉。

原文

入其国，观其治，民用者强。奚以知民之见用者也？民之见战也，如饿狼之见肉，则民用矣。凡战者，民之所恶也。能使民乐战者，王。强国之民，父遗其子，兄遗其弟，妻遗其夫，皆曰："不得，无返。"又曰："失法离令，若死我死，乡治之。行间无所逃，迁徙无所入。"行间之治，连以五，辨之以章，束之以令，拙无所处，罢无所生。是以三军之众，从令如流，死而不旋踵。

译文

走进一个国家,观察这个国家的治理情况,民众都被调动役使国家就强大。怎么才能知道民众被君主调动役使了呢?那就是民众看见打仗,就像饥饿的狼看见了肉一样去踊跃参军,那么民众就是被调动役使了。一般战争,都是百姓所厌恶的。能够使百姓乐于去作战的,就是王者。强大国家的民众,父亲送他的儿子去当兵,哥哥送他的弟弟去当兵,妻子送她的丈夫去当兵,他们都说:"不获胜就不要回来。"又说:"不遵守法律,违抗了命令,你死,我也得死,乡里会治我们的罪。军队中没有机会逃,就是跑回家,我们要搬迁也没有地方可去。"军队的管理办法,是将五个人编成一伍,用标记来区分他们,用军令来束缚他们。让逃走的人没处去,败退的人活不成。所以三军的将士听从军令就像流水一样,战死也不后退。

青云说

这一段的内容里,写到父亲送儿子当兵,哥哥送弟弟当兵的场景。为什么百姓视死如归踊跃参战呢?因为这是保卫国家的战争,只有打赢了战争,才能免受敌人的欺压和奴役。而且在商鞅的治理下,不参战或者当逃兵的,不仅自己会受到处罚,连家人都要受到牵连。让百姓没有其他选择,所以百姓都听从军令,即使战死也绝不后退。

很多人不理解以战止战,是因为大部分人只能看见短期利益,看不到长远利益。商鞅要统一天下,开万世太平,这是长期利益,这就需要眼前一代人付出努力和牺牲,受益的是子孙后代。但是普通人如果不是被规则引导,是没有这种眼光和自觉的。所以才需要用法制的规则来引导他们,既能实现眼前利益,还能实现长远利益。

原文

国之乱也,非其法乱也,非法不用也。国皆有法,而无使法必行之法。国皆有禁奸邪刑盗贼之法,而无使奸邪盗贼必得之法。为奸邪盗贼者死刑,而奸邪盗贼不止者,不必得也。必得,而尚有奸邪盗贼者,刑轻也。刑轻者,不得诛也。必得者,刑者众也。

译文

国家治理混乱，不是因为它的法度混乱，也不是因为法度被废弃不用。国家都有法律，但没有使法律一定得到贯彻执行的办法。国家虽然有禁止奸邪、惩罚盗贼的法律，但没有使奸邪盗贼一定能受到处罚的办法。奸邪盗贼要处死刑，可是犯奸、偷盗的现象却不断发生，这是由于犯罪分子不一定能被抓获。一定会被抓获，却仍有邪恶、偷盗的事发生，这是因为刑罚轻的原因。刑罚轻，就消灭不了犯罪。这种情况下，犯了罪一定会被抓获，受刑罚的人就多了。

青云说

一个国家仅仅制定了法律，还不能保证治理好国家，因为还需要确保法律能够得到全面地贯彻执行。刑罚定得很重，但是犯罪了之后能够逃脱处罚，或者虽然不能逃脱处罚但是刑罚定得很轻，这两种情况都会让法律沦为毫无震慑力的摆设。

法律制定出来是一回事，向民众颁布了是一回事，民众都去遵守这些法律又是一回事。也就是说，死刑虽然可怕，但是不被抓住就不可怕了，这会让胆大妄为的人存在侥幸心理去犯法。明知道一定会被抓住，但是由于刑罚轻，犯罪收益大于犯罪成本，人们也会铤而走险。刑罚轻的结果就是不能杜绝犯罪，如果犯罪收益相比刑罚还挺合算，那么犯罪就会屡禁不止。在刑罚轻的情况下还一定能把犯罪分子全部抓获，那么受刑罚的人就会非常多，监狱里估计就要人满为患了。

商鞅认为，法治的目的不是为了事后惩罚，而是为了事前预防。刑罚定得很轻，目的显然是为了在事后惩罚的时候显示国君的仁政，但是轻罚会导致犯罪现象层出不穷，社会付出的成本代价也是不可承受的。

原文

故善治者，刑不善，而不赏善，故不刑而民善。不刑而民善，刑重也。刑重者，民不敢犯，故无刑也。而民莫敢为非，是一国皆善也。故不赏善而民善。赏善之不可也，犹赏不盗。故善治者，使跖可信，而况伯夷乎？不能治者，使伯夷可疑，而况跖乎？势不能为奸，虽跖可信也；势得为奸，虽伯夷可疑也。

译文

所以善于治理国家的人，只处罚不守法的人，而不奖赏守法的民众，因此不用刑罚民众也为善。不用刑罚民众也为善，是因为刑罚非常重。刑罚非常重，民众就不敢触犯法律，因此也就没有刑罚。民众都不敢做坏事，这时全国的民众都为善。因此不奖赏守法的人而民众都为善。不可以奖赏守法的人，就像不能奖赏不偷盗的人一样。因此善于治理国家的人，能使像盗跖一样的人变得诚实可信，更何况像伯夷这样的人呢？不会治理国家的人，即使是像伯夷一样的高洁之士也有犯法的可能，更何况盗跖了？假如环境使人不能做坏事，即使是盗跖一样的人也可以信赖；假如环境能让人做坏事，即使是伯夷一样高洁的人也可疑。

青云说

守法是每一个人都应该做的事，所以守法不在奖赏之列。犯法是每一个人都不应该做的事，所以犯法要用刑罚来处罚。怎么才能不让百姓受到刑罚，百姓还都能守法呢？那就是轻罪重罚。很小的错误就要接受很严重的处罚，那么就没有人去犯法了，没有人犯法，也就没有人受到刑罚了。因此，不奖赏守法的民众而民众都守法。

守法还能得到奖赏的话，是不是没有奖赏就可以不守法了？这就好比孩子不偷东西就给奖赏，是不是不给奖赏就可以偷东西了？做了该做的事给奖励就相当于把该做的事变成了可以不做的事了。

"势不能为奸"，这个"势"，就是让人不敢违法的环境。人都是趋利避害的，如果法律导向的是做坏事非常不合算，那么人们就会选择遵纪守法不做坏事。如果法律导向的是做坏事非常合算，那么人们就会选择违法乱纪去做坏事。一个好的社会能让鬼变成人，一个坏的社会能让人变成鬼，表达的也是相同的意思，关键就在一个"势"字。

原文

国或重治，或重乱。明主在上，所举必贤，则法可在贤。法可在贤，则法在下，不肖不敢为非，是谓重治。不明主在上，所举必不肖。国无明法，

第十八章·画策

不肖者敢为非，是谓重乱。兵或重强，或重弱。民固欲战，又不得不战，是谓重强。民固不欲战，又得无战，是谓重弱。

译文

国家要么是治理得越来越好，要么是治理得越来越乱。英明的君主处在国君的地位上，他所选用的人一定有贤德的才能，那么法令便掌握在贤德的人手中。法令掌握在贤德的人手中，那么法度就能在下面实行，不贤德的人就不敢做坏事，这就是治理得越来越好。不英明的君主处在国君的位置上，他所选用的一定都是不肖之徒。国家不会有严明的法令，不肖之徒就敢做坏事，这就是越来越乱。军队或者是越来越强，或者是越来越弱。百姓本来就想打仗，不想打也不行，这就是越来越强。百姓本来就不想打仗，想不打就能不打，这就叫越来越弱。

青云说

在任何时候、任何国家，法律都不能脱离人去自动运行，制度是人定的，也是人去执行的，所以人永远是决定性因素。人变了，法律就会跟着变化，所以选人用人是最重要的事情。英明的领导才能选拔出优秀的干部，公正的法律掌握在优秀的干部手里，才会得到公正地落实，国家才会越来越太平安定。

很多人非常迷信制度，他们忽略的一点就是，好的制度是谁制定出来的，是谁颁布的，是谁推动执行的，是谁来维护的，这里的每一步都需要优秀的领导者才能完成。

原文

明主不滥富贵其臣。所谓富者，非粟米珠玉也？所谓贵者，非爵位官职也？废法作私，爵禄之，富贵之，滥也。凡人主德行非出人也，知非出人也，勇力非过人也。然民虽有圣知，弗敢我谋；勇力，弗敢我杀；虽众，不敢胜其主；虽民至亿万之数，县重赏而民不敢争，行罚而民不敢怨者，法也。

译文

英明的君主不会不加选择不加节制地使他的臣子们富贵。人们所说的富，不就是粮食珠玉吗？人们所说的贵，不就是爵位官职吗？废弃法律，以个人意志为主，给臣子爵位和俸禄，使臣子们富贵，就是滥施富贵。一般说来，君主的品德行为不是高于所有的人，智慧也不是能超出所有的人，勇敢、力量也不是超出所有的人。可是民众即使有不寻常的智慧，也不敢谋求君主的地位；即使有勇敢和力量，也不敢弑杀君主；即使民众人数多，也不敢凌驾在君主之上；即使民众的人数达到亿万，君主摆出优厚的奖赏而民众也不敢争抢，实行刑罚民众也不敢怨恨，这是因为有了法度。

青云说

很多人对权力的认知停留在较低的层面，认为权力就是任性。这样理解权力不但会给别人带来灾难，还会给自己带来灾难。

那么多有才能的人为什么要服从一个能力不如自己的人呢？为什么君主的赏赐没人敢随便去抢呢？为什么君主的刑罚没人敢怨恨呢？就是因为这个社会需要秩序，建立秩序需要法度，君主就是这个法度的代言人。如果君主带头破坏了法度，那么君主也就没有了存在的基础，这是君主之所以亡国的根本原因。

刘邦曾说："夫运筹帷幄之中，决胜千里之外，吾不如子房；镇国家，抚百姓，给馈饷，不绝粮道，吾不如萧何；连百万之军，战必胜，攻必取，吾不如韩信。"谋策不如张良，治国不如萧何，打仗不如韩信，为什么刘邦成为了君主呢？因为刘邦懂得使用法度把这些能臣良将组织起来。

君主带头破坏了法度，那么就没有人把法度当回事了。民众有了不寻常的智慧，就会谋求君主的地位；有了勇敢和力量，就敢弑杀君主；人数多了，就敢凌驾在他的君主之上。这样的话，君主的财富就会被争抢，君主的刑罚就会被怨恨，整个国家都没有了规矩，君主也就失去了地位，沦为任人宰割的羔羊。

第十八章 · 画策

原文

国乱者,民多私义;兵弱者,民多私勇。则削国之所以取爵禄者多涂。亡国之俗,贱爵轻禄。不作而食,不战而荣,无爵而尊,无禄而富,无官而长,此之谓奸民。

译文

国家混乱,民众讲私人义气的就多;兵力衰弱,民众为私利争夺的就多。这就是削弱的国家之所以获得官爵俸禄的途径很多的原因;亡国的风俗,是人们轻视爵位、看轻俸禄。不劳动却有饭吃,不打仗却得到荣誉,没有爵位却很高贵,没有俸禄却很富裕,没有官职却很有权势,这些人称为奸民。

青云说

私义和私勇,追求的是个人私利,这里不是说个人不能有私利,而是说,个人私利必须和国家民族的公利是一致的。狭隘的义,就是能占到好处就包庇亲友违法犯罪的义;狭隘的勇,就是为了争抢一个车位敢于打破头的勇,当维护国家利益和尊严需要这些人站出来的时候他们却不义、不勇了。

个人的私利是什么呢?就是不劳而获,不劳而获显然对国家民族和其他人都是有害的。因为不劳而获思想的泛滥,人们都希望不劳动就有饭吃,不打仗就有荣誉,没有爵位照样尊贵,没有俸禄照样富有,没有官职照样威风,这就叫作"奸民"。

原文

所谓"治主无忠臣,慈父无孝子",欲无善言,皆以法相司也,命相正也。不能独为非,而莫与人为非。所谓富者,入多而出寡。衣服有制,饮食有节,则出寡矣。女事尽于内,男事尽于外,则入多矣。

译文

所说的"善于治国的君主身边不会有忠臣,慈爱的父亲身边不会有孝子"，要想消除伪善的说教，大家都得按法制互相监督，用命令彼此纠正。这样的话，臣民们就不能单独做坏事，也不能同别人一块做坏事。所谓的富有，是收入多支出少。穿衣有限制，饮食有节制，那么支出就少了。妇女在家中尽力做事，男人在外面尽力做事，那么收入就多了。

青云说

为什么说"治主无忠臣，慈父无孝子"呢？是因为如果没有奸臣，也就无所谓忠臣，如果没有不孝子，也就无所谓孝子。一个把国家治理得非常好的君主身边没有奸臣，也就衬托不出所谓的忠臣；一个慈爱的父亲身边没有不孝子，也就衬托不出所谓的孝子。当我们崇尚忠臣和孝子的时候，恰恰说明忠臣和孝子成为了社会上的少数，从一个侧面证明了这个国家治理得并不好。

要想把国家治理好，就要把法律当作唯一的准绳，那么所有人的言行就都有了参考的标准。有了法律作为统一的言行标准，大家就会互相监督指正，这就是"欲无善言，皆以法相司也，命相正也"。

在公法与私情之间，人们大都选择私情，很多君主也把毁公法、徇私情的大臣视为忠臣，这种为了满足个人私欲的短视最终会毁灭一切。商鞅认为，人应该节制自己的欲望才是真正的富有。就像我们经常说的，开源节流，量入为出，年年有余。

原文

所谓明者，无所不见，则群臣不敢为奸，百姓不敢为非。是以人主处匡床之上，听丝竹之声，而天下治。所谓明者，使众不得不为。所谓强者，天下胜。天下胜，是故合力。是以勇强不敢为暴，圣知不敢为诈。而虑用兼天下之众，莫敢不为其所好，而避其所恶。所谓强者，使勇力不得不为己用。其志足，天下益之；不足，天下说之。恃天下者，天下去之；自恃者，得天下。得天下者，先自得者也；能胜强敌者，先自胜者也。

译文

所谓的明主，什么地方都能够看到，那么群臣就不敢做违法的事，民众就不敢为非作歹。所以君主坐在舒适的大床上，听着美妙的乐曲，天下便治理好了。所谓的明主，能使民众不得不按法令去做事。所谓的强者，能使天下人都服从，因此才能凝聚天下人的力量。所以强悍的人不敢暴乱，圣明聪慧的人不敢做欺诈的事。考虑事情能够兼及天下之人，天下百姓没有谁敢不做君主所喜欢的事、回避君主所厌恶的事。所说的强者，能使勇敢的人不得不为他所用。国君志向远大，天下的人都会受益；他志向平庸，天下的人也都欢喜。把天下当成自己的天下，天下的人就会抛弃他；让自己服务于天下，才能得到天下。想得到天下，得先管理好自己；能战胜强大的敌人，得先能战胜自己。

青云说

法治的顶层设计要解决两个问题：一是犯罪一定能够被发现；二是犯罪一定能够被惩处。如果犯罪不能被发现或者发现了却不能给予应有的惩处，那么法治就会沦为无用的摆设。这就要求君主惩恶扬善，如果君主带头当恶人是不可能建立法治的。

这里说的君主的好恶可不是君主私人的好恶，而是对维护法治的好恶。君主喜欢什么呢？喜欢臣民遵纪守法。君主不喜欢什么呢？不喜欢臣民违法乱纪。让臣民遵纪守法，君主就必须带头遵纪守法。一个连自己都管理不好的人是不可能管理好别人的，更何况是管理天下的君主。百姓对君主"为其所好，而避其所恶"的前提是君主喜欢的对百姓有利，君主厌恶的对百姓有害。这就要求君主先树立为人民服务的决心，再坚决付诸于行动，这就是"自得"和"自胜"。

很多人都做不到"自得"和"自胜"，他们往往宽以待己，严以律人，自己做不到的事情却希望别人都去做到，这样的人怎么可能战胜别人呢？怎么可能得到别人的拥护呢？

天下不是君主一个人的天下，为百姓利益服务的君主，无论他选择激进还是保守的政策都是为了百姓的利益，所以天下百姓都会拥护和高兴，这就是"其志足，天下益之；不足，天下说之。"

原文

圣人知必然之理，必为之时势。故为必治之政，战必勇之民，行必听之令。是以兵出而无敌，令行而天下服从。黄鹄之飞，一举千里，有必飞之备也。麒麟騄駬，日走千里，有必走之势也。虎豹熊黑，鸷而无敌，有必胜之理也。圣人见本然之政，知必然之理，故其制民也，如以高下制水，如以燥湿制火。

译文

圣人懂得必然的道理，做事必定顺应时代发展的形势。因此制定的都是一定能把国家治理好的措施，打仗使用的是一定勇敢的民众，下达的是民众一定能听从的命令。所以军队出发打仗，便会无敌于天下，君主的命令一下达，天下便会服从。黄鹄飞翔，一飞便是上千里，这是因为它具备能飞行千里的翅膀。麒麟騄駬这样的神兽能一天跑一千里远，这是因为它们具备日行千里的本领。虎、豹、熊、黑，生性凶猛而无敌于天下，是因为它们有一定能战胜其他野兽的能力。圣人能发现治理社会的有效制度，明白社会发展的必然规律，所以他统治民众，就像利用高低的地势控制水流一样，又像用干和湿来控制火的燃灭一样简单。

青云说

懂得必然的道理是把国家管理好的基础。懂得了必然的道理，并且坚定去做，那么成功就是水到渠成的事情，《商君书》讲的就是必然的道理。

必然之理的好处是利用天地之力，费力少、成本低。就好比让水从低处往高处流，也不是不能做到，而是要依靠源源不断的外力辅助，一旦外力停止，水也就停止往高处流了，这是利用人之力，费力多、成本高。

管理国家也是这样，有高成本不可持续的方式，也有低成本可持续的方式。只有懂得社会发展的道理，顺应时代发展的形势，才能治理好国家。就像让水从高处向低处流一样简单不费力。

原文

故曰：仁者能仁于人，而不能使人仁；义者能爱于人，而不能使人爱。是以知仁义之不足以治天下也。圣人有必信之性，又有使天下不得不信之法。所谓义者，为人臣忠，为人子孝，少长有礼，男女有别。非其义也，饿不苟食，死不苟生。此乃有法之常也。圣王者，不贵义而贵法。法必明，令必行，则已矣。

译文

因此说：仁慈的人能对别人仁爱，而不能使别人仁爱；有道义的人能爱护别人，而不能使别人彼此爱护。由此可见，仁义是不足以统治天下的。圣人有必定取信于民的品德，又有使天下人必须信服的法令。所谓"义"，就是做臣子的要忠于国君，做儿子的要孝顺父母，小辈长辈之间要有礼仪，男女之间要有分别。如果不符合"义"的，就是宁愿饿着也不讨饭，宁愿死去也不偷生，这些都是国家有法律的正常情况。所以，圣人不注重"义"而重视法。法令必定要严明，命令一定能执行，能做到这样就行了。

青云说

作为一国之君，只让自己过上好日子是不行的，这就是商鞅为什么认为儒生无法治理好国家，因为儒生所说的仁义，只能要求自己，改变不了社会，管理国家是让别人都能做好人，而不是自己是个好人就完事了。当时的儒生，就是只能自己做个好人，而没有让别人也做个好人的方法。也就是"仁者能仁于人，而不能使人仁；义者能爱于人，而不能使人爱"。商鞅反对的不是仁义本身，而是反对让不能使别人仁义的人来管理国家。

圣人有必定遵纪守法的品德，又有让天下人不得不遵纪守法的办法。所谓的"义"，就是作为臣子要有忠心，作为儿子要有孝心，长幼之间有礼节，男女之间要有别。如果不合乎道义，绝不苟且偷生。如果人们不能自觉做到这些，就必须要有强制性的方法来约束他们做到，这就是法治的意义。

圣人不但自己具备仁义的品德，还能够让天下人都仁义，依靠的就是法律的强制约束力。因此，圣明的帝王不重视道义而重视法律，制定严明的法律，让命令必定得到贯彻执行，管理国家做到这些就可以了。

第十九章 境内

导读

《境内》这一章，主要讲了秦国的户籍制度、仆役分配制度、军功奖励办法等内容。从这一章中记载的秦法片段，我们可以了解到商鞅为秦国制定的法律大概的内容，能够充分体会到其法令的细致严苛。

原文

四境之内，丈夫女子皆有名于上，生者著，死者削。

译文

国内的男女都在官府登记入册，新生的人就记录下来，死去的人就注销。

青云说

这就是我们沿用至今的户籍制度。国家登记在册的人口是维护政权统治和征收赋役的基础，所以历代都十分注重户籍管理。中国的户籍制度历史悠久，记录详实，制度完备。户籍制度起源很早，春秋时期出现了书社制度，二十五家为一社，"社之户口书于版图"，"版"即户籍。战国时实行上计制度，地方长官每年要将境内户口登记状况和赋税收入呈报国君。秦国商鞅变法后，严格户籍管理，又将之与军事编组相结合，五家为伍，十家为什，行"什伍连坐法"。

原文

其有爵者乞无爵者以为庶子，级乞一人。其无役事也，其庶子役其大夫月六日。其役事也，随而养之。

译文

有爵位的人讨要无爵位的人做他的"庶子",每一级可以申请一个。在国家不派特别公事的时候,庶子每月为他的大夫服役六天。有国家特别公事的时候,庶子就跟随主人做事,公家负责支出来养他。

青云说

役事:泛指公家的各种事务。有爵位的人才可以有仆人伺候,拥有的仆人人数也是和爵位等级挂钩的。所以有钱人才会花大价钱去买爵位,国家也以此来回收富人的财富,缩小贫富差距。爵位又是不能世袭的,如果后代没有立功,或者不再继续花巨额的价钱购买爵位,还是没有爵位。这保证了阶层和财富的流动,避免了阶级固化。仆人为大夫私人效劳的时候,大夫负责仆人的生活;大夫办公事的时候带着仆人,公家负责仆人的生活,这就是公私分明。

原文

爵,自一级已下至小夫,命曰校徒操士。公爵,自二级已上至不更,命曰卒。其战也,五人束簿为伍,一人兆而到其四人。能人得一首,则复。五人一屯长,百人一将。其战,百将屯长不得首,斩;得三十三首以上,盈论,百将屯长赐爵一级。

译文

爵位,从一级以下到小夫,称为"校、徒、操、士"。爵位,从二级以上到不更,称为"卒"。在战斗时,把五个人编为一伍,登记在一个册子上。如果有一个人逃走,就对其余四个人用刑;假如谁能斩敌人一颗首级,就免去对他的刑罚。每五个人设一个屯长,一百个人设一个将。战斗时,百将和屯长假如得不到敌人的首级,就斩杀他。杀敌三十三个以上,就算达到了朝廷规定的数目,百将和屯长都上升爵位一级。

青云说

在先秦时代,贵族和平民之间是有严格区分的,贵族身份世袭,平民永远是平民。

贵族内部的爵位等级也很简单，最高的是天子，其次是诸侯，在诸侯内部又分为卿、大夫、士。这五个等级，就构成了中国最古老的"身份等级制度"。

商鞅的"二十级军功爵位"制度，就是对这五级爵位进行了细化，同时打破了阶层固化，让人才充分流动起来，让寒门也可以出贵子，给予每一个人可以人生逆袭的机会，而这个机会，就是立军功。

想改变命运，加官进爵，光耀家族，没有别的途径，只有一条：参军打仗，多砍敌人的首级。在秦国军队中，敌人的首级就是"硬通货"，可以抵罪，可以换爵位，爵位就是"身份＋利益＋权力"的综合载体。

在秦军中，五人一屯长，百人一将，级别提升了，要求也更高了。如果在战场上，屯长或将带领的士兵一个敌人的首级也没有得到，就斩杀屯长或将；如果得到敌人首级三十三颗以上，就可以升爵一级。这也是对团队的一种激励机制。

原文

五百主，短兵五十人。二五百，主将之，短兵百。千石之令，短兵百人。八百之令，短兵八十人。七百之令，短兵七十人。六百之令，短兵六十人。国尉，短兵千人。大将，短兵四千人。战及死事，而到短兵；能人得一首，则复。

译文

五百人的将领，有短兵五十人。统率两个五百人的将，是将官中的主将，有一百个短兵；享受一千石俸禄的长官都可以有短兵一百人；享八百石俸禄的长官，有短兵八十人；享七百石俸禄的长官，有短兵七十人；享六百石俸禄的长官，有短兵六十人。国尉，有短兵一千人。大将，有短兵四千人。如果将官战死，短兵要被杀头；如果短兵能够得到敌人的一颗首级，就可免除刑罚。

青云说

短兵在中国文化当中是对尺寸较短的冷兵器的统称，如短刀、剑等。这里指的是持有刀、剑等兵器的士兵。短兵与长兵相比，更多的是近卫军的工作。

第十九章·境内

商鞅认为，任何时候，战争都不能失去指挥，所以对各个组织的指挥官都明确了保护的等级。短兵有保护将官的职责，牺牲生命也要保护好将官的安全。只要拼死保护，哪怕将官最终没有保护好，因为杀敌不退缩，也可以免责。

原文

能攻城围邑斩首八千已上，则盈论；野战斩首二千，则盈论；吏自操及校以上大将尽赏。行间之吏也，故爵公士也，就为上造也；故爵上造，就为簪袅；故爵簪袅，就为不更；故爵不更，就为大夫。爵吏而为县尉，则赐虏六，加五千六百。爵大夫而为国尉，就为官大夫；故爵官大夫，就为公大夫；故爵公大夫，就为公乘；故爵公乘，就为五大夫，则税邑三百家。故爵五大夫，就为庶长；故爵庶长，就为左更；故爵三更也，就为大良造。皆有赐邑三百家，有赐税三百家。爵五大夫，有税邑六百家者，受客。大将、御、参，皆赐爵三级。故客卿相，论盈，就正卿。

译文

军队围攻敌国的城邑，能够斩敌人首级八千颗以上的，就按满额论功行赏。在野战中能够斩敌人首级两千颗以上的，就按满额论功行赏。将吏从操士及校徒以上到大将都可得到赏赐。军中的官吏，旧爵为公士的，就升为上造；旧爵为上造的，就升为簪袅；旧爵为簪袅的，就升为不更；旧爵为不更的，就升为大夫。旧爵为小吏的，就升为县尉，赏赐俘虏六人，另加上五千六百俸禄。旧爵为大夫，担任国尉的，升为官大夫；旧爵为官大夫的，升为公大夫；旧爵为公大夫的，就升为公乘；旧爵为公乘的，升为五大夫，并赏给他三百户的封邑。旧爵是五大夫，升为左右庶长；旧爵为左右庶长，升为左更；旧爵为左更、中更、右更这三更的升为大良造。左右庶长、三更及大良造都赏赐三百户的封邑，另赏赐三百户的地税。爵位为五大夫，有了六百户的地税和封邑，就可以养门客。将军、车夫、骖乘都赏赐爵位三级。原来是客卿辅佐军政的，达到了朝廷的规定就升为正卿。

青云说

凡行伍中人，不论出身门第，一律按其所立军功大小接受赏赐，即便是秦国宗室也是一样。宗室未立军功者不得列入宗族簿籍，不得拥有爵位。商鞅的军功爵位制，让我们看到了秦国的尚武精神。

原文

以战故，暴首三日，乃校三日，将军以不疑致士大夫劳爵。夫劳爵，其县过三日，有不致士大夫劳爵，罢其县四尉，訾由丞尉。

译文

停战之后，把斩获的敌人首级示众三天并加以核实。经过三天，将军认为无误，就按功赏给战士和大夫爵位。赏赐的爵位，县里过了三天还没有落实赏给将士和大夫，就撤去县尉的职位，由该县的丞尉进行审判。

青云说

秦国的办事效率很高，一场仗打下来，该给谁记多少功，该奖励多少土地，当地县令会及时地送到立功人员的家人手中。秦国的兵役时间很长，要服役到60岁，士兵在战场上杀敌所得到的奖励，全部都是给家人的。

如果士兵不幸战死了，也不用担心，所获得的爵位，会由他的儿子来继承。不过，是逐级递减的继承，如果该士兵仅仅是最低级别的公士，那么当他战死了，他的儿子就无法继承了。

原文

能得甲首一者，赏爵一级，益田一顷，益宅九亩。级除庶子一人，乃得入兵官之吏。

译文

能够斩获敌人甲士首级一颗就赐给爵位一级，赏给田地一顷，宅地九亩，每一级赐庶子一名，还可以担任军队或朝廷的官员。

青云说

注意，这里的要求是砍"甲士"的脑袋，而不是普通小兵的。古代上战场打仗，分为"甲士"和"徒兵"两种。

第十九章·境内

甲士，是穿有盔甲的士兵，可以上战车上打仗，级别比较高。徒兵，是没有穿盔甲的士兵，没有资格上战车，级别较低。

甲士因为有盔甲保护，而且他们可以乘战车，逃跑的时候就跑得比较快，所以，在战场上，砍杀一个徒兵比较容易，砍杀一个甲士，就很困难了。

但是只要能斩获甲士首级，获得的赏赐也同样丰厚。这也说明了商鞅制定政策赏罚分明。

原文

其狱法，高爵訾下爵级。高爵罢，无给有爵人隶仆。爵自二级以上，有刑罪则贬。爵自一级以下，有刑罪则已。

译文

刑狱的法律，由爵位高的人审判爵位低的人，爵位高的人被罢免后，不再给他有爵位的人才能享用的奴仆。从二级爵位往上的人，犯了罪就降低他的爵位。一级爵位以下的人犯罪，就取消他的爵位。

青云说

也就是说，有爵位的人如果犯了罪，爵位能降就降，不能降就免。

原文

小夫死，以上至大夫，其官级一等，其墓树级一树。

译文

小夫以上直到大夫，死后爵位每高一级，他的坟旁就多种一棵树。

青云说

一个人生前的成就看他墓地种的树的数量就能知道了，这也是一种荣誉激励。

原文

其攻城围邑也，国司空訾其城之广厚之数。国尉分地，以徒校分积尺而攻之，为期，曰："先已者当为最启，后已者訾为最殿。再訾则废。"穴通则积薪，积薪则燔柱。陷队之士，面十八人。陷队之士，知疾斗，不得，斩首。队五人，则陷队之士，人赐爵一级。死，则一人后。不能死之，千人环睹，黥劓于城下。国尉分地，以中卒随之。将军为木台，与国正监、与王御史参望之。其先入者举为最启，其后入者举为最殿。其陷队也，尽其几者；几者不足，乃以欲级益之。

译文

在围攻敌国城邑的时候，国司空测量那个城面积的大小和城墙的厚度，国尉划分各队攻打的地点，校、徒按照体积来挖掘城墙，定出期限，并命令说："最先完成的立头功，最后完成的斥为末等，两次被斥为末等就废除爵位。"打穿了洞穴，就塞上木柴，烧起木柱。城的每一个方向分布十八个冲锋陷阵的士兵。冲锋陷阵的士兵都知道拼死战斗，完不成任务就要被斩首。一个队如能斩得敌人五颗首级，这个队的每个士兵就获得爵位一级；如果战死，家族中就可以有一人继承爵位。如果怕死退缩，就在千人围观之下，在城下遭受黥刑或劓刑。国尉划分攻打的地段，中军的士兵听从分派。将军搭起木台，和国正监、王御使一同观望。士兵先进城的评为先进，后进城的评为落后。冲锋陷阵的士兵，使用自己主动申请的人，自己主动申请的人数不够，就用希望晋级的人补足。

青云说

这一段描写的是攻城时候的配合，从情报收集到情报分析，从计划制定到执行激励，从战果评价到奖惩落实一应俱全。

商鞅在最后提到了一句很重要的话："其陷队也，尽其几者；几者不足，乃以欲级益之。""几"指事情的苗头，内心的出发点。最危险的工作，一定要首先用打心眼里愿意去做的人，这样的人是发自内心的勇敢。发自内心的勇敢，才不会在关键时刻退缩，只有在这样的人数量不够的情况下，才使用那些在物质刺激下愿意冒险的人来补足。无论何时，国家都需要有理想、有信念并愿意为之付出的人。

为什么秦国要一统天下呢？是为了结束战乱，实现天下太平，让百姓安居乐业。在这种理想信念下凝聚起来的，才是国家的真正栋梁。

第十九章·境内

第二十章 弱民

第二十章·弱民

导读

"弱民"是什么意思呢？就是让民众学会服从大局。如果民众总是不服从法令，可能有两个方面的原因：一是君之道出了问题，不是为了民众着想和服务；二是臣之道出了问题，为了个人私利不服从君主的命令。

君主为国为民，天下有道，那么百姓就要维护和服从君主，对那些不维护不服从的人就要进行严厉打击。"弱民"，弱的是民众各种违法乱纪的非分之想，弱的是不法之民各种为非作歹的暴乱之行。以君之道统一臣之行，最终形成全国高度的团结一致，这就是"弱民"的真正含义。

"弱民"的关键不在于对违法乱纪的民众进行肉体上的刑罚，更重要的是让民众的思想统一起来，这是消灭了违法乱纪的思想土壤，可以从根本上解决问题。

原文

民弱国强；民强国弱。故有道之国务在弱民。朴则强，淫则弱；弱则轨，淫则越志；弱则有用，越志则强。故曰：以强去强者，弱；以弱去强者，强。

译文

百姓遵纪守法，国家就会强大；百姓违法乱纪，国家就会衰弱。所以有道之国最紧要的工作就在于让百姓遵纪守法。百姓淳朴，国家就强大，百姓不正当的欲望过多，国家就会衰弱；百姓遵纪守法就容易管理，百姓不正当的欲望过多就会放纵任性；百姓遵纪守法就能服从安排把事情做好，百姓放纵任性就会违法乱纪。所以说：用违法乱纪的人消灭违法乱纪的人，国家就会衰弱；用遵纪守法的人消灭违法乱纪的人，国家就会强大。

青云说

这里的"民弱"不是说百姓都身体不好，也不是说百姓都打不还手骂不还口，而是说百姓都遵纪守法服从管理。百姓都服从管理才能团结起来建设国家，国家才会强大。

这里的"民强"不是说百姓都身体好，也不是说百姓都很强大，而是说百姓都违法乱纪不服从管理。这样国家就会衰弱。

"有道之国"的"道"到底是什么呢？就是以民为本，全心全意为人民服务，这样百姓就会遵纪守法服从管理，形成强大的向心力和凝聚力。

百姓淳朴服从管理就能团结起来一致对外，国家就会强大；百姓内心狡诈充满各种不正当的欲望就会成为一盘散沙不停内耗，国家就会弱小。"朴则强，淫则弱"就是这个道理。

百姓遵纪守法服从管理，就能对百姓进行合理分工，形成安宁的秩序，这就是"弱则轨"，如果百姓内心狡诈充满过多不正当的欲望，就会任性放纵，这就是"淫则越志"。

百姓服从对他们的分工管理，让各个岗位上的人都能发挥出自己的才能，这就是"弱则有用"。百姓放纵任性，就会违法乱纪成为社会秩序的破坏者，这就是"越志则强"。

怎么去消灭违法乱纪的人呢？不能让那些放纵任性的人来管理，否则这个国家只会越来越乱，这就是"以强去强者，弱"。用那些遵纪守法的人来摒除违法乱纪的人，才能真正建立良好的秩序，这就是"以弱去强者，强"。

原文

民善之则亲，利之用则和，用则有任，和则匮，有任乃富于政。上舍法，任民之所善，故奸多。

译文

纵容百姓的错误，他们就会和君主亲近；任用百姓让他们得利，就会一团和气。使用他们就要设置岗位，尸位素餐、一团和气，就会很快把国家的钱财消耗光。安排很多没用的岗位，就会人浮于事。君主舍弃法治，放任百姓为所欲为，那么坏人坏事就会多起来。

青云说

商鞅认为，百姓的特点是君主对他们好，他们就会亲近。什么叫对他们好呢？在一个民风不再淳朴的社会里，百姓认为得到了不该得到的东西才是好，少干活还能多领钱，不立功还能升官，什么事都能通过不劳而获走后门解决，这就是百姓认为的"善"。这种溺爱式的"善"，百姓当然满意，也就是"民善之则亲"。这属于牺牲长远利益，谋求眼前利益，短暂的和谐换来的是长久的动乱。

任用百姓给他们好处，肯定就会一团和气。用人就要给安排岗位，但是这种给好处才工作的人往往做出的贡献少于所得到的报酬，这种一团和气意味着财政的支出大于收入，慢慢财富就会枯竭，也就是"利之用则和、用则有任、和则匮"，而且机构人多却都不干活，会形成人浮于事的局面，也就是"有任乃富于政"。怎么解决这个问题呢？就是要实行法治，按劳分配、按功行赏。如果君主舍弃法治，放任百姓为所欲为，干不干一个样，干多干少一个样，甚至干的不如不干的，不干的不如捣乱的，国家就危险了。

即使是在现代社会，我们也依然需要法度，需要商鞅所提倡的公平公正。如果整个社会没有公平统一的法度，大家都想不劳而获、无功得赏、有罪不罚，不比能力和贡献，而是比谁更投机取巧，就会导致"奸多"。

原文

民贫则力富，力富则淫，淫则有虱。故民富而不用，则使民以食出爵，爵必以其力，则农不偷。农不偷，六虱无萌。故国富而贫治，重强。

第二十章·弱民

译文

百姓贫穷了就会努力让自己富起来,努力让自己富起来之后就会放纵自己的欲望,放纵欲望就会滋生国家的蛀虫。所以百姓富裕了不为国家效力,就让他们以粮食换取爵位,使他们都必须出力,那样农业就不会懈怠,农业不懈怠,各种国家的蛀虫就不会滋生。所以国家富强、人民不挥霍浪费,国家就会越来越强大。

青云说

穷人都想富起来,只要肯出力,富起来容易,但有了财富之后正确使用财富却很难。很多人富起来了之后就开始耽于享乐,过上了花天酒地的日子,影响了踏实肯干的社会风气。一部分民众也会受到他们的影响,成为文中所说的"虱",也就是国家的蛀虫。所以国家富裕了也要继续保持艰苦奋斗的优良作风,这样国家就会越来越强,这就叫"国富而贫治,重强"。

原文

兵易弱难强,民乐生安佚。死难,难正。易之则强。事有羞,多奸;寡赏,无失。多奸疑,敌失,必利。兵至强,威;事无羞,利。用兵久处利势,必王。故兵行敌之所不敢行,强;事兴敌之所羞为,利。法有,民安其次;主变,事能得齐。国守安,主操权,利。故主贵多变,国贵少变。

译文

军队容易弱难以强,因为百姓都珍惜生命安于享乐。让百姓不怕死地去做困难的事情,是难以做到的。改变他们怕死畏难的想法,军队就会强大。羞于去改变他们怕死畏难的想法,奸贼就会多起来;轻易不进行赏赐,做到赏罚得当。奸贼对做坏事感到疑虑,敌人赏罚不当,一定对我方有利。军队强大起来,让我方有威,做事都不怕死不畏难,对我方有利。打仗的时候长时间处于有利的形势,必定称王。所以,军队敢做敌人不敢做的,就会强大;做敌人羞于去做的,就会有利。有了法律,百姓就会安于秩序;君主因时制宜修改法律,事情就都能做好。国家维持安定，君主掌控权力，就对国家有利。所以君主贵在因时制宜修改法律，国家贵在坚持以民为本的原则不动摇。

青云说

一支军队强大起来不容易，衰弱起来却很容易，这是为什么呢？因为军队要保持强大的战斗力，就要有不怕死不畏难的精神。但是人们大都珍惜生命安于享乐，让他们不怕死不畏难地去做危险的事情，是难以做到的。

怎么才能改变他们呢？要用赏赐去激励他们。赏赐的关键在于公平公正，只赏赐给立了大功的人，让赏赐显得珍贵，而且立了功一定赏，决不落下一个人，这样才能真正形成正向激励。

君主只要做到赏赐得当，没有失误，投机取巧的人就会怀疑投机取巧的必要性。也就是说，想投机取巧不劳而获的人，在一个按劳分配、按功行赏的社会里是很难生存的。既然投机取巧得不到任何好处，人们就会怀疑自己的做法，进而做出改变。

做事都以不怕死不畏难为荣，就是对我方有利的，作战的时候始终处于这种有利形势，一定能称王。怎么理解"兵行敌之所不敢行，强；事兴敌之所羞为，利"这句话呢？什么是"敌之所不敢行"？就是改变百姓怕死畏难的想法。什么是"敌之所羞为"？就是不怕死不畏难。敌人做不到的我们要做到，这就奠定了胜利的基础。

有了公平的法治，百姓才会服从命令安于秩序。"民安其次"这个"次"是次序的意思，也就是有什么能力做出了什么贡献就在什么位置上，不会有非分之想，更不会用非法的手段去得到不属于自己的东西。国君能适应形势随机应变，及时修改法律适应新形势新变化，事情就都能办好，这就是"主变，事能得齐"。

什么是对国家有利的情况呢？就是国家维持安定，君主掌握大权。如果君主掌握大权但是破坏安定，或者君主想维持安定但是不掌握大权，都是对国家不利的情况。所以君主要善于适应新形势新变化，拿出适合新形势新变化的对策来维护国家安定，国家坚持以民为本、为民谋利不动摇，这就是"主贵多变，国贵少变"。

原文

利出一孔，则国多物；出十孔，则国少物。守一者治，守十者乱。治则强，乱则弱。强则物来，弱则物去。故国致物者强，去物者弱。

译文

利禄出自农战这个唯一的途径，国家的财富就会增多。利禄出自很多途径，国家的财富就会减少。所以利禄出自农战这个唯一的途径，国家就治理得好，如果利禄出自农战之外的很多途径，国家就会混乱。国家治理好了就会强大，治理乱了就会弱小。国家强大了，国家的财富就会越来越多，国家弱小了，国家的财富就会越来越少。所以，国家能够聚集财富就会强大，只能散去财富就会弱小。

青云说

这告诉我们，只有让国内专心从事农战的百姓获得财富，国家才能富强。

原文

民，辱则贵爵，弱则尊官，贫则重赏。以刑治民，则乐用；以赏战民，则轻死。故战事兵用曰强。民有私荣，则贱列卑官；富则轻赏。治民羞辱以刑，战则战。民畏死，事乱而战，故兵农怠而国弱。

译文

百姓屈辱的时候以爵位为贵，弱小的时候以官职为尊，贫穷的时候以赏赐为重。用刑罚来治理百姓，百姓就乐于被使用；用赏赐来激励百姓作战，百姓就视死如归。所以打仗的时候百姓踊跃参军，国家才叫作强大。百姓如果通过私人途径也能有地位，那么就会轻视给国家效力，看不起国家的官职，富裕了就会不在乎君主的赏赐。治理民众用刑罚让违法的人感到羞辱，那么百姓在战争来临的时候就会勇敢作战。百姓怕死，在部署混乱的情况下作战，士兵和农民都会懈怠而且国家衰弱。

青云说

人最喜欢哪三样东西呢？荣誉、权力、财富。没有荣誉就会想得到荣誉，没有权力就会想得到权力，没有财富就会想得到财富，"辱则贵爵，弱则尊官，贫则重赏"讲的就是这个道理。这三样东西是君主驾驭百姓的抓手，要把人组织好管理好，离不开这三样东西，只有分配好才能管理好。

当人们不愿意踏实干事的时候就要受到处罚，干好了就给予奖赏，这样人们才会把事情干好。这就是"以刑治民，则乐用；以赏战民，则轻死"要表达的意思。

打仗时军队能够全力以赴就是国家强大，所以说"战事兵用曰强"。如果百姓通过私人门路就能地位显赫，就会轻视爵位和官职，富裕了就会轻视奖赏。所以人事权和财权必须牢牢掌控在君主手中，并且要分配得当。百姓一旦从多种途径可以获得私荣、私赏，国家就不可避免地陷入动荡和分裂了。

管理百姓，要用刑罚让他们感到畏难怕死是一种耻辱，打仗的时候他们才会勇猛作战。如果在百姓怕死、国家管理得一团糟的情况下去打仗，士兵和农民就会消极松懈，国家也就衰弱了。一旦百姓畏难怕死，在面对战争时都选择投降，放弃抵抗，这样的国家就容易被侵略。

原文

农、商、官三者，国之常官也。农辟地，商致物，官治民。三官生虱六：曰"岁"，曰"食"；曰"美"，曰"好"；曰"志"，曰"行"。六者有朴，必削。农有余食，则薄燕于岁。商有淫利，有美好，伤器。官设而不用，志、行为卒。六虱成俗，兵必大败。

译文

农民、商人、官吏三者，是国家常见的职业。农民开垦土地，商人贩卖货物，官吏管理百姓。这三种职业会滋生六种蛀虫，曰"岁"，曰"食"；曰"美"，曰"好"；曰"志"，曰"行"。六种蛀虫扎下了根，国家就要削弱了。农民有了多余的粮食就贪图安逸耽误农耕，商人为了获取更多的利润引诱人去消费华而不实的东西，助长攀比之风败坏社会风气。官吏虽然设置了却不为国效力，儒家的异志高行成风。如果这六种蛀虫成了普遍现象，和敌人打仗的时候一定大败。

青云说

我们在第四章《去强》中详细讲过关于"六虱"的内容，这里就不再重复。

人们喜欢安逸，喜欢赚钱，喜欢名誉，但是怎样获取安逸、金钱、名誉，以及获得了安逸、金钱、名誉之后应该怎么做，很多人是不知道的。奋斗之后获得了安逸，但是安逸后不能忘记了奋斗，否则就会失去安逸。赚钱不能昧良心，有了钱之后更不能昧良心，不能损人利己是底线，否则就会最终被反噬。名誉不能贪求虚名，有其名无其实，对个人和国家都是有害的。

原文

法枉治乱；任善言多。治众国乱；言多兵弱。法明治省；任力言息。治省国治；言息兵强。故治大，国小；治小，国大。政作民之所恶，民弱；政作民之所乐，民强。民弱国强；民强国弱。

译文

法治得不到贯彻落实，治理就会混乱；对坏人施行仁政，空谈就会流行。违法的人多了国家就会动乱，空谈的人多了军队就会衰弱。法治严明，国家治理起来才会省事；按功行赏，空谈的人就会消失。治理的时候省事，国家才能治理得好；空谈的人消失了，军队才会强大。所以用错误的方法治理大国，大国会变小国，用正确的方法治理小国，小国会变大国。国家施政方针是百姓所厌恶的严格，百姓就会遵纪守法；国家施政方针是百姓所喜欢的纵容，百姓就会违法乱纪。百姓遵纪守法国家就强大，百姓违法乱纪国家就弱小。

青云说

"法枉治乱；任善言多"，这对应的就是有法不依和执法不严。如果有法不依，就会问题层出不穷，结果就是国家混乱；如果执法不严，就会空谈流行，结果就是军队削弱。有法不依，执法不严，都是对犯罪的鼓励，国家不可能不乱。

"法明治省；任力言息"，这对应的就是有法必依和执法必严。严格依法办事就没人敢犯法了，国家治理起来也就省事了，这就是"法明治省"。只任用有功劳有贡献的人，就没有空谈的人了，这就是"任力言息"。

一个国家会成为强国还是会成为弱国，就看君主用什么方法来治理国家。用错误的方法去治理，大国能被治理成小国，用正确的方法去治理，小国能被治理成大国。什么是错误的方法呢？就是纵容百姓错误言行的"假仁政"。什么是正确的方法呢？就是管束百姓错误言行的"真仁政"。

百姓都希望犯法了能够不受到处罚，有罪必罚是百姓所厌恶的，但是管理国家必须做到有罪必罚，这样百姓才会遵纪守法服从管理，这就是"政作民之所恶，民弱"。管理国家如果施行百姓喜欢的宽容放纵，犯了法也不处罚，那么百姓就会任性不服从管理，这就是"政作民之所乐，民强"。

商鞅讲的是治国之道，我们通过对《商君书》的学习，就能看出来一个国家或企业管理得好不好。也能知道哪里管理得不好，还能针对问题制定解决方案，做到既能知其然，也能知其所以然。

用商鞅的治国之道去分析问题，能直达问题的本质，《商君书》也为我们提供了解决问题的方法。商鞅并不是冷酷无情，而是在当时的社会形势下，必须施行这样的治理方案。

原文

故政作民之所乐，民强，民强而强之，兵重弱。政作民之所恶，民弱，民弱而弱之，兵重强。故以强重弱，削；以弱重强，王。以强攻强弱，强存；以弱攻弱强，强去。强存则削；强去则王。故以强攻弱，削；以弱攻强，王也。

译文

所以施政方针是百姓所喜欢的纵容，百姓就会违法乱纪，百姓越来越违法乱纪，军队就会越来越弱。施政方针是百姓所厌恶的严管，百姓就会遵纪守法，百姓越来越遵纪守法，军队就会越来越强。所以违法乱纪的人比遵纪守法的人多，国家就会削弱；遵纪守法的人比违法乱纪的人多，国家就能称王天下。用违法乱纪的手段管束违法乱纪的强民和遵纪守法的弱民，违法乱纪就会永远存在；用遵纪守法的手段管束遵纪守法的弱民和违法乱纪的强民，违法乱纪就会消失。违法乱纪永远存在，国家就会削弱；违法乱纪消失，国家就会称王。所以，用违法乱纪的人来管束遵纪守法的人，国家就削弱，以遵纪守法的人来管束违法乱纪的人，国家就会称王。

青云说

治理国家的时候，姑息纵容百姓，不让他们接受法律的限制，百姓就会不服从管理，这就是"政作民之所乐，民强"。百姓不服从管理而且越来越骄横，也就是"民强而强之"，军队就会越来越弱。治理国家的时候，用严刑峻法让百姓不得不接受法律的限制，百姓就会越来越遵纪守法，规范自己的言行，这叫"政作民之所恶，民弱，民弱而弱之"，军队才会越来越强大。

所以说不遵纪守法的百姓压制住了遵纪守法的百姓，国家就会越来越弱，这叫"以强重弱，削"。遵纪守法的百姓压制住了不遵纪守法的百姓，国家就会越来越强大，最终称王天下，这叫"以弱重强，王"。

用违法的方法消灭坏人，不过是一群坏人代替了另一群坏人，好人没力量，坏人始终存在，这叫"以强攻强弱，强存"。严格施行法治，让所有人都遵纪守法，遵法的人就会有力量，违法的人才能消失，这叫"以弱攻弱强，强去"。

不让一个违法的人逃脱处罚，不让一个守法的人受到冤屈，这是治国的目的。如果违法的人都逍遥自在，国家就会衰弱，如果违法的人都受到惩处，国家就能称王。这就是"强存则削；强去则王"。

所以让违法的人压倒守法的人，国家就会削弱，让守法的人压倒违法的人，就能称王天下。这就是"以强攻弱，削；以弱攻强，王也"。正邪不两立，好坏不相容，那些鼓吹包容的人没有顾及到守法的人的感受。

让守法的人舒服还是让违法的人舒服，是路线问题，也就是君之道。路线确定之后，干部就是决定因素，也就是臣之行。《商君书》的思想认为，到底是让守法的人好过，还是让违法的人好过，这是治国的本质，其他的都是由此衍生出来的现象。

原文

明主之使其臣也，用必加于功，赏必尽其劳。人主使其民信此如日月，则无敌矣。今离娄见秋豪之末，不能以明目易人；乌获举千钧之重，不能以多力易人；圣贤在体性也，不能以相易也。

译文

明主使用大臣，任用一定是凭借功绩，赏赐一定是根据功劳。君主能让百姓相信这一点就像相信太阳月亮的存在一样，那么国家就无敌了。离娄的眼睛能看到远方鸟兽的细毛，但不能因为他眼神好的特长就提拔他。乌获能够举起千斤重的东西，但不能因为他力气大的特长就提拔他。所以圣贤在于能够知道每个人的特长，不能以有特长为理由提拔他替换掉别人。

青云说

君主要做到令出必行，必须做到"用必加于功，赏必尽其劳"。君主知道每个人的特长，是为了在需要的时候派遣合适的人去更好地完成任务，等到他们用自己的特长完成任务立了功，再根据功劳进行提拔，这才是正确的用人之道。如果离娄仅仅是眼神好，却不能在战争中勇敢地射杀敌人；如果乌获仅仅是力气大，却不能在战争中勇敢地举起城门。这样的眼神好、力气大又有什么用呢？仅仅因为眼神好、力气大就提拔他们又有什么意义呢？

原文

今当世之用事者，皆欲为上圣，举法之谓也。背法而治，此任重道远而无马、牛，济大川而无舡楫也。今夫人众兵强，此帝王之大资也，苟非明法以守之，与危亡为邻。

第二十章·弱民

译文

现在掌权的统治者，如果想成为了不起的帝王，就要实行法治。抛弃法治，就如同任重道远却没有马牛，又像想过大河却没有船和桨一样。现在人众兵强，是帝王重要的资本，但如果不能严明法治来守护这些资本，那就接近危亡了。

青云说

君主一个人怎么才能管理好一个国家呢？肯定需要工具。就像一个人用马牛把重物运到远方，用船和桨渡过大河一样。君主管理国家的工具就是法，人众兵强的国家，如果没有法治，就会混乱，现有的优势也会失去，只有严明法治，才能稳定住自己的优势。

原文

故明主察法，境内之民无辟淫之心，游处之士迫于战陈，万民疾于耕战。有以知其然也。楚国之民齐疾而均，速若飘风。宛钜铁釶，利若蜂虿；胁蛟犀兕，坚若金石。江、汉以为池，汝、颍以为限，隐以邓林，缘以方城。秦师至，鄢、郢举，若振槁；唐蔑死于垂沙，庄跻发于内，楚分为五。地非不大也，民非不众也，甲兵财用非不多也；战不胜，守不固，此无法之所生也，释权衡而操轻重者。

译文

所以明主修明法度，境内的百姓就没有为非作歹的想法，游手好闲的人也不得不去冲锋陷阵，百姓都努力从事农战。君主要明白其中的道理啊。楚国的民众行动迅速而统一，行军快如旋风。他们手持宛地的硬铁制造出来的矛，锋利如同蜂刺；身披鲛鱼和犀牛皮制作的铠甲，坚固如同金石。又有长江、汉水作护城河，有汝河、颍水作险阻，有邓林作屏障，有方城作要塞。可是秦兵到来，攻下鄢、郢如同摧枯拉朽。唐蔑在垂沙战死，庄跻在国内起义，楚国就一分为五。楚国土地不是不广阔，人民不是不众多，兵甲财物不是不充足，而作战不能取胜，防守不能坚固，这就是不修明法度的结果，舍弃法度治理国家，如同舍弃权衡的工具而去量轻重一样。

青云说

唐蔑（？—公元前301年），战国时期楚国将领，效力于楚怀王。周赧王十四年（公元前301年），齐、魏、韩三国联兵，攻伐楚国，双方在垂沙（今河南唐河县）大战，唐蔑兵败被杀。部下庄蹻乘机发动起义，攻破郢都（今湖北江陵市），造成楚国四分五裂的局面。

很多国家都想强大，也都想学习秦国变法，但为什么没有学会呢？不是说变法多难学，而是变法会触动既得利益集团的利益，这是场你死我活的斗争。本来就贵为王侯，衣食无忧，如果没有远大的理想，怎么可能下得了这个决心。

商鞅赢在了遇到了志向远大的秦孝公，秦孝公坚定的支持让变法得到了毫无保留的推行。商鞅还赢在了秦孝公活的时间足够长，让受益于新法的人成长为了维护新法的新势力，这两点缺了哪一点，变法都有可能半途而废。

那些谋求权力只是为了纵情声色、过骄奢淫逸的日子的人，不可能理解商鞅和秦孝公这样的人。因为他们正是商鞅变法中要摒除的那一部分人，所以他们难免会将商鞅的思想进行断章取义地妖魔化。

御盗（佚）

第二十一章

导读

本篇亡佚。

第二十一章·御盗（佚）

第二十二章 外内

第二十二章·外内

导读

"外内",指的是对外对内的政策。对外,对应的就是"战"。对内,对应的就是"农"。本章论述了对外重战、对内重农的思想。本章主题和《农战》一章遥相呼应,可以对照着看,加深理解。

原文

民之外事莫难于战,故轻法不可以使之。奚谓轻法?其赏少而威薄,淫道不塞之谓也。奚谓淫道?为辩知者贵,游宦者任,文学私名显之谓也。三者不塞,则民不战而事失矣。故其赏少,则听者无利也;威薄,则犯者无害也。故开淫道以诱之。而以轻法战之,是谓设鼠而饵以狸也,亦不几乎!故欲战其民者,必以重法。

译文

百姓认为对外所做的事,没有比作战更难的了,所以轻法是不能使他们去作战的。什么叫轻法呢?就是奖赏不多、刑罚没有震慑力,淫逸的道路没有堵住。什么是淫逸的道路呢?就是能言善辩的人地位尊贵,远离家乡游说求官的人得到任用,擅长儒学徒有虚名的人声名显耀。这三种途径要是不堵住,那么人们不肯出战,国家的战事就会失败。因为朝廷赏赐少,听从法令的人就得不到好处;刑罚轻,违反法令的人就没有什么妨害。所以开启淫逸之路来引诱百姓,用轻法驱使百姓去参战,就如同用狸猫作饵诱捕老鼠一样,这是不可能成功的。所以要想让百姓勇敢作战,必须用严刑峻法惩罚不勇敢作战的人。

青云说

奖赏不多，百姓就没有动力把应该做的事情做到最好；刑罚没有震慑力，百姓就不会畏惧法律把不该做的事情完全杜绝；投机取巧、不劳而获的路不堵塞，百姓就不会再真抓实干争取立功。投机取巧、不劳而获的路就是不脚踏实地埋头苦干，只靠空谈就能得到荣华富贵的路。因此，只有使用重法，使民众逃避作战会受到比作战还痛苦的处罚，才能驱使民众踊跃参战。

原文

赏则必多，威则必严，淫道必塞。为辩知者不贵，游宦者不任，文学私名不显。赏多威严，民见战赏之多则忘死，见不战之辱则苦生。赏使之忘死，而威使之苦生，而淫道又塞，以此遇敌，是以百石之弩射飘叶也，何不陷之有哉？

译文

赏赐必须多，树威必须刑罚严厉，淫逸的道路必须堵住。让能言善辩的人得不到尊贵，游说求官的人得不到任用，长于文学徒有虚名的人得不到显耀。赏赐多而且刑罚有强大的震慑力，百姓见到作战的赏赐多就忘了死亡的危险，见到不参加战争受到的耻辱就害怕那样痛苦地活着，淫逸之路又被阻塞，用这样的方法迎战敌人，好比用百石的强弩去射飘摇的树叶，还有攻不破的吗？

青云说

这段话告诉我们的是"宁为玉碎，不为瓦全"的道理，宁可光荣地死去，不可屈辱地活着。重赏使人们忘记死亡的危险，严刑使人民害怕屈辱地活着。这不是故意虐待百姓，而是引导他们走正道，"人固有一死，或重于泰山，或轻于鸿毛"，选择是非常重要的。

原文

民之内事，莫苦于农，故轻治不可以使之。奚谓轻治？其农贫而商富，故其食贱者钱重，食贱则农贫，钱重则商富；末事不禁，则技巧之人利，而游食者众之谓也。故农之用力最苦，而赢利少，不如商贾、技巧之人。苟能令商贾、技巧之人无繁，则欲国之无富，不可得也。

译文

民众认为对内之事，没有比务农更苦的了，所以轻治不能役使他们。什么叫轻治？就是农民穷而商人富，所以粮食贱而钱值钱，粮食贱农民就穷，钱值钱商人就富；末事不禁，那么玩弄技巧的人就会获利，四处游荡靠玩弄技巧求食的人就会增多。因此，农民用力最为辛苦，而获利最少，不如商人和玩弄技巧之人。如果能让商人和玩弄技巧的人不发展壮大，那么想让国家不富起来都不可能。

青云说

我们反复说过，"末事"就是非关根本的事，在古代，"末事"也指商业和手工业。"末"和"本"是对应的，"末事不禁"就是舍本逐末。过于追求"末事"，更多的不是为了满足人民群众的基本生活需要，而是满足了有钱人的奢靡生活。

如果商人和玩弄技巧之人不那么多，百姓都乐于参与农战，国家就会富强。空气、水和粮食，对于人类的生存来说都是非常重要的。空气和水自然就有，粮食需要农民辛勤地耕作才能有，可见鼓励百姓参与农耕的重要性。

原文

故曰：欲农富其国者，境内之食必贵，而不农之征必多，市利之租必重，则民不得无田。无田不得不易其食，食贵则田者利，田者利则事者众。食贵，籴食不利，而又加重征，则民不得无去其商贾、技巧而事地利矣。故民之力尽在于地利矣。

译文

所以说：想发展农业来富国，国内的粮价必须要贵，而对不从事农业生产者的赋税必须要多，贸易的利税必须要重。这样的话，百姓就不得不去种田，不种田就不得不买粮食吃，粮价高农民就获利。种田获利，从事农业的人就会多。粮食贵，买粮就不合适，其他行业赋税又重，那么百姓就不得不放弃经商、技巧之业，转而去务农获取利益，所以百姓的力量就都集中到农业上了。

青云说

百姓从事的行业需要有足够的利润，利润一旦过低，任何行业都会难以为继，但农业的利润长期维持在较低的水平。粮价低可以确保基本民生，但是种地没有利润造成的后果是农村的空心化，农民的老龄化，农业的落后化。

这时候就需要国家对农业生产给予支持，通过各种形式的政策提高农民的收入，让农民愿意留在土地上，让农村重新焕发活力。实施乡村振兴战略，就是我国立足社会主义初级阶段基本国情，作出的重大决策部署。"中国要强，农业必须强；中国要美，农村必须美；中国要富，农民必须富"，这就是未来中国农业农村发展的方向。

原文

故为国者，边利尽归于兵，市利尽归于农。边利归于兵者强；市利归于农者富。故出战而强，入休而富者，王也。

译文

所以治国的人，要把守卫边境的好处都给士兵，贸易的好处都给农民。边境的好处给士兵，就会强大；贸易的好处给农民，就会富庶。所以在外征战兵力强，在内务农国家富裕的，就能称王天下了。

青云说

如果最苦最穷的是战士和农民，这个国家就要反思自己的政策了。商人把产品从一个地方运到另一个地方，倒手赚的差价都比农民忙活一年收获的总价高，这是非常不合理的。

在中国古代，很长一段时间里，都是国家掌控着关系到国计民生的农产品以及工业品的流通权，私人是不允许染指这些重要领域的。后来，对私人参与相关经营的限制越来越宽松，相应也产生了一些问题。最直接的后果就是财富分配的严重不均，造成越来越严重的贫富两极分化。勤劳能干的人收入越来越低，投机取巧的人收入越来越高，这种趋势又反过来促使越来越多的百姓希望从事轻松却获利更多的行业。本章表达了商鞅在这一问题上的立场：一个国家要想强大，从军和务农才应该是百姓最希望做的事情。战士和农民，理应获得社会的尊重。

君臣

第二十三章

导读

会管理庄稼，才能当农民；会管理牛羊，才能当牧民；会管理花草，才能当花匠。同样的，会管理人，才能当君主。

《君臣》这一章，讲的就是国家为什么需要君主，需要什么样的君主，以及怎么做才能成为一个合格的君主。君主设立官位，是为了得到大臣的辅助来管理国家；设制严格的法度，是为了禁止民众做坏事。只有君主得到民众的尊崇，大臣都为官清廉，国家才会长治久安。

原文

古者未有君臣上下之时，民乱而不治。是以圣人列贵贱，制爵位，立名号，以别君臣上下之义。地广，民众，万物多，故分五官而守之。民众而奸邪生，故立法制、为度量以禁之。是故有君臣之义、五官之分、法制之禁，不可不慎也。

译文

古时没有君臣上下等级的时候，人民纷乱无序无人管理。所以圣人划分贵贱，制定爵位，建立名号，来区别君臣上下的等级关系。由于国土广阔，人民众多，物产丰富，所以分设五官来管理。人民众多难免会有人做坏事，所以创立法度、制定行为标准来杜绝奸邪产生。所以有君臣上下的等级关系，有五官的分职，有法律的限制，行事不能不慎重。

青云说

一辆汽车之所以可以正常运转，是因为所有的零部件都待在自己的

第二十三章·君臣

位置上,各司其职。社会就类似于汽车,每个人都是不同的零部件,有的适合当发动机,有的适合当轮胎,必须让合适的人待在合适的位置上。

"君臣之义、五官之分、法制之禁",目的都是为了让合适的人待在合适的位置上,杜绝把轮胎当发动机使用或者把发动机当轮胎使用的情况发生,这样社会这台大机器才会良好地运转。要想实现这一目的,就要有明确的上下等级制度,同时法律严明,奖赏得当,这样才能保证社会秩序的有序运转。

原文

处君位而令不行,则危;五官分而无常,则乱;法制设,而私善行,则民不畏刑。君尊,则令行;官修,则有常事;法制明,则民畏刑。法制不明,而求民之行令也,不可得也。民不从令,而求君之尊也,虽尧、舜之知,不能以治。

译文

处在君主的位置上而命令得不到贯彻执行,那就危险了;五官已经分职,却没有常规,那就乱套了;法度已经建立,而私惠风行,那么人民就不惧怕刑罚了。只有国君拥有崇高的地位,法令才能得到贯彻执行;官吏清明,政事才有常规;法度分明,人民才惧怕刑罚。法度不明,而要求人民服从法令,那是不可能的。民众不服从法令,而希望国君有崇高的地位,即使国君有尧、舜那样的智慧,也是派不上用场的。

青云说

"处君位而令不行",就好比司机往左打方向盘,汽车却往右拐,汽车不遵从司机的操作指令,肯定就危险了。"五官分而无常",就好比汽车所有的零部件都分工好了,但是零部件却不按照自己的分工行事,轮胎老想去当发动机,方向盘老想去当变速箱,那肯定乱套了。

针对这些不服从命令,老是按自己的想法胡乱行事的人,就要制定刑罚来约束他们。如果制定了刑罚却不能实施,那么就没人把刑罚当回事了,这种风气就会蔓延。

有钱为富,有德为贵,有道为尊。"君尊",来自于对为国为民的君之道的践行；"令行"，来自于对公平公正的法治的践行。做到了这两点就得到了百姓的拥护，自然就会令出必行。

有法不依、执法不严，还想让百姓服从法令，这是不可能的。百姓不服从命令，君主纵有天大的本事，也不可能管理好国家。

君主带头守法，还有能力阻止大臣的违法行为，法度就不会沦为空谈，百姓也尊崇君主，国家自然富强。

原文

明王之治天下也，缘法而治，按功而赏。凡民之所疾战不避死者，以求爵禄也。明君之治国也，士有斩首、捕虏之功，必其爵足荣也，禄足食也。农不离廛者，足以养二亲，给军事。故军士死节，而农民不偷也。

译文

明君治理天下，遵照法度来处理政事，按照功劳行赏。凡是人民奋勇作战，不畏死亡的，不过是为了求得爵禄。明君治理国家，战士有斩得敌首、捉得俘虏的功劳，一定让他的爵位足以荣耀，俸禄足够生活所需。农民不离开居所，足够奉养双亲，供给军队所需粮草。因此士兵才肯殊死战斗，农民才不惰怠。

青云说

农民为什么能安心待在家乡而不是背井离乡呢？因为在家乡的收入就能满足生活所需。如果在家乡的收入连父母孩子都养活不了，他们不背井离乡外出谋生又能怎么办？农民都背井离乡又怎么可能不耽误农业生产呢？关键时刻又怎么可能不影响军队战斗力呢？

原文

今世君不然，释法而以知，背功而以誉。故军士不战而农民流徙。臣闻：道民之门在上所先。故民，可令农战，可令游宦，可令学问，在上所与。上以功劳与，则民战；上以《诗》《书》与，则民学问。民之于利也，若水于下也，四旁无择也。

译文

当今的国君却不是这样,他们抛开法度而以个人的智慧治国,舍弃功劳而以人的名气声誉封赐,所以军士不肯作战而农民背井离乡。我听说:管理百姓的关键在于国君的倡导。所以,农民可以使他们务农作战,也可以使他们游走求官,还可以使他们致力于空谈做学问。这些都在于国君在倡导他们做什么。国君依照战功行赏,人们就奋勇作战;国君依照人们所读《诗》《书》赐予爵禄,人们就致力于学问。人们趋利而行,好比水向低处流一样,其他无利可图的地方是不会选择的。

青云说

法度已经规定了做出什么样的贡献可以得到什么等级的爵禄,但就是不执行,赏赐全凭个人一念之想,毫无规矩可言,这是很多君主的做派。

一个国家的社会风气取决于君主在倡导什么,君主把好处给了什么样的人,百姓就会争当这样的人。"上有所好,下必甚焉",就是这个意思。

趋利避害是人的本能,如果坑蒙拐骗能得到好处,老老实实做人却要吃亏,那么大多数百姓都会倾向于去坑蒙拐骗,这就是我们常说的劣币驱逐良币。

原文

民徒可以得利而为之者,上与之也。瞋目扼腕而语勇者得,垂衣裳而谈说者得,迟日旷久积劳私门者得。尊向三者,无功而皆可以得,民去农战而为之。或谈议而索之,或事便辟而请之,或以勇争之。故农战之民日寡,而游食者愈众,则国乱而地削,兵弱而主卑。此其所以然者,释法制而任名誉也。

译文

人民可以获利而且喜欢去做的事,都是君主给予的。瞪着眼攥着拳说自己勇武的人得到奖赏,推行礼制高谈阔论的人得到奖赏,常年累月攀附权贵的人得到奖赏。尊崇以上三种人,他们没有实际功劳而得到好处,那么人民就要放弃农战而做这些事情了。要么靠空谈来索取,要么靠逢迎谄媚来请求，要么靠勇武来争夺。所以从事农战的百姓越来越少，而游手好闲的人越来越多，那么就会国家混乱，国土就会沦丧，兵力衰弱而君主没有了地位。产生这种结果的原因，是国君抛开法度不任用有实际功劳的人，而任用靠空谈徒有虚名的人。

青云说

"瞋目扼腕而语勇者得"，就是用嘴来表现勇敢；"垂衣裳而谈说者得"，就是用嘴来表现能力；"迟日旷久积劳私门者得"，就是用嘴来表现忠诚。一切都建立在空谈之上，没有实际行动，是不可能完成这些人所吹嘘的蓝图的。

"垂衣裳"，意思是定衣服之制，示天下以礼，后世用以称颂帝王无为而治。百姓或者用空谈去骗取爵禄，或者依附权贵而乞求好处，或者用好勇斗狠去争得利益。这种情况下，再用"无为而治"恐怕已经不能管理好国家了。

如果整个社会都没人从事农战，百姓只会通过空谈来获得利益，那就相当于这个社会没有建设者，只有寄生虫。如果占据重要岗位的人都是一群嘴上来表现勇敢，嘴上来表现能力，嘴上来表现忠诚的人，那么"国乱而地削，兵弱而主卑"就是很自然的结果了。

原文

故明主慎法制。言不中法者不听也，行不中法者不高也，事不中法者不为也。言中法，则听之；行中法，则高之；事中法，则为之。故国治而地广，兵强而主尊。此治之至也，人君者不可不察也。

译文

所以明主重视法度。不合法度的言论不听，不合法度的行为不推崇，不合法度的事情不做。言论合乎法度，就听从；行为合乎法度，就推崇；事情合乎法度，就行动。所以国家政治清明，国土扩大；兵力强大，国君地位崇高。这就是管理国家的最高境界，做国君的不能不加以明辨。

第二十三章·君臣

青云说

也就是说，国君应当把法度作为全社会唯一的标准去衡量每一个人，不能有双重标准。有的人犯法了会受到处罚，有的人犯法了却不会受到处罚；一样的错误，有的人被处罚得重，有的人被处罚得轻，这就是双重标准。法治社会之所以难建立，就是因为奉行双重标准的人太多了。

君主如果奉行双重标准，整个国家就会开始出现混乱的秩序；君主如果以身作则，整个国家才会维持太平的秩序。一个组织的秩序是否和谐安定，取决于组织的领导者在推崇什么样的秩序。

第二十四章 禁使

第二十四章·禁使

导读

"禁",就是不让臣民做不该做的事;"使",就是让臣民做该做的事。君主号令臣民,无非就是这两件事。君主不让做的事臣民不做,君主让做的事臣民都做,就是对君主的服从。什么事不让做,什么事让做,做了不让做的事怎么处罚,做了让做的事怎么奖赏,都白纸黑字罗列写好,就是法律。

法律制定出来是一回事,如何让大家都遵守法律是另一回事,这就需要学会管理臣民,让他们想遵守也得遵守,不想遵守也得遵守。《禁使》这一章就是讲如何借势和采取适当的方法,让利害不同的人互相监督、互相制约而不得不守法,从而达到用法律管理臣民的目的。

原文

人主之所以禁使者,赏罚也。赏随功,罚随罪,故论功察罪,不可不审也。夫赏高罚下,而上无必知其道也,与无道同也。凡知道者,势、数也。故先王不恃其强而恃其势;不恃其信,而恃其数。今夫飞蓬遇飘风而行千里,乘风之势也;探渊者知千仞之深,县绳之数也。故托其势者,虽远必至;守其数者,虽深必得。

译文

君主之所以可以做到令行禁止,是因为赏罚。赏赐要根据功劳,刑罚要根据罪行,所以论定功劳、调查罪行,不可以不审慎。赏功罚罪,如果国君不是完全懂得应该遵循什么原则,那和没有原则是一样的。凡是懂得法治原则的,都知道法治靠的是"势"和"数"。所以古代帝王不依靠个人能力的强悍压制人去守法，而是依靠法治形成人不得不守法的形势；不依靠个人的诚信，而是依靠严格依法办事的统治方法。如今飞蓬遇旋风而行程千里，是凭借风势；测量深潭的人能够知道八千尺的深度，是用悬绳测量的结果。所以依托风势，即使道路遥远飞蓬也一定能到达，掌握了测量方法，即使潭水非常深也一定能测出来。

青云说

君主是靠什么让百姓不做不该做的事？靠的就是赏罚，做了不该做的事情就罚，做好了该做的事情就赏。要想形成正向激励，那么功劳和罪行的认定就一定要准确，让所有人心服口服，因此论定功劳、调查罪行不能不审慎。

如果君主不能确切地懂得这些道理，和完全不明白这些道理是一样的。怎么才算明白了这些道理呢？那就要懂得利用"势"和"数"。"势"，就是有法必依执法必严，形成不得不守法的形势；"数"，就是对守法者的奖励措施和对犯法者的惩罚措施。这就是用法度来设置利害，让所有人趋利避害。

靠个人的强力去压制，会造成百姓口服心不服的局面，在强力无法压制的时候就会出现反叛。奖赏没有统一的规矩，即便有奖赏，也不能对百姓形成正确的引导作用。

商鞅举了两个例子来说明这个道理，一个是飞蓬草飞越千里是依靠风的力量，一个是测量深潭的深度依靠的是尺的测量。如果没有风，飞蓬草是不可能飞越千里的；如果没有尺子，深潭的深度也不可能测量出来的。同样的，君主管理国家，也需要借助类似风和尺子这样的工具才能做到。依法治国的这个"法"，就是君主管理国家的风和尺，"势"和"数"。

原文

今夫幽夜，山陵之大，而离娄不见。清朝日䩭，则上别飞鸟，下察秋豪。故目之见也，托日之势也。得势之至，不参官而洁，陈数而物当。今恃多官众吏，官立丞、监。夫置丞立监者，且以禁人之为利也。而丞、监亦欲为利，则何以相禁？故恃丞、监而治者，仅存之治也。通数者不然，别其势，难其道。故曰：其势难匿者，虽跖不为非焉。故先王贵势。

译文

就像离娄在黑夜中连高大的山也看不见，而在阳光明媚的清晨，他上能够辨别天上的飞鸟，下可以看清地上野兽的毫毛。所以眼睛能看见东西，是靠太阳照耀的形势。善于借用形势的君主，不用弹劾罢免官吏就有廉洁的效果，把规则罗列出来，万物就会各就其位发挥应有的价值。现在治国的人，依靠官多吏众，官吏下又设辅佐和监察人员。设立辅佐和监察人员是为了禁止官员们谋私利。但辅佐和监察人员也想谋私利，那么怎么去禁止他们呢？因此依靠辅佐和监察人员治理国家，国家仅免于危亡。通晓必然方法的君主不会这样，分析客观形势，使谋私变得困难。所以说：法治形成的局面是做了坏事难以逃脱刑罚，即使像盗跖那样的凶恶之徒也不敢做坏事。所以先王重视用法治来形成臣民不得不守法的形势。

青云说

做了坏事一定会被发现，被发现之后一定被严惩，这就是法度严明所形成的"势"。为什么很多时候法治并没有减少犯罪呢？因为没有形成严明的"势"，也就是有法不依执法不严，让法治失去了震慑力从而沦为了摆设。

制定法律不难，让法律得到切实地贯彻落实很难，法律得到切实地贯彻落实的社会是什么样子的呢？"不参官而洁，陈数而物当"，商鞅用一句话就说清了。

"不参官而洁"就是不需要通过反腐、罢免官员就有廉洁的效果，因为没有官员敢腐败。为什么没有官员敢腐败呢？因为腐败一定会被发现而且一定会被严惩，正因为君主能做到这一点，官员也确信君主能够做到这一点，所以官员不敢腐败。

"陈数而物当"就是君主制定了完善的法律，赏罚分明，所有详细的规定都提前明明白白写入了法律，每个人都按照法律指导自己的言行，发挥自己的天赋和才能，得到与贡献相匹配的财富和地位。

加深对新形势下党风廉政建设和反腐败斗争的认识，提高一体推进不敢腐、不能腐、不想腐能力和水平，全面打赢反腐败斗争攻坚战、持久战，这本质上就是为了建立严明的"势"。建立起来了这种"势"，才能够真正实现法治。

原文

或曰："人主执虚后以应，则物应稽验，稽验则奸得。"臣以为不然。夫吏专制决事于千里之外，十二月而计书以定，事以一岁别计，而主以一听，见所疑焉，不可蔽，员不足。夫物至，则目不得不见；言薄，则耳不得不闻。故物至则变，言至则论。故治国之制，民不得避罪，如目不能以所见遁心。

译文

有人说："君主应该什么也不做，根据官吏做事之后的结果来核查验证，经过核查验证就能发现奸邪。"臣认为不是这样的，官吏在远离国君千里之外的地方决断政务，十二个月按时将决断的事项登在簿书上。一年一计，而君主以此为唯一获取信息的通道，有所怀疑也做不到不让官吏知道自己怀疑什么，这样官吏就能提前串供造成证据不足的情况。东西出现在眼皮子底下，眼睛就不得不看到；声音在耳边响起，耳朵就不得不听到。所以东西在眼前就能分辨清楚，言论听到了就能论定。太平安定的国家的法治，是让百姓不能逃避犯罪的惩罚，做了坏事就会被发现，就像眼睛不能向心隐瞒自己看到的东西一样。

青云说

"物应稽验，稽验则奸得"，这其实就是等事情发生了再去解决问题，而不是避免问题的发生，事后的弥补没什么大的意义，事前预防才有意义。所以商鞅认为君主治国不应该这样事后弥补，而是要做到事前预防。

官吏在远离国君千里之外的地方决断政务，在这一年当中，按时将决断的事项登记在簿书上。一年才审计一次，而君主以此为唯一获取信息的通道，自己即便有所怀疑，也无法向官吏隐瞒自己在怀疑什么，如果官吏知道君主在怀疑什么，就可以提前销毁证据或者做假证来让君主无法断定,以此来逃避君主的追责。

君主怎么才能实现事前预防,让官吏不敢做违法的事情呢?这就要像东西出现在眼底就无法逃出心的审视一样,所有的事情都无法隐瞒君主,官吏也就不敢违法了。这还得依靠法度编织一张大网,让违法乱纪的人一定受到应有的惩罚。

原文

今乱国不然,恃多官众吏。吏虽众,事同体一也。夫事同体一者,相监不可。且夫利异而害不同者,先王所以为保也。故至治,夫妻交友不能相为弃恶盖非,而不害于亲,民人不能相为隐。上与吏也,事合而利异者也。今夫驺虞,以相监不可,事合而利同者也。若使马焉能言,则驺虞无所逃其恶矣,利异也。

译文

政治昏乱的国家不是这样,只凭官吏众多。官吏虽众,做的事情相同,利益也是一致的。做的事情相同,利益也一致的人,是不能互相监督的。同样的一件事双方有不同的利益,一方认为是对自己有利的,另一方认为是对自己有害的,先王以此来让他们互相监督。最好的治理,是夫妻、朋友都无法包庇罪恶,从而不让亲人受到牵连处罚,百姓不能互相隐瞒自己的罪行。君主与官吏,做的事是一样的,但是利益不同。让马夫和马夫互相监督是不可以的,因为他们做的事情相同,利益也相同。如果马能够说话,那么马夫就无法逃脱他的罪恶,因为马夫和马的利益是不同的。

青云说

我们都希望建立一个互相监督的制度,以此来发现犯罪行为,但是监督机制的设立也是有原则的,那就是利害相同的人不能互相监督,也就是说,如果互相监督的双方是一荣俱荣一损俱损的关系,是不能互相监督的。只有利益对立的双方才可以互相监督,一方的荣就是另一方的损,这一点必须要想明白,否则监督机制就会沦为摆设。不同利益的双方,为了自身的利益互相监督,这是连坐监督机制能够顺利运行的基础。

最好的治理，是夫妻、朋友都无法包庇罪恶，从而不让亲人受到牵连处罚。也就是说，只要一个人包庇了罪恶，他的亲人都会受到牵连处罚，这样百姓就不会相互包庇了。因为一个人犯罪得到了好处，亲友得不到这个好处却会承担处罚的后果，自然就会举报。如果想用好处收买亲友，每个亲友都还有亲友，这是永远收买不完的。这就是因为利害关系的不同造成的结果，这种利害关系的不同就是前面说的"势"。可见连坐制度并非人们想象的残酷，而是防患于未然的一种手段。

君主与官吏，做的事是一样的，但是利益不同。也就是说，同样一件事情，君主希望官吏去做，是希望官吏全心全意为人民服务，把事情做好，不要贪赃枉法。官吏去做这件事情，是希望可以通过做这件事情谋取私利，这就是君臣利益的不同。

让马夫和马夫互相监督就不行，因为他们做的事一样而且利益也一致，都想让马多干活少吃草料。假如马能说话，马夫的罪恶就不能隐藏了，因为马和马夫的利益是相矛盾的。马夫想让马多干活少吃草料，马想多吃草料少干活，这就是利益的不一致。

彼此利益不一致的时候就需要实行法治，白纸黑字规定好，干多少活喂多少草料，让马夫和马互相监督。马干完了活，马夫少给草料，马会举报。马夫给了草料，马少干活，马夫会举报。这样监督机制才能真正发挥作用，马夫和马互相监督才有"势"，马夫和马夫互相监督就无"势"。

原文

利合而恶同者，父不能以问子，君不能以问臣。吏之与吏，利合而恶同也。夫事合而利异者，先王之所以为监也。民之蔽主，而不害于盖。贤者不能益，不肖者不能损。故遗贤去知，治之数也。

译文

一荣俱荣一损俱损的关系下，父亲不能追究儿子，君主不能追究臣下。官吏和官吏之间，就是一荣俱荣一损俱损的关系。一件事情让一方受益另一方受损的关系下，先王就能以此来让他们相互监督。百姓要蒙蔽君主，却不能互相掩盖罪行损害法治的威严。这种监督机制，贤能的人不能画蛇添足，耍小聪明的人不能偷工减料。所以去除人为的贤能智慧的干扰,是治国的"数"。

青云说

"利合而恶同"就是一荣俱荣一损俱损,一件事情对一方有利,对另一方也有利;对一方有害,对另一方也有害。这种情况下,父亲不能追究儿子,君主不能追究臣下。官吏与官吏,就是"利合而恶同"的关系,他们会本能地联合起来欺上瞒下、互相包庇。"事合而利异"就是同样发生一件事,结果是一方荣另一方损,那么受损方一定会阻止这件事发生,这是帝王能够让人们互相监督的基础。

为什么官与官之间不能互相监督呢?因为他们都想有私利,也都不想被处罚,你告发我、我告发你,对大家都没好处,那么他们必然不会相互举报,只会你包庇我,我包庇你。为什么百姓和官吏之间可以互相监督呢?因为贪官的所得就是百姓的损失,百姓当然不会允许自己受到损失。

这样的话,有人蒙蔽君主,就能及时被发现而不让这种蒙蔽产生有害的结果。这就是"民之蔽主,而不害于盖"。"盖",是掩盖遮蔽的意思。在这个制度下,能力强的人不需要增加条款,能力弱的人不需要减少条款。丢弃对个人能力和智慧的依赖,以法律为准绳,这是治国的必然之理,也就是"遗贤去知,治之数也"。"遗贤去知",是指在法律执行环节不要人为耍小聪明,篡改法律或者有保留地执行。法律已经确定下来,如果人人都不按法律规定办事,而是按自己新想出来的办法处理,国家就会乱,所以"贤者不能益"。如果人人觉得自己理解不了的法律就可以选择性地执行,国家也会乱,所以"不肖者不能损"。

对于不理解的法律也要执行,不应有二话。如果法律有了不适应新形势的条款,应该先提议修改法律,法律在利国利民的基础上通过修改,颁布了之后再按新条款执行。如果没提交修改之前就按自己的想法来执行,就是"贤者益之",这也是破坏法治的行为。

个人利益不能凌驾于组织利益之上,个人智慧不能凌驾于法律规定之上,这样法治社会才能建立,社会才能形成安定的秩序。如果人人都把个人得失凌驾于组织得失之上,把个人智慧凌驾于法律规定之上,社会秩序就会崩溃,所有人都应该深入理解这一原则的重要性。

慎法 第二十五章

导读

要想解决问题，必须使用正确的方法。用汽油去灭火，火是肯定灭不掉的。依法治国就是用法律来解决治理国家中出现的问题，但是如果法律制定或者执行得不好，法律就会成为灭火的油，不但解决不了问题，还会让问题变得更糟。

《慎法》这一章，就是告诉我们依法治国要慎重。法治的目的本来是为了天下太平，人民安居乐业，但是掌握不好，就有可能把法律从救人的工具变成害人的工具。这个工具是什么属性，都是由国家的管理者赋予的，明君掌握了就是造福人的工具，昏君掌握了就是祸害人的工具。

历史的"治乱循环"取决于治国理政有没有遵循天地之道，也就是说，天下有道就会长治久安，天下无道就会由治到乱。利益不同者之间存在永恒的斗争，谁懈怠了谁就要输掉斗争。得天下难，守天下更难，所以要"慎法"，不可胡来。

在著名的"窑中对"故事中，关于如何破解历史周期率，实现国家长治久安的问题，毛主席给出了答案："就是民主。只有让人民来监督政府，政府才不敢松懈。只有人人起来负责，才不会人亡政息。"我们上一章就讲过，让官员监督官员是有非常大的漏洞的，还要加上百姓监督官员才行。由此可见，毛主席的思想很多都来自中国优秀的传统文化，文化自信真的太重要了。

原文

凡世莫不以其所以乱者治，故小治而小乱，大治而大乱。人主莫能世治其民，世无不乱之国。奚谓以其所以乱者治？夫举贤能，世之所治也，而治之所以乱。世之所谓贤者，善正也。所以为善正也，党也。听其言也，则以为能；问其党，以为然。故贵之不待其有功；诛之不待其有罪也。此其势正使污吏有资而成其奸险，小人有资而施其巧诈。

译文

现在都是在用把国家治理乱了的方法在治理国家，所以小治小乱，大治大乱。君主都不能世世代代统治人民，而世上没有不乱的国家。什么是用把国家治理乱了的方法治理国家呢？例如推举贤能本来可以把国家治理好了，但是现在推举贤能却把国家治理乱了。现在人们所认为的贤能，只是嘴巴说得好听，为什么嘴巴说得好听就算贤能了呢？因为有党羽的吹捧。国君听他说得好听，就认为他有能力；问他的党羽，他的党羽也都说他有能力。所以听信他一面之词，不等一个人有功就重用他，不等一个人有罪就处罚他。这种情况，正是使贪官污吏有所凭借而成就他们的奸险；使小人有所凭借而施展他们的巧诈。

青云说

"凡世莫不以其所以乱者治"，意思是说现在都是在用把国家治理乱了的方法在治理国家，就是我们所说的以油救火。所以小治小乱，大治大乱，越努力越失败。什么是用把国家治理乱了的方法治理国家呢？例如推举贤能本来可以把国家治理好了，但是现在推举贤能却把国家治理乱了。因为现在人所认为的贤能，是被他的党羽吹捧起来的。也就是说，那些喜欢不劳而获的人聚集在一起结党营私，改变了贤能的标准。

国君听一个人说得好听，就认为他有能力，问周围的人，周围的人也都说他有能力。这种只靠听别人说来决策，会造成什么结果呢？那就是"贵之不待其有功；诛之不待其有罪"。不等一个人有功就重用他，不等一个人有罪就杀掉他，依据的都是别人说了什么，而没有固定的法度。

这种情况，正是使贪官污吏有所凭借而成就他们的奸险；使小人有所凭借而施展他们的巧诈。别人说什么君主就信什么，必然就给谗言提供了滋生的土壤，让那些心怀叵测的污吏小人可以寻找机会陷害忠良，这样的国家怎么可能不乱呢？

原文

初假吏民奸诈之本，而求端悫其末，禹不能以使十人之众，庸主安能以御一国之民？彼而党与人者，不待我而有成事者也。上举一与民，民倍主位而向私交。民倍主位而向私交，则君弱而臣强。

译文

一开始凭借的就是让臣民滋生奸诈的方法，还想得到臣民诚实的结果，就算是大禹以此治国也驱使不了十个人的小团队，平庸的君主又怎么可能靠这个方法来统治一个国家的百姓呢？因党羽的吹捧而使用一个人，他们就会形成利益团伙，不经过君主就能做成事情。国君给老百姓任命这么一个官员，百姓就会背叛国君而攀附权臣，臣民背叛国君而攀附权臣，君主的地位就削弱了，大臣的地位就强大了。

青云说

一开始凭借的就是让臣民滋生奸诈的方法，是不能得到臣民诚实的结果的。出发点很重要，从一个错误的出发点出发，不可能得到正确的结果。

国君因为党羽的吹捧而使用一个人，这就是出发点错了，结果是他们不经过君主就能做成事情，也就是我们常说的官官相护、结党营私、欺上瞒下。国君给老百姓推举这么一个官员，百姓就会背叛国君而攀附权臣，因为权臣可以在国君面前吹捧一个人为他谋取官职。臣民背叛国君而攀附权臣，君主的地位就削弱了，大臣的地位就强大了。

大臣说什么，君主就信什么，那么权力在君主手里还是在大臣手里呢？一个人直接去向君主求官，就会被大臣们统一意见否决掉，如果去向大臣求官，大臣们就能统一意见在君主面前一起吹捧，成功上位。这就发生了君主权力的转移，抛弃法度听信宠臣就会是这样的结果。

原文

君人者不察也，非侵于诸侯，必劫于百姓。彼言说之势，愚智同学之，士学于言说之人，则民释实事而诵虚词。民释实事而诵虚词，则力少而非多。君人者不察也，以战必损其将；以守必卖其城。

译文

国君认识不到这一点，不被诸侯侵夺权力，也一定被百姓推翻。这种靠空谈就能成名得利的形势，会让愚昧和智慧的人都去学习空谈，官员向擅长空谈的人学习，因而百姓都放弃做实事，去述说虚而无用的言论。百姓都放弃做实事，去述说虚而无用的言论，国家的实力就会减少而流言蜚语就会增多。国君认识不到这一点，用这样的臣民去作战，必定损兵折将；用这样的臣民去守卫，必定丢弃城邑。

青云说

也就是说如果国君认识不到这些道理，诸侯可以直接压制君主，也可以利用百姓的力量压制君主。这就是上一段说的"民倍主位而向私交，则君弱而臣强"的必然结果。

原文

故有明主忠臣产于今世，而能领其国者，不可以须臾忘于法。破胜党任，节去言谈，任法而治矣。使吏非法无以守，则虽巧不得为奸。使民非战无以效其能，则虽险不得为诈。

译文

因此，现在有明主忠臣出现而且能够统治他们的国家，不能片刻忘掉法度。破除靠党羽吹捧去任用的规则，去除无用的空谈，严格依照法度就能把国家治理好了。使官吏除了法度之外没有倚仗的东西，那么即使官吏再奸巧也做不了坏事。使百姓除了战争没有施展他们能力的地方，那么即使百姓再险恶也不能欺骗君主。

青云说

依法治国是怎么被架空的？就是被各种潜规则架空的。潜规则和明规则区别在哪里呢？明规则就是法律，什么功劳什么贡献，能得到什么地位什么待遇，都写得清清楚楚，要想得到地位待遇就要去立功做贡献。潜规则就是寄希望于不劳而获无功受禄，潜规则流行的地方，大家都在琢磨人而不是琢磨事，这样的话，事情一定都做不好，国家也必定会出问题。

原文

夫以法相治，以数相举。誉者不能相益，訾言者不能相损。民见相誉无益，相管附恶；见訾言无损，习相憎不相害也。夫爱人者，不阿；憎人者，不害。各以其正，治之至也。臣故曰：法任而国治矣。

译文

用法度来治理国家，严格按照功劳贡献来给予相应的地位待遇。被吹捧的人不会多给，被诽谤的人不会少给。百姓看到互相吹捧没有什么好处，就会相互监督攀附坏人的人；百姓看到诋毁不能给他人带来什么损害，就习惯于相互厌恶但是不会因此相互伤害。不因为有人美言几句就多赏，也不会因为有人诋毁几句就多罚。喜爱和厌恶都不用来借题发挥，做到对事不对人，严格依法办事，这是治理国家的最高境界。所以臣说：运用法度，国家就治理好了。

青云说

溜须拍马能形成风气，是因为溜须拍马管用；诽谤诋毁能形成风气，是因为诋毁诽谤管用。要想杜绝这两种风气，君主首先就不能被溜须拍马和诋毁诽谤所影响，管理国家的时候要去除个人的主观意志，严格依法治国。所以说，只要严格依法办事，国家就能治理好了。

原文

千乘能以守者，自存也；万乘能以战者，自完也。虽桀为主，不肯诎半辞以下其敌。外不能战，内不能守，虽尧为主，不能以不臣谐所谓不若之国。自此观之，国之所以重、主之所以尊者，力也。

译文

千乘之国能用法治来守卫自己的国家，可以自保；万乘之国能用法

第二十五章·慎法

治来征战别的国家，可以用很小的代价就能取得胜利。在这种必胜的情况下，即使是桀当君主，也不肯向敌人低头说半句软话。如果对外不能征战，对内不能防守，即使尧为君主，也不能不向不如自己的国家讲和称臣。由此可见，国家之所以受到他国的重视，国君之所以拥有崇高的地位，就在于实力。

青云说

这告诉我们的道理就是，如果只靠君主的个人能力，能取得的成功是有限的。一个法治落实得好，调动了所有人积极性的国家，君主个人能力差一点国家也会强大。一个法治落实得不好，调动不了百姓积极性的国家，君主个人能力再强国家也不会强大。

原文

于此二者，力本。而世主莫能致力者，何也？使民之所苦者无耕，危者无战。二者，孝子难以为其亲，忠臣难以为其君。今欲驱其众民，与之孝子忠臣之所难，臣以为，非劫以刑而驱以赏莫可。

译文

耕战这两件事，是国家实力的根本，而现在的君主却不能靠耕战积累起强大的实力，这是为什么呢？役使百姓，最痛苦的事是没有百姓去耕种，最危险的事是没有百姓去作战。种地和作战这两件事，孝子为了他的父亲、忠臣为了他的国君，都难以做到。现在想役使百姓，交给他们孝子忠臣都难以做到的事，我以为，除非以刑罚来迫使他们，以奖赏来驱使他们，否则是不可能做到的。

青云说

很多人看到这里，可能会觉得这太不民主自由，太冷酷无情了，为什么非要让百姓干活，非要让百姓打仗呢？那是因为在当时的社会环境下，不干活就不能丰衣足食，不打仗就不能保卫和平。天下不能分裂，分裂必是乱世。苟且不能解决问题，奋斗才是唯一出路。奋斗很简单，就是能干活，敢打仗，能干活才能有饭碗，敢打仗才能保住饭碗。

原文

而今，夫世俗治者，莫不释法度而任辩慧，后功力而进仁义，民故不务耕战。彼民不归其力于耕，即食屈于内；不归其节于战，则兵弱于外。入而食屈于内，出而兵弱于外，虽有地万里、带甲百万，与独立平原一也。

译文

但现在以世俗来治理国家的，都是放弃法度而任用花言巧语的人，提拔能说会道满嘴仁义的人，把有功劳和能力的人置于后面，百姓因此不致力于耕战。人民不把力量集中在耕田上，国内的粮食就缺乏了；不把节义放在战争中，对外作战的兵力就弱于对手。国内的粮食缺乏，对外作战的兵力弱于对手，即使有国土万里、带甲将士百万人，和一个人独自站在平原上是一样的。

青云说

什么叫孤家寡人？这就叫孤家寡人。太平的时候没人建设国家，打仗的时候没人保卫国家，拥有的再多也会随时失去，和什么都没有是一样的。

原文

且先王能令其民蹈白刃，被矢石。其民之欲为之，非好学之，所以避害。故吾教令：民之欲利者，非耕不得；避害者，非战不免。境内之民莫不先务耕战，而后得其所乐。故地少粟多，民少兵强。能行二者于境内，则霸王之道毕矣。

译文

先王能让他的臣民上刀山，冒着飞箭和飞石作战。他的百姓愿意这样做，不是喜欢打仗，而是以此来免于刑罚。所以我们教令：百姓想追求利益，不耕田就得不到；想避免刑罚，不去作战就不能免除。国内的人民没有不先致力于耕战，然后才得到他们的安乐的。所以田地少而粮食多，人民少而兵力强。能在国内做到这两点，那么就能成就王道霸业了。

第二十五章·慎法

> **青云说**

　　光吃饭不干活的人，光享受和平不保卫和平的人，就会受到严厉的惩罚。百姓为了避免惩罚，就要干活、打仗。

　　幸福都是干出来的，那些教唆人不劳而获和不战而逃的人，都是心怀叵测的人。只有不贪图眼前小利，才有可能创造美好的明天。

定分

第二十六章

第二十六章·定分

导读

做成一件事，离不开人与人之间的配合，互相之间没有掣肘，配合得越默契效率就越高。无论什么组织，最怕的就是内耗，每个人都不安于自己的岗位，都不能把本职工作做好，失败也就在所难免了。要想成功，就需要每个人各就其位、各司其职、各成其事，保证高度的组织性和纪律性，让组织像良好的机器一样运转。每个人都知道自己该干什么并且都能干好的状态就是"定分"。

无法专心于当下的工作，原因无外乎两点，一是个人的好高骛远，二是组织的选拔机制出了问题，无法保证工作成绩优秀的人进阶更高的岗位。个人好高骛远，换人就能解决，如果是组织因素就要改正不合理的制度。《定分》这一章，就是讲怎么用法治来实现定分的。

原文

公问于公孙鞅曰："法令以当时立之者，明旦欲使天下之吏民皆明知而用之，如一而无私，奈何？"

译文

秦孝公问公孙鞅说："今天制定的法令，明天清晨就想让全国的官吏和百姓都明确了解并奉行，所有人都一致遵守而没有私心去枉法，应该怎么办呢？"

青云说

制定法令是一回事，制定了法令让所有人都懂法是一回事，所有人都懂法还都遵守法令又是一回事。所以说，法律不是制定出来就可以了，还需要普法，让法律深入人心，还要让所有人都严格遵守法律不破坏法律。

原文

公孙鞅曰：为法令，置官吏。朴足以知法令之谓，以为天下正者，则奏天子。天子名，则主法令之民，皆降，受命发官。各主法令之民，敢忘行主法令之所谓之名，各以其所忘之法令名罪之。主法令之吏有迁徙物故，辄使学读法令所谓。为之程式，使日数而知法令之所谓，不中程，为法令以罪之。

译文

公孙鞅说：制定法令，设置官吏，资质足以明白法令内容，用法治惩恶扬善让天下太平的人，推荐给天子。天子制定好法律，选择主法令向民众普法，下发诏令让主法令接受任命上任。主法令向管辖下的百姓普法的时候，百姓忘记普及的法律条款内容，就用他所忘记的法律条款内容惩罚主法令。主法令管辖下的官吏，如果有变更或死去，要马上让继任者学习和诵读法律内容，并且规定好学习的内容和时间，让他几日内就通晓法律内容，在规定时间内没有学完内容的，就按法律规定治罪。

青云说

这一段讲了合格的官吏需要具备知法守法护法的素质，这里的"朴"，是指他本然的样子，不但包括才，还包括德，才是说他们真的有能力去做到，德是说他们维护公正的法治必须是发自内心的愿望，否则很容易被糖衣炮弹拿下而改变初心。

主管法令的人，称之为"主法令"，主法令负责向管辖下的百姓普法，如果普法工作没做好，百姓不知道法律或者不熟悉法律，就用百姓所忘记的法律条款内容惩罚主法令。这是在压实普法的责任，因为法律制定出来了但是普法不到位，百姓都不知道法律内容，那和没有法律是一样的。

要让百姓懂法守法，官员首先得懂法守法，这是主法令、官吏和百姓之间的制衡机制，下面会详细讲他们之间是如何相互制衡从而保证法律得以全面贯彻执行的。

原文

有敢剟定法令，损益一字以上，罪死不赦。诸官吏及民，有问法令之所谓也于主法令之吏，皆各以其故所欲问之法令，明告之。各为尺六寸之符，明书年月日时所问法令之名，以告吏民。主法令之吏，不告吏民之所问法令之所谓，皆以吏民之所问法令之罪，各罪主法令之吏。即以左券予吏之问法令者，主法令之吏，谨藏其右券木柙，以室藏之，封以法令之长印。即后有物故，以券书从事。

译文

如果有人胆敢删改法令，只要增减一个字以上的，就是死罪而不能赦免。众官吏和百姓如果向主管法令的官吏询问法令的具体内容，主管法令的官吏必须根据他们的问题明确答复他们。双方各持一个长一尺六寸的符券，符券上写明年、月、日、时间、所问法令的内容，让官吏和百姓知道都是谁在什么时间询问了什么法律。如果主管法令的官吏不回答，等到询问法令的人犯了罪，正是他们所询问的那一条，那就按百姓所询问的那条罪状来惩罚主管法令的官吏。在询问的时候，就要把符券的左券给询问法令的人，主管法令的官吏要认真地将右券收藏在木匣子中，放在屋里保管，并且用主法令长官的印章封起来，即使主管法令的官吏以后死了，也依照符券上所写的来办事。

青云说

国家的法律颁布了之后，官吏不能选择性执行，擅自改动一个字都不行。当法律落后于时代，需要进行修改的时候，应该是国家修改通过了之后，官员再按新条款执行，在此之前依然要按照老条款执行，这是避免法律被不法官吏打着各种旗号选择性执行的必要措施。

众官吏和百姓向主管法令的官吏询问法令的具体内容，会有相应的档案留存，这和我们现在流行的工作要留痕有异曲同工之妙。让官吏和百姓知道都是谁在什么时间询问了什么法律，做到有迹可循。官员和百姓来咨询主法令，如果主法令不回答或者回答错误，咨询的人因此违反了这一条法律而犯了罪，主法令是要同罪同罚的。

商鞅还杜绝了新官不理旧事的情况，主管法令的官吏去世后，他生前符券上所写的内容依然有效。这样的话还会有人曲解法律吗？还会有人制造信息不对称吗？都不会有了，令人头痛的欺上瞒下、阳奉阴违现象就能得到有效地遏制了。

原文

法令皆副，置一副天子之殿中，为法令为禁室，有键钥，为禁而以封之，内藏法令一副禁室中，封以禁印。有擅发禁室印，及入禁室视禁法令，及剟禁一字以上，罪皆死不赦。一岁受法令以禁令。

译文

法令都要设立副本，将一份副本放置在国君的宫殿中，为了收藏法令，在宫殿专门建立禁室，用锁锁住，贴上封条。把一个副本放置到另一个禁室中，用盖着禁室印章的封条封上。如果有人私自揭开禁室的封条，以及进入禁室偷看法令，以及删除法令一个字以上，都应该判处死罪，不能赦免。每年一次，将禁室所藏法令颁布给官吏。

青云说

这是保证法律在源头上的唯一性，有了这个法律的原本做比较，才能知道下面的官员在普法过程中疏漏了什么。

一部分官员把聪明智慧都用在了选择性普法和选择性执法上了，他们特别害怕老百姓懂法，更害怕老百姓拿起法律武器维护权益，但像商鞅这样地设置惩罚措施就能有效遏制这种现象。

原文

天子置三法官：殿中置一法官，御史置一法官及吏，丞相置一法官。诸侯、郡、县皆各为置一法官及吏，皆比秦一法官。郡、县、诸侯一受禁室之法令，学问所谓。吏民欲知法令者，皆问法官。故天下之吏民，无不知法者。

青云说

天子设立三个法官：宫殿中设置一个法官，御史那里设置一个法官和法吏，丞相那里设置一个法官。诸侯和郡县也为他们各设置一个法官和法吏，全都比照秦都的法官。诸侯、郡、县一旦接收到禁室发出的法令，法官就要学习法令的内容，不懂的地方要及时向上级询问。官吏和百姓想知晓法令的，都询问法官，所以天下百姓、官吏没有不知晓法令的人。

青云说

实现依法治国，必须做到所有人都知法懂法，用法律指导自己的日常言行，否则法治就会流于形式，起不到指导言行的作用。如何保证法律由上至下推行的过程中不走样，商鞅给出了具体的操作方法。

原文

吏明知民知法令也，故吏不敢以非法遇民，民不敢犯法以干法官也。遇民不修法，则问法官，法官即以法之罪告之，民即以法官之言正告之吏。吏知其如此，故吏不敢以非法遇民，民又不敢犯法。

译文

官吏很清楚地知道百姓懂法，所以官吏不敢以非法手段对待百姓，百姓也不敢犯法来触犯法官。官吏对待百姓不遵循法令规定，百姓就可以咨询法官，法官就将法令所规定的罪名告诉他们，百姓就以法官的话来正告官吏。官吏知道百姓懂法还有法官做后盾，就不敢用非法手段对待百姓，百姓也不敢犯法。

青云说

依靠法官、官吏、百姓三者之间的制衡，再加上对待法律哪怕错一个字都要罪死不赦的刑罚，在商鞅的治理下，秦国国内再没有人曲解法律、破坏法治了。

原文

如此，天下之吏民虽有贤良辩慧，不能开一言以枉法；虽有千金，不能以用一铢。故知、诈、贤能者皆作而为善，皆务自治奉公。民愚则易治也，此所生于法明白易知而必行。

译文

像这样，天下的官吏和百姓，即使有贤良、善辩和狡猾的人，也不敢说一句违法的话；即使有千金之富，也不能使用一铢钱做违法的事。于是巧诈、贤能的人都遵纪守法，都努力管好自己，服从国家的法令。人民没有投机取巧的心思就容易治理，这是由于法令明白易懂而且一定会遵从。

青云说

在商鞅看来，靠钱就能疏通关系，花费巨额金钱收买受害人，请求受害人不予追究或者让受害人求情减轻处罚的情况，是绝对不能允许的。因为这是金钱对法治的亵渎，是对法治的严重破坏。虽然商鞅是两千多年前的历史人物，但是他对法治的理解走在那个时代的前列。

原文

法令者，民之命也，为治之本也，所以备民也。为治而去法令，犹欲无饥而去食也，欲无寒而去衣也，欲东而西行也，其不几亦明矣。一兔走，百人逐之，非以兔为可分以为百，由名之未定也。夫卖兔者满市，而盗不敢取，由名分已定也。故名分未定，尧、舜、禹、汤且皆骛如焉而逐之；名分已定，贪盗不取。

译文

法令，就是人民的生命，治国的根本，是用来保护人民的。为治国而抛弃法令，好比希望不挨饿而抛弃粮食，希望不受冻而抛弃衣服，希望到东方而向西方走一样，不可能达到目的是很明显的。一只兔子跑了，一百个人蜂拥而上要逮住它，并不是因为捉到兔子后每个人都能分到兔子的百分之一，而是因为兔子的所有权没有规定好属于谁。而市场上有好多兔子在卖，盗贼却不敢去偷，这是因为市场上兔子的所有权是明确的。所以，当事物的名分没有确定之前，尧、舜、禹、汤也会像奔马似的追逐；而名分确定后，贪婪的盗贼也不敢夺取。

青云说

"百人逐兔"这个例子是在告诉我们什么道理呢？就是一个岗位也好，一份俸禄也好，如果不规定什么条件的人能够得到它，那么所有人都会认为自己可以得到它，结果就是"百人逐之"的混乱。

如果规定好了什么条件的人能够得到它，也能做到只有符合固定条件的人能够得到它，那么不符合条件的人就不会妄想得到超出自己能力范围的东西。所有人就都会找到适合自身条件的岗位，获取符合自身贡献的酬劳，这样的话，国家机器才会长久、稳定、高效地运转。

依法治国，就是给所有的事物确定名分。什么样的贡献和功劳能够得到什么样的地位和待遇，这就是确定名分。有想法的人都去努力做贡献建立功劳，让自己能够获得相应的地位和待遇，这就会形成人人认真工作、积极进取、奋发向上的社会风气。社会风气积极向上的国家，必定是稳定而强大的。

原文

今法令不明，其名不定，天下之人得议之。其议，人异而无定。人主为法于上，下民议之于下，是法令不定，以下为上也。此所谓名分之不定也。夫名分不定，尧、舜犹将皆折而奸之，而况众人乎？此令奸恶大起，人主夺威势，亡国灭社稷之道也。

译文

现在法令不明确，条款不确定，天下百姓都会去讨论，讨论出来的意见，人和人之间是不同的，也就不可能得到一个确定的结果。君主在上制定法令，百姓在下议论纷纷，这样的话，法令得不到确定，而且上下关系颠倒，由百姓来制定法律了，这就是所说的名分不定。名分不定，尧、舜尚且都会去做坏事，何况普通百姓？这是让奸恶的人兴风作浪，君主失掉权威的亡国之道。

青云说

君主负责制定法令，百姓负责遵守法令，这也是名分确定的一种。如果连这种上下关系的名分都不能确定，君主不制定法令，百姓却在下面各抒己见言论纷纷，这就相当于所有人都在制定法律。整个国家没有统一的言行规范，这样的国家必定是混乱的。

原文

今先圣人为书而传之后世，必师受之，乃知所谓之名；不师受之，而人以其心意议之，至死不能知其名与其意。故圣人必为法令置官也，置吏也，为天下师，所以定名分也。名分定，则大诈贞信，民皆愿悫，而各自治也。故夫名分定，势治之道也；名分不定，势乱之道也。故势治者不可乱，势乱者不可治。夫势乱而治之，愈乱；势治而治之，则治。故圣王治治，不治乱。

译文

古代圣人著书流传于后世，必须由老师传授，才能知道书中所讲的内容。不通过老师传授，人人都以自己的想法来评论，到死也不能明白书中所讲的内容和真义。所以，圣人一定制定法令、设置官吏，让官吏做天下人的老师，以此定名分。名分定了，就算奸诈之人也会变得信守诺言，老百姓都愿意诚实守信，每个人都能自己管理好自己。所以确定名分，是让国家形势趋向太平的治国之道。不确定名分，是让国家形势趋向混乱的治国之道。形势趋向太平的国家是不会混乱的；形势趋向混乱的国家是不会太平的。形势越来越乱，还要用造成混乱的方法治理国家，就会更乱。形势越来越太平，继续用形成太平的方法治理国家，就会太平。所以圣王用让国家趋向太平的方法治国，不用让国家趋向混乱的方法治国。

青云说

怎么做才能把国家治理好,是有千古不变的原则的,这不以人的主观意志为转移。只有顺水行舟,遵循治理国家的基本原则,才能事半功倍。

原文

夫微妙意志之言,上知之所难也。夫不待法令绳墨,而无不正者,千万之一也。故圣人以千万治天下。故夫知者而后能知之,不可以为法,民不尽知。贤者而后知之,不可以为法,民不尽贤。故圣人为法必使之明白易知,名正,愚知遍能知之。为置法官,置主法之吏,以为天下师,令万民无陷于险危。

译文

复杂深奥难以捉摸地表达思想言论,上等才智的人也难以理解。不需要法令作准则而行为都是正确的,在千万人中才有一个。圣人是针对千万人来治理天下,所以只有智者才理解的东西不能用来作为法令,因为百姓不是人人都是智者。只有贤能的人才能理解的东西,不能用来作为法令,因为百姓不是人人都贤能。所以圣人制定法令一定使它明白易懂,条款清晰、名分确定,愚人智者都能完全理解。为百姓设置法官,设置法吏,作为天下百姓的老师,使万民不致陷入触犯法律的危险境地。

青云说

立法的原则是简洁明了、浅显易懂,而且出发点是为了维护百姓利益,也就是文中说的"明白易知,名正",这样才能让所有人理解并遵守,既降低了普法环节的难度,也减少了执法环节暗箱操作的空间。法律越复杂,就越容易被别有用心的人曲解,以至于闹出很多违背基本常识的笑话,甚至演变成坑害百姓的工具。

原文

故圣人立,天下而无刑死者,非不刑杀也,行法令明白易知,为置法官吏为之师,以道之知。万民皆知所避就,避祸就福,而皆以自治也。

故明主因治而终治之,故天下大治也。

译文

所以圣人掌握政权,天下没有受刑被杀的人,并不是他不用刑罚杀人,而是圣人推行的法令明白易懂,又设置法官、法吏作为百姓的老师,教他们懂得法令。天下百姓都知道应躲避什么、亲近什么。躲开祸患,追求幸福,以法令为准绳实现自我管理。所以明君以人民自我管理来实现国家的治理,天下就大治了。

青云说

法律不是为了惩罚人,而是给每个人确立言行的标准,该干什么、不该干什么能有一个清晰易懂的准绳。当所有人都按照这个准绳来约束自己的言行,就不会有人受到刑罚。

这依然还是在告诉我们,制定法律的目的不是为了事后惩罚,而是为了事前预防。就好比制定交通法的目的是让人不违章,而不是为了让人违章之后罚款。如果法律条款规定的限速设置是为了多收罚款而不是为了减少事故,那就是本末倒置了,只会造成违章越来越多。

怎么判断一个国家依法治国做得好不好呢?首先要看这个国家的法律是不是为了保护人民的利益,这是方向问题,方向对了才能长久,代表的是时间上的长度。其次是看这个国家的法律是不是简洁明了,这是方案问题,方案对了才能普及,代表的是空间上的广度。最后是看这个国家的违法犯罪现象是不是非常少,这是方法问题,方法对了才能落实,代表的是效果上的深度。正确的方向、方案、方法,三位一体依次落实到位,好的法治体系就建立起来了。